Althochdeutsche Sprache und Literatur

Eine Einführung in das älteste Deutsch

Darstellung und Grammatik

von

Stefan Sonderegger

Zweite, durchgesehene und erweiterte Auflage

1987

Walter de Gruyter · Berlin · New York

Dr. phil., D. Litt. h. c. *Stefan Sonderegger*

Ordentlicher Professor für Germanische Philologie
an der Universität Zürich

CIP-Kurztitelaufnahme der Deutschen Bibliothek

Sonderegger, Stefan:
Althochdeutsche Sprache und Literatur : e. Einf. in d. älteste Dt. ;
Darst. u. Grammatik / von Stefan Sonderegger. — 2., durchges.
u. erw. Aufl. — Berlin ; New York : de Gruyter, 1987.
  (Sammlung Göschen ; 8005)
  ISBN 3-11-009675-7
NE: GT

Die erste Auflage erschien 1974.

Printed in Germany
Satz und Druck: Arthur Collignon GmbH, Berlin
Buchbinder: Lüderitz & Bauer, Berlin

ISBN 3 11 004559 1

Vorwort

Der vorliegende Band, der aus meinen verschiedenen Arbeiten und Vorlesungen zur althochdeutschen Sprache und Literatur erwachsen ist, richtet sich an Studierende der Germanistik wie an alle, die an der älteren Geschichte der deutschen Sprache interessiert sind. Er soll einen neuen, kurzgefaßten Gesamtüberblick auf dem Hintergrund der umfassenden Fachliteratur und der vielfältigen Quellen zum ältesten Deutsch ermöglichen, der vor allem in der Darstellung neue Wege geht. Bewußt werden, der sprachlichen und überlieferungstypologischen Stellung des Althochdeutschen entsprechend, Sprache und Literatur als eine Einheit gesehen. In diesem Sinne möge der Band als Einführung oder auch zum Selbststudium dienen.

Die erste Auflage der vorliegenden „Einführung in das älteste Deutsch" erschien 1974. Sie hat seither viel Zustimmung und weite Verbreitung im Universitätsunterricht gefunden. Die vorliegende zweite, durchgesehene und erweiterte Auflage basiert aus drucktechnischen Gründen auf dem verbesserten Text der ersten Auflage, wobei das Kapitel 7. *Typologie des Althochdeutschen* um einen Abschnitt erweitert wurde und neu das Kapitel 8. *Nachträge und Ergänzungen zur neueren Fachliteratur* angefügt werden konnte. Darin sollen in einer gezielten Auswahl die wichtigsten Hinweise zur intensiven Weiterentwicklung der Forschung über das Althochdeutsche vermittelt werden. Dankbar gedenke ich der verschiedenen Rezensionen der ersten Auflage sowie mancher weiterer Hinweise von Fachkollegen, die ich nach Möglichkeit berücksichtigt habe, ohne freilich die Konzeption der Darstellung grundsätzlich zu verändern.

Zürich, Winter 1986/87 *Stefan Sonderegger*
Deutsches Seminar der Universität

Inhalt

7. Typologie des Althochdeutschen

8. Nachträge und Ergänzungen zur neueren Fachliteratur

1. Der sprachgeschichtliche Ausgangspunkt

1.1. Allgemeine Einordnung des Althochdeutschen

Als Althochdeutsch bezeichnen wir seit Jacob Grimms Deutscher Grammatik I 1819 die älteste schriftlich bezeugte Stufe der deutschen Sprache vom 8. bis ins 11. Jh., die von allem Anfang an in verschiedene Mundarten und Schreibdialekte gegliedert erscheint. Dieses Althochdeutsche ist erst langsam im Verlauf des frühen Mittelalters aus den Stammesdialekten der Franken, Baiern, Alemannen und Langobarden zu einer zunächst noch wenig einheitlichen Sprache erwachsen, die dann Ende des 11. Jhs. und im 12./13. Jh. geglätteter und übergreifender ins höfische Mittelhochdeutsch übergeht. Oberdeutsch und Fränkisch sind die beiden tragenden Schichten des Althochdeutschen, zu denen sich südlich der Alpen mit deutlicher Verbindung zum Bairischen noch das Langobardische im oberitalienischen Raum gesellt. Nördlich schließt sich das aus den Stammesdialekten der Sachsen erwachsene Altsächsische vom 9. bis ins 12. Jh. an, das dem Althochdeutschen nicht zuzurechnen ist und seinerseits die älteste Stufe des zunehmend vom Hochdeutschen überschichteten Niederdeutschen darstellt. Althochdeutsch heißt somit — und das wird durch die eben in den entscheidenden Jahrhunderten erst allmählich einsetzenden Sprachquellen immer aufs neue erhärtet — Vielfalt einzelner Mundarten seit dem 8. Jh.; weitgehendes sprachliches Eigenleben der bedeutendsten Überlieferungsorte trotz mancher gegenseitiger Beziehung; Neuschaffung und Neusetzung gesprochener Volkssprache in schriftlicher Form mit Adaption des lateinischen Schriftsystems — gelegentlich vermehrt durch Runenzeichen — für eine neue Schreibsprache althochdeutscher Prägung; erst langsames Zusammenwachsen verschiedener Mundarten einer sehr schallvollen, vokalreichen Sprache in einer durch die politische Vormachtstellung der Franken bestimmten Umwelt, einer Vormachtstellung übrigens, die für die Sprachgeschichte des frühen Deutschen seit merowingischer Zeit bedeutsam wird; erste Versuche, einer

rein bäuerlichen Muttersprache das hohe Gedankengut einer
christlich-antiken Bildungswelt zu erschließen.

Wenig wüßten wir von der ältesten Stufe des Deutschen,
wenn nicht die Klöster des frühen Mittelalters auch der Volkssprache und ihrer Aufzeichnung, ja selbst volkssprachlicher
Dichtung größte Aufmerksamkeit und sammlerischen Eifer
hätten angedeihen lassen. Oft genug geschah dies freilich im
Dienste des Lateins, im Dienste lateinisch-christlicher und
lateinisch-antiker Kultur, wirkte aber von da hinein in das
frühe Deutsche, an dessen Wiege — wie Theodor Frings es
formuliert hat — Antike und Christentum stehen. Man kann
auch sagen: zur siedlungsgeschichtlichen Voraussetzung einer
fortschreitenden Südwanderung frühgermanischer Binnenstämme über Main und Limes hinaus zum Ober- und Hoch-
rhein, ins Bodenseegebiet, in die heutige deutsche Schweiz
und zu den bairischen Alpen gesellte sich der missions- und
kirchengeschichtliche Hintergrund von Klostergründungen
und Bekehrung, ja das bildungsgeschichtliche Ereignis einer
Vereinigung von Antike und Christentum im Südgermanischen,
wie sie gerade und von allem Anfang an im Althochdeutschen
sprachliche Gestalt angenommen hat. Südgermanischer Ausgangspunkt in den bäuerlichen Stammessprachen der Franken,
Baiern, Alemannen und der nur noch teilweise volkssprachlich
in Erscheinung tretenden Langobarden, vorbildhafte Wirkung
und Ausstrahlung der spätantik-frühmittelalterlichen lateinischen Schrift- und Bildungstradition über das Medium der Klöster, christlich-katechetische Ausrichtung und Eindeutschung,
sowie ein gewisses, fast antiquarisch zu nennendes Nachleben altgermanischer Dichtungstraditionen: diese ganz verschiedenen Komponenten machen die neue Sprachform des ältesten
Deutschen aus, das auf weite Strecken als Experimentierphase und
grundlegende sprachliche Vorschule der späteren und heutigen
Hauptsprache der europäischen Mitte verstanden werden darf.

1.2. Die Stellung des Althochdeutschen innerhalb der germanischen Sprachen

Als älteste schriftlich bezeugte Sprachstufe des Deutschen
gehört das Althochdeutsche mit seinen vollen Nebensilben-

vokalen, die freilich innerhalb seines Zeitraumes vom 8. bis
11. Jh. gewisse gesetzmäßige Abschwächungen erfahren, in
den Kreis der altgermanischen Sprachen. Innerhalb des Südgermanischen sind das Altsächsische (9.—12. Jh.), das nur
bruchstückhaft bezeugte Altniederfränkisch-Altniederländi-
sche (9.—12. Jh.), das erst relativ spät voll in Erscheinung
tretende Altfriesische des Spätmittelalters mit einzelnen Zeugnissen seit karolingischer Zeit und das Altenglische (7.—11. Jh.)
die nächsten verwandten und zeitlich vergleichbaren Sprachen
des Althochdeutschen, wozu noch die Sprachreste der auf
galloromanischem Boden siedelnden und früh romanisierten
Westfranken (das Westfränkische des 6.—8. Jh.) treten. Voraus
liegt das in vielen Zügen altertümlichere, in anderen Zügen
jedoch stärker systematisierte Gotische der Bibelübersetzung
des westgotischen Missionsbischofs Wulfila aus der Mitte des
4. Jhs. mit weiteren kleineren Sprachresten (Westgotisch und
Ostgotisch), das jedoch keine direkte Vorstufe des Althochdeutschen, aber eine ausgezeichnete ältere germanische Ver-
gleichsbasis darstellt. Bedeutende Sonderentwicklungen hat
das für die altgermanische Literatur so bedeutungsvolle Altnordische (Altisländisch, Altnorwegisch, Altdänisch, Alt-
schwedisch mit Altgutnisch) des 9.—15. Jhs. mitgemacht, so
daß ein direkter Vergleich mit dem Althochdeutschen nur über
die entsprechenden gemeinsamen germanischen Grund- oder
Ausgangsformen möglich ist. Anteil hat sodann das Althochdeutsche noch an der im Übergang vom 7. zum 8. Jh. in-
schriftlich auslaufenden südgermanischen Runenüberlieferung,
der bis ins 9. Jh. hinein noch ein gelehrtes Interesse in einigen
althochdeutschen Schreiborten zukommt.

Die Frage nach den germanischen Voraussetzungen des Althochdeutschen und seiner Einordnung im Gefüge der germanischen Sprachen und innerhalb der mit dem Althochdeutschen eben entstehenden deutschen Sprache läßt sich am
einfachsten durch zwei aufs Althochdeutsche ausgerichtete
Gliederungsbilder beantworten.

Zunächst geht es in einem ersten Gliederungsbild darum,
die mit dem Zusammenwachsen der verschiedenen Stammesmundarten des fränkischen Reichsverbandes entstehende deut-

sche, zunächst althochdeutsche Klammer als neue sprachliche
Einfindung und später voll wirksam werdende deutschsprachi-
ge Einheit zu veranschaulichen:

Gliederungsbild 1

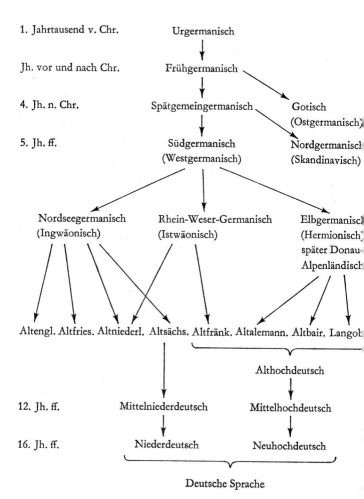

1. Jahrtausend v. Chr.	Urgermanisch	
Jh. vor und nach Chr.	Frühgermanisch	
4. Jh. n. Chr.	Spätgemeingermanisch	Gotisch (Ostgermanisch)
5. Jh. ff.	Südgermanisch (Westgermanisch)	Nordgermanisch (Skandinavisch)

Nordseegermanisch (Ingwäonisch)   Rhein-Weser-Germanisch (Istwäonisch)   Elbgermanisch (Hermionisch) später Donau-Alpenländisch

Altengl. Altfries. Altniederl. Altsächs. Altfränk. Altalemann. Altbair. Langob.

Althochdeutsch

12. Jh. ff.	Mittelniederdeutsch	Mittelhochdeutsch
16. Jh. ff.	Niederdeutsch	Neuhochdeutsch

Deutsche Sprache

Das Gliederungsbild macht deutlich, daß sich das Althochdeutsche nach seiner sprachgenealogischen Herkunft dem Süd- oder Westgermanischen zuordnet, also enger zum Verband des Altenglisch-Altfriesisch-Altniederländisch-Altsächsischen (Nordseegermanischen) gehört, sich aber selbst aus den stammesmäßig verschiedenen Teilen des Altfränkischen (somit Rhein-Weser-Germanischen), Altalemannischen, Altbairischen und Langobardischen (insofern Elb-Germanischen, durch Siedlerbewegung zu Donau-Alpenländischem geworden) aufbaut. Aus den in Anlehnung an die durch die römischen Ethnographen Plinius den Älteren im 1. Jh. n. Chr. (Naturalis historia IV, 99) und Tacitus 98 n. Chr. (Germania 2, 3—4) genannten kontinentalgermanischen Stammes- oder Kultverbände so bezeichneten Komponenten Ingwäonisch (Nordseegermanisch), Istwäonisch (Rhein-Weser-Germanisch), Hermionisch (Elbgermanisch) sind die beiden letzteren für das werdende Althochdeutsche entscheidend geworden. Die neue althochdeutsche Sprachklammer ist das Zusammenwachsen dieser entsprechenden Stammesmundarten zur Volkssprache der frühmittelalterlichen Germanen im Frankenreich seit merowingischer, vor allem in karolingischer Zeit, seit es althochdeutsche Schreiborte gibt.

Nun kommt aber dem Fränkischen eine Sonderstellung zu: die verschiedenen Teilstämme der Franken sind auf verschiedene Weise und in einem viel weiteren Gebiet sprachbildend geworden als die anderen am Althochdeutsch beteiligten Stammesgruppen. Dies mag das Gliederungsbild Seite 16 erhellen.

Damit soll zum Ausdruck kommen, daß sich das Altfränkische nur noch teilweise, allerdings auf nachhaltigste und bald auch übergreifende Weise ins Althochdeutsche einfindet, daneben aber noch in zwei weiteren Sprachformen in Erscheinung tritt: Westfränkisch und Altniederfränkisch. Westfränkisch, die Sprache der im vorwiegend galloromanischen Westfranken (heutiges Nordfrankreich und Südbelgien) siedelnden fränkischen Sprachträger ist ein im 8./9. Jh. erlöschender Nebenzweig, der westliche Nachbar des werdenden Althochdeutschen, aber schon dem Romanischen erliegend, immerhin

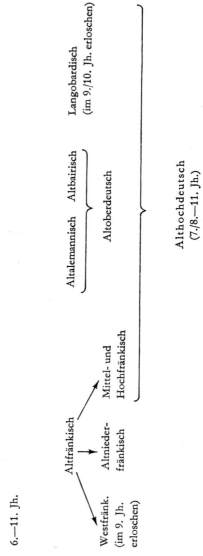

Gliederungsbild 2

6.—11. Jh.

Altfränkisch

→ Westfränk. (im 9. Jh. erloschen)

→ Altniederfränkisch

→ Mittel- und Hochfränkisch

Altalemannisch   Altbairisch

Altoberdeutsch

Langobardisch (im 9./10. Jh. erloschen)

Althochdeutsch (7./8.—11. Jh.)

durch Schreibtraditionen auch fürs Althochdeutsche wichtig genug geworden; das Altniederfränkische im Gebiet der Landschaft Limburg steht jenseits der zweiten Lautverschiebung und ist darum auch nicht hochdeutsch geworden — vielmehr ist hier eine Komponente des werdenden Niederländischen, das auch am Ingwäonischen oder Nordseegermanischen teilhat, zu erblicken. Was vom Altfränkischen noch althochdeutsch wird, sind somit die später zu umreißenden Teile des Mittel-, Rhein-, Ost- und Südrheinfränkischen.

Die germanistische Sprachwissenschaft oder Linguistik arbeitet mit den folgenden, im Hinblick aufs Althochdeutsche ausgewählten und zu erklärenden Sprachbegriffen, die insgesamt das sprachgeschichtliche Vorstellungsgerüst einer genealogischen Herleitung ausmachen (vgl. die Gliederungsbilder 1 und 2):

Zeitraum	Sprachstufe	Erklärung
1. Jahrtausend v. Chr.	Urgermanisch	erschlossene gemeinsame Grundform aller germanischen Sprachen
Jhh. vor und nach Chr. Geburt	Frühgermanisch	älteste belegte Sprachspuren des Germanischen (Inschriften, germ. Wörter bei den Schriftstellern des klassischen und späten lat. und griech. Altertums).
4. Jh. n. Chr.	Spätgemein-germanisch	erschlossene, als relative Einheit anzusetzende letzte Vorstufe vor der Ausgliederung in Süd- und Nordgermanisch, aber nach der Aussonderung des Gotischen

2 Sonderegger, Althochdt. Sprache u. Lit. I

Zeitraum	Sprachstufe	Erklärung
4.—11./12./13. Jh.	Altgermanisch	als Sprachbegriff zusammenfassende Bezeichnung der ältesten schriftlich belegten Sprachstufen des Germanischen bis zum Hochmittelalter, soweit sie noch mehr oder weniger volle Nebensilben aufweisen
seit etwa 400	Süd- oder Westgermanisch	südlicher oder westlicher, d.h. festländischer Teil des Germanischen (mit Einschluß des Angelsächsischen oder Altenglischen, ohne das Gotische)
4.—8. Jh.	Festlandrunisch	Sprache der südgermanischen und gotischen Runeninschriften, darunter die sog. deutschen, d. h. frühalthochdeutschen des 6.—8. Jhs.
6.—8. Jh.	Westfränkisch	Sprachreste der auf galloromanischem Boden siedelnden und früh romanisierten Westfranken
vor 500/600	Urdeutsch	grammatischer Hilfsbegriff für die erschlossenen Laute und Formen, die dem Ahd., besonders der 2. Lautverschiebung, vorausliegen
etwa 700—1500	Altdeutsch	undifferenzierter, vor allem vom 17.—19. Jh. gebrauchter Sammelbegriff für das Ahd. und Mhd.
vor 800	Frühalthochdeutsch	älteste Stufe des Ahd. bis rund 800

Zeitraum	Sprachstufe	Erklärung
9. Jh.	Normalalthoch-deutsch	die in den ahd. Grammatiken als Normalstufe bezeichnete ostfränkische Sprache der Tatian-Übersetzung der 1. Hälfte des 9. Jhs.
8.—11. Jh.	Strengalthoch-deutsch	veralteter, durch J. Grimm geprägter Sammelbegriff für die die zweite oder hoch-deutsche Lautverschiebung am stärksten durchführenden oberdeutschen Dialekte der ahd. Zeit
10./11. Jh.	Spätalthochdeutsch	jüngste Stufe des Ahd. seit rund 950
12.—15. Jh.	Mittelhochdeutsch	dem Ahd. folgende Sprachstu-fe bis zum 14./15. Jh., in deren Überlieferung noch viele dem Sprachstand nach ahd. ver-bliebene Glossen fallen
12. Jh.	Frühmittelhoch-deutsch	älteste Stufe des Mhd. im 12. Jh.

Auf dem Hintergrund dieses sprachhistorischen Begriffs- und Entfaltungsgerüstes sind noch kurz die Kennzeichen des Althochdeutschen innerhalb der germanischen Sprachen zu umreißen. Vom Germanischen aus gesehen durchkreuzen eine Reihe ganz verschiedenartiger sprachgeschichtlicher Tenden-zen das Ahd. Neben vielen konservativ-bewahrenden Zügen, die das Ahd. und die ihm folgenden jüngeren Sprachstufen des Deutschen dem ursprünglichen Germanischen der Struktur nach relativ nahe erhalten haben, stehen evolutionär-erneuern-de Züge, die das Deutsche seit seiner ältesten Stufe als von den übrigen germanischen Sprachen stark veränderte Sonderform haben entwickeln lassen. In einer Übersicht sind vor allem die folgenden Erscheinungen gegeneinander abzuwägen:

Konservativ-bewahrende Züge	Evolutionär-erneuernde Züge
Lautliches	Lautliches

— teilweise Erhaltung von germ. *ai* und *au* als normalahd. *ei* und *ou* [meist im Gegensatz zum monophthongierenden Nordseegerm.]

— fast keine konsonantischen Einflüsse auf einfache Vokale (Nasalierungen, Brechungen, Palatalisierungen) [Gegensatz: Nordseegerm., Nordgerm.]

— erst allmähliche, relativ langsame Abschwächung der Nebensilbenvokale (sog. Volltonigkeit des Ahd., das im Gegensatz zu den zeitlich vergleichbaren altgerm. Sprachen noch über lange Nebensilben-, sogar lange Mittelsilbenvokale sowie vereinzelte Nebensilbendiphthonge verfügt)

— Erhaltung der Infinitivendung auf Vokal + *n* (bis ins Nhd.) [Gegensatz: Altfriesisch, Nordgerm., Neuengl.]

— Erhaltung von *n* vor Reibelaut [Gegensatz: Nordseegerm., Nordgerm.]

— zweite oder hochdeutsche Lautverschiebung: *t*, *p* *k* > *zz* (*ss*), *ff*, *hh* (*ch*) bzw. *z* (*tz*), *pf*, *k* (*kh*, *kχ*); *d* > *t*, *b* und *g* z. T. > *p* und *c*, *k* und damit bedeutende Vermehrung der Reibelaute und Entstehung der für das Deutsche so typischen Affrikaten (*z*, *pf*, mundartlich auch *kχ*)

— starke Umgestaltungen des Vokalsystems in den Hauptsilben (vor- und frühahd. Monophthongierung von *ai* > *$\bar{e}$* vor *r*, germ. *h*, *w* und *au* > *$\bar{o}$* vor germ. *h* und allen Dentalen; frühahd. Diphthongierung von *$\bar{e}^2$* > *ea, ia, ie* und *$\bar{o}$* > *oa, uo, ua*)

— Entwicklung von *þ* (th) > *d*

— Entwicklung des in- und auslautenden bilabialen Reibelautes *b* > *b*

— zunehmende Entsonorisierung und damit Zurücktreten der Opposition stimmhaft/stimmlos zugunsten neuer Intensitätsunterschiede

Konservativ-bewahrende Züge	Evolutionär-erneuernde Züge
Lautliches	Lautliches
— starke Bewahrung des grammatischen Wechsels bei den starken Verben, z. T. bis ins Nhd. (z. B. ahd. *snidan-sneid-snitum-gisnitan*, nhd. *schneiden-schnitt-geschnitten*) [Gegensatz: Gotisch, schwächer in den übrigen germ. Sprachen]	

Man vergleiche dazu die folgenden Beispiele:

Althochdeutsch	Altsächs.	Altfries.	Altengl.	Weitere Vergleiche
eid m. 'Eid'	*êd*	*âth, êth*	*âd*	got. *aiþs*, germ. **aidaʒ*
ouga n. 'Auge'	*óga*	*áge*	*ēage*	got. *augō*, germ. **augō*
buohstab m. 'Buchstabe'	*bókstaf*		*bōcstæf*	anord. *bókstafr*, spätgemeingerm. **bōkstabaʒ*
fimf, finf, funf 'fünf'	*fîf*	*fîf*	*fîf*	got. *fimf*, germ. **finf*
geban, kepan 'geben'	*geban*	*ieva, geva*	*gi(e)fan*	got. *giban*, germ. **geban*
kirihha, chirihha f. 'Kirche'	*kirika*	*tzerke*	*cirice, cyrce*	südgerm. **kirika* griech. κυριακή

Morphologisches	Morphologisches
— Bewahrung deutlicher, meist stammweise geschiedener Kasuszeichen in der Substantivflexion [Gegensatz: Nordseegerm., besonders Altengl.]	— fast vollständiger Verlust der Dualformen beim Pronomen [Gegensatz: übrige zeitlich vergleichbare altgerm. Sprachen]

Konservativ-bewahrende Züge	Evolutionär-erneuernde Züge
Morphologisches	Morphologisches

— Erhaltung des Instrumentalis als besonderer Kasusform bis ins 9. Jh. [wie altsächsisch, im Gegensatz zu den übrigen altgerm. Sprachen]	— Entwicklung der periphrastischen (umschreibenden) oder analytischen Verbalformen (Passiv-, Futur-, Perfekt- und Plusquamperfektumschreibungen)
— Erhaltung und Straffung der beiden großen Deklinationsgruppen stark (vokalisch) und schwach (konsonantisch, *n*-haltig) beim Substantiv, wo sich auch ältere Sonderklassen einfinden, und beim Adjektiv	— Tendenz zu kontrahierten verbalen Kurzformen seit dem Spätahd. (*lāʒʒan:lān, gieng:gie, lieʒ:lie*)
— weitgehende Erhaltung verschiedener Personalendungen bei den Verbalformen [Gegensatz: Nordseegerm., Nordgerm.]	— früher Ausgleich ursprünglicher Wechselformen in der Substantivdeklination bei Formen mit oder ohne Sproßvokal im Sinne der phonetischen Einheit des Wortes (frühahd. N. Sg. m. *fingar*, G. *fingres* > *fingares*, D. *fingre* > *fingare*, A. *fingar*)
— Doppelheit von flektierter und unflektierter Form beim starken Adjektiv Nom. Sg. aller Geschlechter und Akk. Sg. des Neutrums [Gegensatz: Nordseegerm., Nordgerm.]	— Ausgleich von Umlautformen im Sg. der Substantivdeklination zugunsten umlautloser Formen, die aber im Pl. bleiben (z. B. G. D. Sg. n. *lembires, lembire* > *lambes, lambe*; obd. G. D. Sg. m. *nemin* > *namin*)
— Bewahrung der Genusunterschiede beim Demonstrativpronomen, auch im Plural [Gegensatz: Nordseegerm.], was sich später auf die Bewahrung der Genusunterschiede beim Substantiv (Artikel + Subst.) auswirkt; ebenso beim anaphorischen Pronomen	— Angleichung der endungslosen Pl.-Endungen m. f. N. A. der *r*- und *nt*-Stämme an die *a*- und *ō*-Stämme mit *-a* in der Endung (vgl. S. 187—188)
— Erhaltung des Reflexivpronomens [Gegensatz: Nordseegerm.]	

Man vergleiche dazu die folgenden Beispiele (für weiteres verweisen wir auf den grammatischen Teil in Kapitel 5): die Deklination der schwachen maskulinen *an*-Stämme und die Konjunktivformen des Praeteritums der starken Verben:

	Althochdeutsch	Altsächs.	Altfries.	Altengl.	Altnord.
Sg. N.	hano	hano, -a	hona	hona	hane, -i
G.	hanen, -in	hanen, -an, -on	(hona)	honan	hana
D.	hanen, -in	hanen, -an, -on	(hona)	honan	hana
A.	hanon, -un	hanon, -an	hona	hona	hana
Pl. N.	hanon, -un	hanon, -un, -an	hona	honan	hanar
G.	hanōno	hanono, -uno, -onu	honena	honena	hana
D.	hanōm	hanon, -un	honum	honum	hǫnom, -um
A.	hanon, -un	hanon, -un, -an	hona	honan	hana
Sg. 1. Ps.	-i	-i, -e			-a
2. Ps.	-īs	-is	-e, -i	-e	-er, -ir
3. Ps.	-i	-i, -e			-e, -i
Pl. 1. Ps.	-īm	-in, -en		-en, -an	-em, -im
2. Ps.	-īt	-in, -en	-e, -i	-on	-eþ, -et
3. Ps.	-īn	-in, -en		-on	-e, -i

Althochdeutsch: reiches Kurz- und Langvokalspektrum ohne wesentlichen Formenzusammenfall

Altsächs.: reduzierte bis stark reduzierte Kurzvokalspektren ohne Langvokale, Zusammenfall verschiedener Kasus- und Personalformen

Konservativ-bewahrende Züge	Evolutionär-erneuernde Züge
Syntaktisches	Syntaktisches
— Bewahrung, ja Funktionalisierung des Gegensatzes stark/ schwach beim Adjektiv, mit deutlich zunehmendem Anteil der schwachen Formen	— zunehmender Gebrauch des bestimmten und Einführung des unbestimmten Artikels
— differenzierter syntaktischer Gebrauch des perfektiven und ingressiven *gi-/ge-* als Verbalpraefix	— zunehmende Setzung des Subjektspronomens beim Verbum
	— Ausbau des Konjunktionensystems, vor allem im Gefolge der Übersetzungen aus dem Lateinischen
	— teilweise Neuordnung der Wortstellung im Zusammenhang mit dem Übergang vom altgerm. zum deutschen Satzton (Verlust alter Wortstellungsfreiheiten, Ansätze zur Entwicklung der für das Nhd. typisch gewordenen verbalen Klammer)
	— Nutzbarmachung der neuen analytischen oder umschriebenen Verbalformen für den Ausdruck des Zeitaspektes

Für die Beispiele verweisen wir auf den grammatischen Teil in Kapitel 5.

Konservativ-bewahrende Züge	Evolutionär-erneuernde Züge
Lexikalisches	Lexikalisches
— starkes Festhalten an den alt-germanisch gegebenen Wort-bildungskategorien	— starke Erneuerung und wesent-liche Umgestaltung des altgerma-nischen Wortschatzes durch christliche und lateinisch-romani-sche Lehnwörter und Lehn-bildungen
	— bedeutende Erweiterung des Wortschatzes durch neue Kom-posita und durch Lehnsuffixe aus dem Lateinisch-Romanischen

Für die Beispiele verweisen wir auf Kapitel 6 und Abschnitt 1.5.

Eine Besonderheit im Verwandtschaftsgefüge des Althochdeutschen machen einerseits die alemannisch/oberdeutsch-nordgermanischen und die bairisch/oberdeutsch-gotischen Beziehungen aus, denen andererseits fränkisch-nordseegermanische Verbindungen entgegenstehen. Sie spiegeln, soweit es alte Gemeinsamkeiten oder gemeinsame Neuerungen im sich weiter entfaltenden Sprachsystem sind, eine relative ursprüngliche Nachbarschaft der Sprachträger in frühgermanischer Zeit wider, über das Elbgermanische, die erschließbare Grundlage des Oberdeutschen, bzw. über das Rhein-Weser-Germanische, die erschließbare Grundlage des Fränkischen.

Dazu gehören beispielsweise die folgenden Verbindungen:

| Nordseegerm. | Althochdeutsch | | Gotisch | Altnordisch |
	Fränkisch	Oberdeutsch		
		alem. *gāht* f. (in *bettegāht*) 'Gehen, Gang'	*gāhts* f. (in Zss.) 'Gehen'	*gátt* f. 'Eingang, Türöffnung'
		răvo m. 'Dachsparren'		*ráf, ráfr* n. 'Sparrendach'
ae. *hū*, afries. *hū*, as. *hwō*	*wuo* 'wie'	*(h)wĕo, (h)wio*	*hvaiwa, hvē*	*hvé* 'wie'
ae. *hĕ*, afries. *hĭ, hĕ*, as. *hē, hie*	*he(r)* 'er' ⟵——*er* 'er'		*is*	
ae. *lēogan,* afries. *liaga,* as. *liogan*	*leogan, liogan*	*liugan* 'lügen'	*liugan*	*ljúga*
ae. *dēop,* afries. *diap,* as. *diop, diap*	*tiof, diof*	*tiuf* 'tief'	*diups*	*djúpr*
ae. *þĕs,* afries. *thisse, this,* as. *these*	*dhese, these* ⟵—— *desēr* 'dieser'			
as. *thê, thi,* afries. *thĭ, dĭ*	*thē, de, thie* ⟵—⟶*der* 'der, dieser'			

Daneben treten spezifische Lehnwortschatzbeziehungen im christlichen Glaubensbereich Angelsächsisch → Fränkisch-Althochdeutsch (-Altoberdeutsch) und Gotisch → Althochdeutsch-Oberdeutsch, die wir in Kapitel 6 kurz besprechen werden.

Innerhalb der altgermanischen Sprachen sehen die Einfluß-
bezüge und Verwandtschaftsbeziehungen des Althochdeutschen etwa so aus:

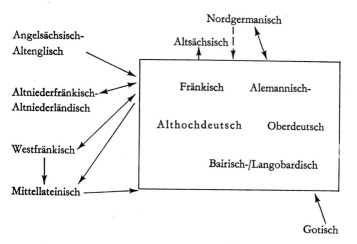

Wenn wir schließlich versuchen, das typologische Gefüge
der altgermanischen Sprachen in seinen gegensätzlichen wie
verbindenden Zügen, in seiner inneren Verstrebung wie zunehmenden Aussonderung zu verstehen, so drängen sich die
auf Seite 28 folgenden Gesichtspunkte auf.

So stellt sich das Althochdeutsche im Gefüge der altgermanischen Sprachen als Zusammenfassung ausgedrückt dar: ei-
genwillig und ausgesondert dem Lautsystem nach; weitgehend
typisch altgermanisch im Formensystem, in der Schallfülle
seiner Nebensilben und in den Kategorien der Wortbildung;
neu differenziert und begrifflich distanziert in seinem Wortschatz. Althochdeutsch ist Altgermanisch in südlicher Brechung und Staffelung, Altgermanisch unter lateinischem
Sprach- und Bildungseinfluß christlicher wie spätantiker Aus-

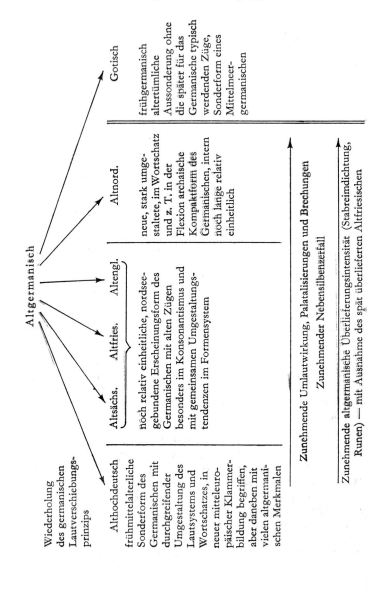

Altgermanisch

Gotisch

frühgermanisch altertümliche Aussonderung ohne die später für das Germanische typisch werdenden Züge, Sonderform eines Mittelmeergermanischen

Altnord.

neue, stark umgestaltete, im Wortschatz und z. T. in der Flexion archaische Kompaktform des Germanischen, intern noch lange relativ einheitlich

Altsächs.   Altfries.   Altengl.

noch relativ einheitliche, nordseegebundene Erscheinungsform des Germanischen mit alten Zügen besonders im Konsonantismus und mit gemeinsamen Umgestaltungstendenzen im Formensystem

Wiederholung des germanischen Lautverschiebungsprinzips

Althochdeutsch frühmittelalterliche Sonderform des Germanischen mit durchgreifender Umgestaltung des Lautsystems und Wortschatzes, in neuer mitteleuropäischer Klammerbildung begriffen, aber daneben mit vielen altgermanischen Merkmalen

Zunehmende Umlautwirkung, Palatalisierungen und Brechungen
Zunehmender Nebensilbenzerfall

Zunehmende altgermanische Überlieferungsintensität (Stabreimdichtung, Runen) — mit Ausnahme des spät überlieferten Altfriesischen

richtung, weitgehend ungermanisch geworden in seinen Schriftdenkmälern, gehegt und geborgen in einer bildungsweiten Klösterlichkeit, die von außen aufnimmt und sich innerlich erfüllt.

1.3. Die Stellung des Althochdeutschen innerhalb der deutschen Sprache

Bei der Frage nach der Wesensbestimmung der ältesten Stufe der deutschen Sprache wird man sich an die drei im Begriff Althochdeutsch vereinigten Vorstellungskomponenten halten können:

Alt	—	hoch	—	deutsch
Zeitbegriff		Raumbegriff		Sprachbegriff

Alt- meint den zeitlichen Aspekt gegenüber Mittel- und Neuhochdeutsch, aber auch die sprachgeschichtliche Zuordnung zum Altgermanischen; alt sind vor allem Volltonigkeit und Formenreichtum des Ahd. Als altertümlich erscheint uns, vom Neuhochdeutschen her gesehen, auch der Wortschatz des Ahd., obwohl er neben den absterbenden altgermanischen Elementen in einer gewaltigen Erneuerungsbewegung steht.

Mit Hochdeutsch wird das seit der zweiten Lautverschiebung des 5.—8. Jhs. ins Blickfeld getretene räumliche Kriterium bezeichnet: was hochdeutsch ist, hat noch Anteil an der zweiten (oder eben hochdeutschen) Lautverschiebung, wenngleich in starker Abstufung von Süden nach Norden. Die zweite Lautverschiebung führt mit ihren neuen Affrikaten *tz, pf, kh/kch/ck* und Reibelauten *ʒʒ (ss), ff, ch* aus den alten germanischen Verschlußlauten *t, p, k* sowie mit der Entwicklung *d > t* zu den neuen Lautmerkmalen des Hochdeutschen, das sich damit sowohl diachronisch gegenüber dem Germanischen wie auch synchronisch gegenüber den germanischen Nachbarsprachen deutlich abzuheben beginnt:

Laute	Ahd.	Altsächs.	Altniederfränk.
t	waʒʒar 'Wasser'	water	watar
	zunga 'Zunge, Sprache'	tunga	tunga
	setzen 'setzen'	settian	settian
p	hruoffen 'rufen' ruoffen	hrōpan	ruopan
	phuzzi (neben puzzi 'Brunnen')		putte, pute
	pfunt 'Pfund'	pund	
	helfan 'helfen' (helphan, helpan)	helpan	helpan
	scephen 'schöpfen, erschaffen'	skeppian	—
k	mihhil 'groß'	mikil	mikil
	kint/chint 'Kind'	kind	kint
	wurchen/wirken 'bewirken, tun'	wirkian	wirkan
d	tag 'Tag'	dag	dag

Was innerhalb des Süd- oder Westgermanischen an der zweiten Lautverschiebung voll oder auch nur reduziert teil hat, wird vor allem dadurch hochdeutsch, zunächst — der Zeitstufe nach — althochdeutsch. Was daran nicht teilhat, bleibt außerhalb des Hochdeutschen: das Nordseegermanische (Altsächsisch, Altfriesisch, Altenglisch), das Altniederfränkische/Altniederländische, das Westfränkische.

Deutsch als Sprachbegriff meint geschichtlich gesehen zunächst erst das langsame Zusammenwachsen der verschiedenen Stammesdialekte der fränkischen Rheinlande, des alemannischen Ober- und Hochrheingebietes, des bairischen Donau- und Alpenraumes und — durch den Alpenkamm getrennt —

der langobardischen Sprachreste in Oberitalien zu einer neuen
Einheit, die seit ahd. Zeit auch stark nach Norden ausstrahlt
und dort das zunächst noch stark nordseegermanisch bestimmte Altsächsische im heutigen Nordwestdeutschland (älter
und neuerdings als Altniederdeutsch bezeichnet) seit etwa
1200 durch das Mittelniederdeutsche ablösen läßt. Schlaglicht-
artig zeigt die Geschichte des Wortes *deutsch* als Sprach- und
Volksbezeichnung diesen Vorgang ganz deutlich: als Gegen-
satzwort *peudisk* 'zu unserer *peoda* („Volk') gehörig' etwa um
700 oder im 8. Jh. an der westlichen Sprachgrenze entstanden,
tritt es seit dem 8. Jh. in mittellateinischer Gestalt zur sprachlichen Kennzeichnung auf, zunächst in der Umgebung Karls
des Großen, z. B. 786 *tam latine quam theodisce*, 788 *theodisca
lingua*, 801 *teudisca lingua* usw. Nach Werner Betz liegt hier sogar
eine Lehnübersetzung von (*lingua*) *vulgaris = theodisk* nach dem
Schema *vulgus + -aris = theod(a) + isk* vor, wobei aber die
gotischen, altsächsischen und altenglischen auf gleiche Weise
gebildeten Entsprechungen zu bedenken bleiben: die Adj.-Adv.
got. *piudisko* ἐθνικῶς 'heidnisch', altsächs. *thiodisco, thiudisc*,
ferner das Substantiv altengl. *pēodisc* n. 'Sprache, lingua, sermo'.
Schon in der ersten Hälfte des 9. Jhs. wird eine auf der Reichenau entstandene Interlinearversion ambrosianischer Hymnen
(sogenannte Murbacher Hymnen) im Reichenauer Bücherver-
zeichnis von 835—842 als *carmina Theodiscae linguae formata*
bezeichnet, doch ist der direkte Bezug auf dieses ahd. Denkmal
neuerdings von Bernhard Bischoff in Frage gestellt worden.
Mehr und mehr verbreitet sich der neue Sprachbegriff über
das ganze ahd. Sprachgebiet, ja erscheint selbst in rein ahd.
Form: 9. Jh., 60er Jahre, Otfrid von Weißenburg Evangelienharmonie, I, 1 Überschrift *Cur scriptor hunc librum theotisce
dictaverit*; 882 Urkunde aus St. Gallen *cartam pacationis, quod
tiutiscae suonbuoch nominamus* — hier mit bereits althochdeutsch-
oberdeutscher Lautung *tiutisc, diutisc*, aber mit lateinischer
Endung; 2. Hälfte 10. Jh. ahd. Vergilglossen *Teutonico ritu*
(Aeneis VII, 741) glossiert *diutischemo* u. ä. in rein ahd. Form;
um 1000 Notker von St. Gallen *in diutiskûn* 'auf deutsch'; um
1080 Annolied *diutischemi lande*. Seit mittelhochdeutscher Zeit
ist der Begriff sodann im allgemeinen Gebrauch für Sprach-

und Volksbezeichnung: mittelhochdeutsch *diutsch* steht neben mittelniederdeutsch *düdesch* und mittelniederländisch *dietsch*, *duytsch* (auch hier zur Sprach- und Volksbezeichnung geworden, vgl. engl. *dutch*) und altfranzösisch *tiedeis*, *tieis*, *tiois*. Die frühmittelalterlich häufige mittellat. Form *teutonicus* gehört letztlich zum gleichen Wortstamm, wenn sie auch vom frühgermanischen Stammesnamen *Teutoni*, *Teutones* abgeleitet ist.

Durchaus uneinheitlich ist die sprachgeographische Stellung des Ahd. Entsprechend der ursprünglichen Vielheit der Stammesdialekte elbgermanischen und weser-rhein-germanischen Ursprungs (vgl. die Gliederungsbilder 1 und 2 oben sowie die Aufstellung oben S. 26) findet man immer wieder eine Reihe von inneren Gegensätzen zwischen dem Fränkischen und Oberdeutschen, die erst im Verlauf der ahd. Sprachgeschichte ausgeglichen, zumeist vom Fränkischen her überdeckt werden. Diese Gegensätze lassen sich außerhalb des Ahd. verschieden anknüpfen. Man vergleiche nachstehende Beispiele:

	Althochdeutsch		Alt-sächsisch	Alt-englisch	Gotisch
	Altober-deutsch	Alt-fränkisch			
'Gericht, Urteil'	suona	tuom	dōm	dōm	dōms
'klagen'	klagōn	wuofen	wōpian	wēpan	wōpjan
'Gedächtnis, Andenken'	gihuct	gimunt	gihugd	ჳemynd	gamunds
'(sich) freuen'	freuuen	gifëhan	(faganōn)	ჳefēon	(faginōn)
'demütig'	deomuoti	ōdmuoti	ōdmōdi	ēadmēde	[hauns]
'heilig'	wīh ←	heilag	hēlag	hāliჳ	weihs
'Geist'	ātum ←	geist	gēst	ჳāst	ahma

Was die fränkischen Vorstöße ins Alemannische betrifft, sind zwei Hauptbewegungen zu unterscheiden:

(1) ein früher Vorstoß, man möchte mit Georg Baesecke sagen, ein 'sprachlicher Kolonisationsvorstoß', der z. T. über fränkisch bestimmte Konvente (z. B. die Reichenau), z. T. über die fränkische Reichsverwaltung geht, der aber auch mittelbar über die frühfränkischen Bestandteile des Mittellateinischen wirkt und besonders im 8./9. Jh. von Bedeutung ist.

(2) ein stetiger, kontinuierlich durch die ganze ahd. Zeit reichender Einfluß, der zu sprachlichen Ausgleichen besonders im Lautsystem und im Wortschatz führt (z. B. germ. *ō*, fränk. *uo*, altalem. *ua*, altbair. z. T. *oa*, später gesamtahd. *uo*) und bis zu Notker von St. Gallen im 11. Jh. reicht (z. B. *ie* statt altoberdeutsch *iu* bei den starken Verben *liegen*, *triegen* usw., altalem. *liugan*, *triugan*, aber nach dem fränk. Lautstand *liogan*, *triogan* mit Abschwächung von *io* > *ie* und *-an* > *-en* ausgeglichen).

So wird das Ahd. erst langsam zu einer relativen sprachlichen Einheit, in deren Aufbau die vielfältigen Züge alter Stammesmundarten in ihrer sprachräumlichen Staffelung nachhaltig sichtbar bleiben.

Als älteste Stufe und Grundlage der deutschen Sprache dürfen wir das Althochdeutsche sprachgeschichtlich und typologisch-kontrastiv seinen später folgenden Sprachstufen Mittelhochdeutsch und Neuhochdeutsch gegenüberstellen, was in Form einer Übersicht geschehen soll:

Althochdeutsch
(8. bis 11. Jh.)

Sprachliche Hauptkriterien:

— zweite oder hochdeutsche Lautverschiebung

— Umgestaltung des Vokalsystems durch teilweise Monophthongierung von germ. *ai* und *au* > *ē* und *ō*, durch Diphthongierung von germ. *ē²* und *ō* > *ia* und *uo*, *ua* und durch den Beginn der Umlautwirkung (*i*-Umlaut durch *i* der Endsilben auf *a* > *e* der Stammsilben)

— langsame, aber kontinuierliche Schwächung der frühahd. und normalahd. noch fast ausnahmslos vokalisch vollen Nebensilbenvokale

— weitgehender Einfluß des Lateinischen auf den Wortschatz und die Wortbildung und auf die damit verbundene Erneuerung und Ausweitung des Wortvorrates

— weitgehendes Eigenleben der verschiedenen Mundarten, ohne schriftsprachliche Einigung, doch mit fränkischem Einfluß auf das Oberdeutsche und mit gewissen Vereinheitlichungstendenzen

Mittelhochdeutsch
(12.—15. Jh.)

Sprachliche Hauptkriterien:

— Vermehrung der Vokalphoneme durch weitere Umlaute vor ursprünglichem *i* der Endsilben (*ă* > *ä*, *ŏ* > *ö*, *ŭ* > *ü*, *ou* > *öu*, *uo* > *üe*), die nun schriftlich fixiert werden

— Zusammenfall der meisten Nebensilbenvokale in *e* und damit weitgehender Abbau der verschiedenen Flexionsmorpheme

— Beginn der sog. neuhochdeutschen Diphthongierung von *ī* > *ei*, *ū* > *au*, *iu* (= *ü*) > *äu*

— Beginn der sog. neuhochdeutschen Monophthongierung *ie* > *ī*, *uo* > *ū*, *üe* > *ü*

— starker Einfluß des Altfranzösischen auf den Wortschatz

— Bildung einer oberdeutsch ausgerichteten Literatursprache und neuer Kanzlei- und Fachsprachen bei bewahrter Mundartenvielfalt

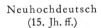

Neuhochdeutsch
(15. Jh. ff.)

Sprachliche Hauptkriterien:

— Entstehung und Verbreitung einer eigentlichen Schrift- oder Hochsprache auf im wesentlichen ostmitteldeutscher Grundlage neben der Weiterentwicklung der Mundarten, die in neuerer Zeit hinter der hochsprachlich bestimmten Umgangssprache zurücktreten

— Durchführung von Diphthongierung und Monophthongierung (siehe oben) in der Schriftsprache und in den meisten Mundarten (außer im deutschen Südwesten)

— Vokaldehnung in offener Silbe

— verschiedene Vokalkürzungen vor Konsonanten

— weitgehende Systematisierung des Formenbaus

— Ausbildung eines mehr logisch ausgerichteten Satzbaus

— Aufnahme von unzähligen Fremdwörtern besonders aus dem Französischen und Englischen

— bedeutende Vermehrung des Wortschatzes durch zwei- oder mehrgliedrige Zusammensetzungen sowie durch Abkürzungswörter

— Differenzierung und Technisierung der Sprachschichten und Fachsprachen

Mit Bezug auf das Althochdeutsche darf hier vor allem noch ein Gesichtspunkt betont werden: das Althochdeutsche ist nicht nur die älteste schriftlich bezeugte Stufe der deutschen Sprache. Es ist, selbst wenig literaturintensiv und arm an autochthonen dichterischen Texten, die sprachlich nachhaltige, große Voraussetzung und der eigentliche Wegbereiter der gewaltigen mittelhochdeutschen Literatur vom Sprachinstrumentarium her, wenn auch dort neue und andere Einflußkräfte wirksam werden. Ohne die jahrhundertelange sprachlich experimentierende Vorschule des Althochdeutschen ist die seit dem 12. Jahrhundert aufbrechende mittelhochdeutsche Literatur gar nicht denkbar. Denn erst jetzt sind die neuen hochmittelalterlichen Begriffe und Bezugspunkte der höfisch-ritterlichen Gesittung, des Lehenswesens, der vertieften gradualistischen Christlichkeit sprachlich voll verfügbar. Das erweist jede Detailuntersuchung etwa über die Leitwörter des mittelhochdeutschen Minnesangs oder zum Adjektiv *rîche* 'gewaltig, mächtig, reich' im mittelalterlichen Deutsch. Erst jetzt ist Deutsch wirklich übergreifend literarisch gestaltbar geworden. Erst jetzt heißt Deutsch mehr als dialektgebundene Schreibsprache an einzelnen Orten. So spiegelt die mittelhochdeutsche Sprache indirekt das in althochdeutscher Zeit gewachsene Instrumentarium wider. Und von da aus haben die selbst in mittelhochdeutsche Zeit hinein weitergetragenen Glossierungen und Glossare erst recht ihre Bedeutung für die neue Literatur, vom kontinuierlich weiterlaufenden Grundstrom der Volks- und Sprechsprache gar nicht zu reden.

1.4. Konstitutionselemente des Althochdeutschen

Als geschichtliche Voraussetzung für das seit dem 8. Jh. stärker hervortretende ahd. Sprachleben dürfen genannt werden.

1.4.1. Konsolidierung der südgermanischen Binnenstämme

Die Konsolidierung der südgermanischen Binnenstämme nach der Völkerwanderung zu mehr oder weniger seßhaften, ja staatsbildenden Verbänden, die mehr und mehr zu systematischer Rodung übergehen und innerhalb der großen Landstriche, die sie einnehmen, neue Siedlungszonen zu erschließen beginnen, vollzieht sich in voralthochdeutscher Zeit und reicht in die althochdeutsche Zeit hinein. Ganz deutlich in ahd. Zeit fallen dabei die folgenden Siedlerbewegungen:

(a) die alemannische Einwanderung in die deutsche Schweiz seit der 2. Hälfte des 5. Jhs., besonders aber im Verlaufe des 6., 7. und 8. Jhs., was zur Begründung der sogenannten ahd. Schweiz geführt hat;

(b) die Durchdringung des bairischen Alpenraums mit ahd. sprechenden Siedlern, wobei die bair. Alpenklöster bis Salzburg eine wichtige geschichtliche Stellung einnehmen;

(c) der Beginn der Erschließung Österreichs durch die Baiern von Passau aus donauabwärts und über die Enns, besonders seit dem Avarensieg Karls des Großen. Das österreichische Gebiet tritt seit frühmittelhochdeutscher Zeit sprachlich in Erscheinung;

(d) der Beginn der sogenannten deutschen Ostsiedlung vom Ostfränkischen über das Gebiet von Fulda hinaus ins thüringische (ahd. wenigstens durch Runeninschriften und Namen vertreten) und sächsische Gebiet hinein.

Die Erschließung der übrigen Siedlungszonen liegt der ahd. Zeit voraus — so die alemannische Einwanderung ins Elsaß bis an die Vogesen seit dem 4. Jh., wenn es auch in ahd. Zeit noch zu weiterer Siedlungsdurchdringung kommt. Dieser Befund ist für die zeitliche Einstufung des deutschen Ortsnamenmaterials von Bedeutung, für welches das Ahd. die ältesten

Siedlungsnamentypen überliefert, vor allem die Namenschichten auf

-*ingen* (ahd. Dat. Pl. -*ingun*, patronymisches Zugehörigkeitssuffix, das an Personennamen antritt)

-*heim* (Grundbedeutung 'Siedlung, Dorf', vgl. got. *haims* 'Dorf'), ferner auf -*dorf* (ahd. *thorf, dorf*), -*hofen* (ahd. Dat. Pl. -*hofun*), -*inghofen* (ahd. Dat. Pl. -*inghofun*, an Personennamen antretend), -*stetten* (ahd. Dat. Pl. -*stetin*), -*weil(er)/wīl(er)/wīr* (ahd. *wīlari* < lat. rom. *villare* 'Hofgruppe, Gehöft', meist an Personennamen antretend) usw.

Hand in Hand damit vollzieht sich im ganzen ahd. Sprachraum die z. T. mit starken Umdeutungen verbundene Eindeutschung der alten vordeutschen Siedlungs-, Landstrichs- und Flußnamen, z. B. *Maguntiacum* > ahd. *Maginza, Meginza* (*Mainz*), *Ratisbona* > *Reganesburg, Turicum* > ahd. *Ziurich(e)* (*Zürich*), *Danubius* > ahd. *Tuonouwa* (*Donau*) u. ä.

1.4.2. Frühmittelalterliche Klostergründungen

Die frühmittelalterlichen Klostergründungen im Rahmen von Mission und fränkischer Reichsgeschichte bestimmen vor allem die frühalthochdeutsche Zeit, wodurch es erst zur Bildung von Schreibstätten, Schreibschulen und zur Vermittlung christlich-antiken Bildungsgutes kommt. Im frühahd. Raum werden wirksam

— die irische Mission seit 600 mit Kolumban (611 im Bodenseegebiet), Gall oder Gallus (612 in St. Gallen), Emmeram in Regensburg (gest. 652 oder später), Kilian in Würzburg (gest. 689), Korbinian in Freising (gest. nach 725), Rupert in Salzburg (gest. um 710—720)

— die angelsächsische Mission seit 700 mit Bonifatius (gest. 754), besonders im Raum Mainz, Fulda (744), Würzburg (742), ferner mit Willibrord (gest. 739) u. a. in Echternach

— die westgotisch-fränkische Mission im 8. Jh. mit Pirmin (gest. 753) auf der Reichenau (724) und in Murbach (727).

Die Schreiborte des Althochdeutschen sollen im einzelnen in Kapitel 2 besprochen werden.

1.5. Die Nachbarsprachen des Althochdeutschen

Mit dem Althochdeutschen beginnt das nachbarsprachliche
Verhältnis im Dreieck Germanisch — Romanisch — Slavisch,
das schon in althochdeutscher Zeit durch die Ungarneinfälle
nach Westen um die Nachbarschaft zum Ungarischen mindestens teilweise erweitert wird. Im einzelnen kennt das Althochdeutsche die folgenden festen Nachbarsprachen:

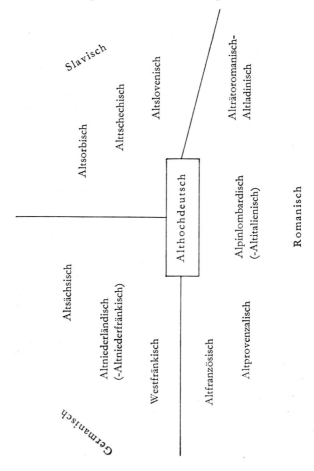

Die sprachlichen Berührungen des Althochdeutschen mit den verschiedenen Nachbarn sind von ungleicher Intensität und verschiedener Bewegungsrichtung und werden in ihrer Wirkung unterschiedlich beurteilt. Eine zusammenfassende Analyse des Problems fehlt außerdem. Vorläufig kann etwa folgendes formuliert werden:

1.5.1. Einwirkungen des Lateinischen und Romanischen

Gegenüber dem beherrschenden Einfluß des Lateins als erster und einziger Bildungssprache des Althochdeutschen sind die Einwirkungen der direkten Nachbarsprachen auf die älteste Stufe der deutschen Sprache im Gegensatz zur Lage in den späteren deutschen Sprachstufen sehr gering. Außerdem liegen die wesentlichen Sachwortlehneinflüsse aus dem Lateinisch-Romanischen dem Althochdeutschen voraus: sie haben im großen ganzen noch an der zweiten, hochdeutschen Lautverschiebung teil und gründen in der allgemeinen spätrömischen Kulturüberschichtung des westeuropäischen Raumes, ohne daß man daraus mehr als allgemeine sprachgeographische Schlüsse ziehen könnte. Dementsprechend ist in Anlehnung an Theodor Frings und seine sprachgeographische Schule exakt danach zu fragen, was an althochdeutschen Fremdeinflüssen lateinisch-bildungssprachbedingt über die Scriptorien einströmt, was spätrömisches Nachleben und damit direkte Übernahme auf später althochdeutschem Boden ist und was wirklich den Fringschen stratigraphischen Karten entsprechender sprach-geographischer Wellenschlag in althochdeutscher Zeit von außen bleibt. Nach solcher grundsätzlicher Fragestellung ist in die folgenden Schichten lateinisch-römisch-romanischen Einflusses auf das Althochdeutsche durchaus differenzierend zu gliedern:

1. Spätrömische Sachkultur in südgermanischem Siedlungsraum, das heißt mit voralthochdeutscher Einverleibung der Wörter, in der Endwirkung mit hochdeutscher Lautverschiebung oder frühalthochdeutscher Monophthongierung und Diphthongierung

z. B

lat. *acētum, atēcum* > ahd. *eȥȥȋh* m. 'Essig' (vgl. altniederfränkisch *etig*)

lat. *astracum, astricum* > ahd. *astrȋh, estrȋh* 'Estrich'

lat. *calx, calcis* > ahd. *calc, chalc, calh, chalh* m. 'Kalk'

lat. *tēgula* > ahd. *ziagal* m. 'Ziegel'

2. Tatsächlich ·in althochdeutscher Sprachzeit vollzogene Übernahme aus einer kulturtragenden und somit ausstrahlenden romanischen Nachbarschaft lebendigen Sprachlebens — natürlicherweise ohne oder nur noch teilweise mit hochdeutscher Lautverschiebung, weil diese im wesentlichen vor der althochdeutschen Sprachwirklichkeit, die sie erst ausmacht, steht

z. B.

romanisch *excocta* 'Molken' > ahd. *scotto* m. 'Molken, Schotten, saure Milch'

romanisch *furca* > ahd. *furca, furka* f. 'Gabel, Stange mit Haken'

furcula > ahd. *furcula* f. 'kleine Gabel'

romanisch *larix, laricem* > ahd. *leracha*, f., *lerihboum, lorihboum* m. 'Lärche'

romanisch *pinus* > ahd. *pȋnboum, bȋnboum* 'Fichte'

3. Ebenfalls in althochdeutscher Sprachzeit aufgenommene, in ganz verschiedenen Scriptorien möglich und sprachwirklich gewordene Übernahmen aus dem frühmittelalterlich-spätantiken Bildungslatein der Klosterschulen

z. B.:

lat. *advocatus*, mlat. *vocatus* > ahd. *fogăt* m. 'Rechtsvertreter, Vogt'

lat. (*ars*) *grammatica* > ahd. *grámatih, gramátih, grammatih* n. 'Grammatik'

lat. *ordinare* > ahd. *ordinōn* 'einrichten, ordnen'

lat. *rēgula* > ahd. *regula* 'Ordensregel'

Gewiß — es können sich bei diesen Schichten Überschneidungen ergeben. Aber grundsätzlich läßt sich der römisch-romanisch-lateinische Lehnworteinfluß so gliedern. Dadurch erhalten wir folgendes vereinfachtes Grundschema des lateinisch-romanischen Spracheinflusses auf das Althochdeutsche:

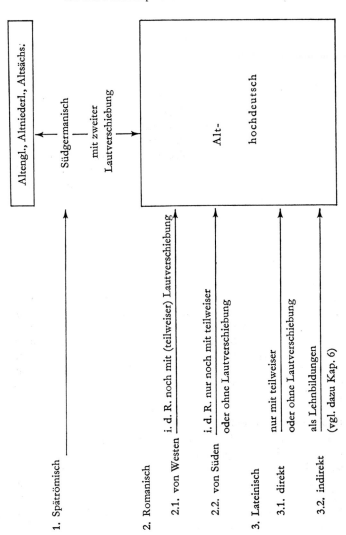

	Altengl., Altniederl., Altsächs.:
	Südgermanisch
	mit zweiter Lautverschiebung

Alt- hochdeutsch

1. Spätrömisch

2. Romanisch

2.1. von Westen   i. d. R. noch mit (teilweiser) Lautverschiebung

2.2. von Süden   i. d. R. nur noch mit teilweiser oder ohne Lautverschiebung

3. Lateinisch

3.1. direkt   nur mit teilweiser oder ohne Lautverschiebung

3.2. indirekt   als Lehnbildungen (vgl. dazu Kap. 6)

1.5.2. Ausstrahlungen des Althochdeutschen

Das Althochdeutsche strahlt seinerseits auf die lebenden Nachbarsprachen mehr aus, als es von ihnen aufnimmt, was aus der zentralen Stellung des althochdeutschen Sprachraums im ostfränkischen Reichsverband zu erklären ist. So ist es nicht verwunderlich, daß althochdeutsch-fränkische und auch andere althochdeutsch-mundartliche Rechts- und Urkundensachwörter über die Einbettung in die Latinität des schriftlichen Formulars ins Mittellateinische und von da teilweise ins Romanische ausstrahlen, wie z. B. mlat. *bannus, bannum* 'Bann, Banngeld, Gebot unter Strafandrohung' (ahd. *ban*, Gen. *bannes*), mlat. *bannire* 'bannen, verbannen, unter Strafandrohung befehlen' (ahd. *bannan*), mlat. *baro* 'Mann in niedriger, vasallenähnlicher Stellung, freier Mann, Vasall' (ahd.-langobard. *baro* 'Mann'), mlat. *falco* 'Falke' (ahd. *falco, falcho*), mlat. *marescalcus, mariscalcus* 'Pferdeknecht, Aufseher über den Troß, Heerführer, Marschall' (ahd. *marahscalc*), mlat. *seniscalcus, senescallus* 'Seneschall, hoher Hofbeamter' (ahd. *sënescalh* 'der älteste der Dienerschaft, eigtl. Altknecht'), mlat. *marca, marcha, marchia* 'Grenze, Grenzland, Bezirk' (ahd. *marca, marha*) sowie mlat. *marchio* 'Markgraf' und viele andere. Bedeutend ist sodann der fränkische Einfluß auf das Altsächsische, wo wir nach Erik Rooth geradezu von zwei Schichten sprechen können: einer echtaltsächsischen besonders in den kleineren Denkmälern und in den Eigennamen und einer fränkisch-althochdeutsch beeinflußten, stellenweise fast überschichteten in einem guten Teil der Heliand-Überlieferung.

1.5.3. Geographischer Bezugsbereich

Entsprechend der kontinuierlichen siedlungsgeschichtlichen Expansion des Althochdeutschen im thüringischen Raum wie längs der Donau nach Osten, im bairisch-österreichischen und alemannischen Alpen- und Voralpenraum nach Süden und Südosten ergibt sich eine zunehmende Eindeutschung oder sprachliche Einverleibung von Orts-, Länder-, Gebirgs- und Völkernamen romanisch-vorromanischen und slavischen Ursprungs, von der wir oben S. 37 schon kurz gesprochen haben: sie reicht in ihrem geistigen Bezugsbereich weit über

die werdenden Sprachgrenzen zu den unmittelbaren Nachbarn
hinaus und erstreckt sich nach den reichen Glossenbelegen
beispielsweise von Britannien (ahd. z. B. *engillant*), den Schotten (ahd. *scottun, scottono lant*), London (ahd. *lundunes, lundines*)
und Skandinavien (z. B. ahd. *den(ne)marche* 'Dänemark') über
Tours (ahd. *durnis[z]*), Paris (ahd. *paris*), Orléans (ahd. *orlenis*
u. ä.) und Toulouse (ahd. *Losa*) in Gallien (ahd. *uualholant*
'Land der Walchen oder Welschen') bis nach Venezien (ahd.
venedien), Griechenland (z. B. *Tesalonica* ahd. *salnik*), Kleinasien
(Konstantinopel ahd. *constantinispurc* u. ä.), Arabien (*Arabia*
ahd. *rábi*) und Äthiopien (ahd. *mōrlant* 'Mohrenland'), erst
recht in die unmittelbare Nachbarschaft wie Raetien (ahd.
riez), Verona (ahd. *berna, berne*), Böhmen (ahd. *beheime* u. ä.),
Pannonien (ahd. *ungerlant* 'Ungarenland'), zu den Slaven (ahd
winida 'Wenden', *Carantani* ahd. *charíntnere, karntare* u. ä.
'Kärntner' usw.) und an das Mittelmeer (ahd. *míttemére*, auch
Dat. *mittelándigemo mére* im 11. Jh.). Eindeutschung mit Lautverschiebung zeigt z. B. der römisch-niederländische Ortsname
Utrecht < ultra Trajectum ahd. *Uztreht, zUztrehte* u. ä. Damit
wird erst recht der europäisch-nahöstliche Gesichtskreis althochdeutscher geographischer Bildung sichtbar, die Antik-
Ethnographisches mit eigenen Kenntnissen von der näheren
und ferneren Nachbarschaft mischt.

Die Selbstbezeichnungen der althochdeutschen Sprachträger
und die Namen ihrer unmittelbaren Nachbarn sind dabei nach
ausgewählten Glossenbelegen die folgenden (vgl. besonders
Ahd. Gl. Bd. III):

Franken	ahd.	*frankun, franchun*
		ōsterfrankun 'Ostfranken'
		karlinga (bei Notker *chárlinga*),
		kerlinga 'karolingische Franken'
		lūtringa 'Lotharii, lothringische Franken'
		riphera 'ripuarische Franken'
Thüringer	ahd.	*dūringa, tūringera*
Alemannen	ahd.	*alaman* (alter Plural), *alamanna*
		elisazāri, -e 'Elsässer'
		su(u)āba 'Schwaben'
Baiern	ahd.	*baiiera, beiara, peigira* u. ä.
Langobarden	ahd.	*langbartun* u. ä.

Soweit die althochdeutsch sprechenden Stämme — eine Gesamtbezeichnung fehlt noch durchaus, sie wird erst langsam durch die Sprachbezeichnung *diotisc, diutisc* 'volkssprachlich' vorbereitet (vgl. oben S. 31). *Germania* z. B. wird im Summarium Heinrici als ahd. *franchonolant* 'Frankenland' glossiert, *Germania inferior* heißt ahd. ebenda *francrich*.

Als Nachbarbezeichnungen erscheinen:

Sachsen	ahd.	*sahsun, sahson*
		westfalun, westvale u. ä. 'Westfalen'
Friesen	ahd.	*frisun, friesun* u. ä.
Angelsachsen	ahd.	*engilsahsun* u. ä.
Dänen	ahd.	*denemarchere, denemerkera* u. ä.
Normannen	ahd.	*nortman, nortmanne* u. ä.
Burgunder	ahd.	*burguntare*
Romanen	ahd.	*waleha, walaha, walha*, eigentlich die vorgeschichtlichen keltischen Westnachbarn der Germanen, die *Volcae*, dann auf alle Romanen übertragen
Slaven	ahd.	*winida* u. ä. 'Wenden', eigentlich *Veneter*, Übertragung des Namens der alten vorgeschichtlichen Ostnachbarn der Germanen auf die später nach Westen vorstoßenden Slaven
	ahd.	*charintnere, karntare* u. ä. 'Kärntner'
	ahd.	*beheima* 'Bewohner von Böhmen'
	ahd.	*lutizin, lutinzara* 'Liutizen'
	ahd.	*bolänin, bolänen* u. ä. 'Polen'
	ahd.	*ruʒin, ruʒen* 'Reussen, Russen'
	ahd.	*bulgari, -e* 'Bulgaren'
Ungarn	ahd.	*ungara, ungera*

Welsch und *Windisch*, ahd. *walhisk* und *windisc*, werden seit althochdeutscher Zeit zu den hauptsächlichsten Nachbarbezeichnungen für die Romanen und Slaven. Sie leben heute vor allem noch in den Orts- und Landstrichsnamen der Sprachgrenzgebiete (Typus *Welschendorf, Wintschendorf,* überhaupt *Welsch-, Windisch-* als unterscheidende Zusätze) nach.

1.5.4. Berührungen mit dem Slavischen

Noch kaum greifbar werden, vom Althochdeutschen her gesehen, die sprachlichen Berührungen mit dem benachbarten

Slavischen, die erst seit mittelhochdeutscher Zeit im Wortschatz in Erscheinung treten. Dagegen ergeben die von bairischen Schreibern um das Jahr 1000 geschriebenen altslovenischen Freisinger Denkmäler wertvolle Rückschlüsse auf die althochdeutsche Graphematik im Umsetzungsprozeß auf ein fremdes Lautsystem.

Literaturhinweise zu Kapitel 1

Kurzer Grundriß der germanischen Philologie bis 1500, hrsg. von Ludwig Erich Schmitt, Bd. 1 Sprachgeschichte, Berlin 1970 (neueste Gesamtdarstellung in Einzelbeiträgen, mit entsprechenden Literaturhinweisen). — Adolf Bach, Geschichte der deutschen Sprache, Heidelberg ⁹1970. — Georg Baesecke, Vor- und Frühgeschichte des deutschen Schrifttums, Bd. II Frühgeschichte, Halle a. S. 1950—53. — Werner Betz, Karl der Große und die Lingua Theodisca, in: Karl der Große Bd. II, Das geistige Leben, Düsseldorf 1965, 300—306. — Wilhelm Braune. Althochdeutsch und Angelsächsisch, PBB 43 (1918), 361—445. — Paul Diels, Die slavischen Völker, mit einer Literaturübersicht von Alexander Adamczyk, Wiesbaden 1963. — Hans Eggers, Deutsche Sprachgeschichte I, Das Althochdeutsche, Hamburg 1963. — Theodor Frings, Grundlegung einer Geschichte der deutschen Sprache, Halle ³1957. — Theodor Frings und Gertraud Müller, Germania Romana I—II, Halle ²1966—1968. — Jacob Grimm, Deutsche Grammatik Bd. I, Göttingen 1819, Vorrede S. 52 (= Kleinere Schriften Bd. 8, Gütersloh 1890, 68—69). — Carl Karstien, Historische deutsche Grammatik I, Heidelberg 1939. — Hans Kuhn, Zur Gliederung der germanischen Sprachen, ZfdA 86 (1955/56), 1—47. — Friedrich Maurer, Nordgermanen und Alemannen, Studien zur germanischen und frühdeutschen Sprachgeschichte, Stammes- und Volkskunde, Bern-München ³1952. — Hugo Moser, Deutsche Sprachgeschichte, Tübingen ⁶1969. — E. Prokosch, A Comparative Germanic Grammar, Philadelphia 1939. — Erik Rooth, Saxonica, Beiträge zur niedersächsischen Sprachgeschichte, Lund 1949. — Ludwig Rösel, Die Gliederung der germanischen Sprachen nach dem Zeugnis ihrer Flexionsformen, Nürnberg 1962. — Rudolf Schützeichel, Die Grundlagen des westlichen Mitteldeutschen, Studien zur historischen Sprachgeographie, Tübingen ²1976. — Ernst Schwarz, Germanische Stammeskunde, Heidelberg 1956. — Ernst Schwarz, Probleme der deutschen Sprachgrenzgeschichte, Saeculum 20, 1 (1969), 18—34 (mit diesbezüglicher Literatur). — Leo Weisgerber, Deutsch als Volksname, Stuttgart 1953. — Reinhard, Wenskus, Stammesbildung und Verfassung. Das Werden der frühmittelalterlichen gentes, Köln-Graz 1961. — Die Slawen in Deutschland. Geschichte

und Kultur der slawischen Stämme westlich von Oder und Neiße vom
6. bis 12. Jahrhundert. Ein Handbuch, hrsg. von Joachim Herrmann. 2. Aufl.
Berlin 1972. — Ergänzende Literaturhinweise in Kapitel 8.

2. Das Problem der Überlieferung

2.1. Voraussetzungen und Einteilungsmöglichkeiten

Unter der althochdeutschen Literatur versteht man das
literarische, katechetische, wissenschaftliche, rechtliche und
selbst das vorliterarische Schrifttum in althochdeutscher
Sprache, von seinen inschriftlichen Anfängen im 6. Jahrhundert bis zur spätalthochdeutschen Übersetzungskunst Notkers III. von St. Gallen um das Jahr 1000 und Willirams von
Ebersberg nach der Mitte des 11. Jahrhunderts, das deutsche
Schrifttum von seinen Anfängen bis zum Beginn der frühmittelhochdeutschen Zeit. Der Begriff Literatur erscheint dabei
stark ausgeweitet auf die Sprachdenkmäler überhaupt: wenn es
darum geht, die Anfänge und ersten Stufen einer erst langsam
werdenden deutschen Literatur zu erfassen, ihre schwierigen
Vorbedingungen und ihre starke Bezogenheit auf die lateinische Bildungstradition zu erkennen, ihren oft verschlungenen
und mühsamen Weg zu einer neuen Literatur- und Wissenschaftssprache zu verfolgen, so darf und muß Literatur im
weitesten Sinn verstanden werden. Das ist die grundsätzliche
Ausgangslage, wie sie für die erste Stufe einer volkssprachlichen Literatur in enger Verbindung mit der sprachgeschichtlichen Betrachtungsweise ebenso notwendig wie sinnvoll erscheint. Dieser Betrachtungsweise folgen außerdem die maß-
geblichen Handbücher. So geht es zunächst in der althochdeutschen Literaturgeschichte nicht um die Frage, ob ein Denkmal
nach seinen ästhetischen oder formalen Kriterien überhaupt
eine höhere Gattung 'Literatur' vertrete oder nicht. Vielmehr
müssen — anders als in der Literaturkritik der mittelhochdeutschen Zeit, wo eine dichterische Sprache weitgehend verfügbar geworden ist, wo die Gattungsprobleme in völlig
neuem Licht erscheinen — die Denkmäler in ihrer weiten räum-
lichen wie zeitlichen Verstreutheit, in ihrer gattungsmäßigen
Spärlichkeit, oft genug noch in ihrer sprachlichen Unbeholfen-
heit auf Reflexe oder Keime untersucht werden, die Literari-

sches fremder Vorbilder spiegeln oder aus denen Literatur oder literarische Sprache als auf dem Weg befindlich erkannt werden kann. Eine Reduktion der althochdeutschen Literatur auf das, was man in späteren Epochen Literatur zu nennen gewohnt ist, hieße die Grundgegebenheiten der althochdeutschen Zeit verkennen. Althochdeutsche Literatur bedeutet eine Literatur in tastenden Anfängen, im Umbruch außerdem, umrahmt von sprachlich noch rohen Blöcken, deren Nachwirkung mehr im einmal geschaffenen Instrumentarium der Sprache als im Gehalt einzelner Denkmäler liegt. Von einer direkten Ausstrahlung althochdeutscher Literatur in die mittelhochdeutsche Zeit hinein kann nicht gesprochen werden, höchstens am äußersten Rande und ein schmales Stück weit bei Notker III. und bei Williram. Nicht wäre aber die spätere mittelhochdeutsche Sprach- und Literaturblüte verständlich ohne eine Vorschulung im volkssprachlichen Denken und Formulieren durch die Jahrhunderte der althochdeutschen Zeit.

Zwei Mißverständnissen ist indessen sogleich entgegenzutreten. Erstens: Die althochdeutsche Literatur ist keine Einheit, sie repräsentiert nichts Geschlossenes, auch keine einheitliche Entwicklung. Überlieferung wie Neuansätze zeigen viel Zufälliges. Eine gewisse Stufenleiter erkennen wir mehr in der sprachlichen Ausformung von der Glossierung über die Interlinearversionen zu den freien Übersetzungen als im literarischen Geschehen. Die großen Hauptgestalten althochdeutscher Literatur stehen weitgehend einsam — sie empfinden es auch so, Otfrid von Weißenburg im 9. Jahrhundert so gut wie Notker von St. Gallen auf dem Übergang vom 10. zum 11. Jahrhundert —, ihre Verankerung liegt in der lateinisch-christlichen und in der lateinisch-antiken Bildungstradition, wie sie ihnen die Scriptorien ihrer klösterlichen Heimat vermittelt haben. Auch was von germanischer Dichtung noch ins Althochdeutsche herüberreicht, steht innerhalb der althochdeutschen Literatur so gut wie isoliert, nicht nur äußerlich oder überlieferungsgeschichtlich, in vielen Fällen auch innerlich durch eine sich langsam abhebende Neuausrichtung; bis zu einem gewissen Grade wird dies selbst im Hildebrandslied deutlich, erst recht in den Mischformen der Zauber- und

Segenssprüche. So darf man die althochdeutsche Literatur weder einseitig vom Germanischen her noch einseitig vom christlichen Geist her verstehen — selbst bei der Betrachtung der einzelnen Denkmäler nicht: Formales wie Inhaltliches wird man von beiden Seiten her, mit ungleicher Nachwirkung, würdigen müssen und vor allem aus den Bedingungen der Zeit heraus zu verstehen haben, in die schon um 800 wissenschaftlich-antiquarisches Interesse sich mischt, gelehrtes Aufzeichnen wie Ringen um das Verständnis des schwierigen Lateins. Zweitens: Kein Anspruch besteht von der althochdeutschen Literaturgeschichte aus auf die mittellateinische des gleichen Zeitraums. Mit Recht hat sich die neuere Forschung von solchem Zugriff distanziert. Zur althochdeutschen Literatur gehört, was in althochdeutscher Sprache dasteht oder sicher von althochdeutscher Sprachgebung ins Mittellateinische transponiert worden ist: wir kennen nur des St. Galler Mönchs Ratpert 'Lobgesang auf den heiligen Gallus' aus der Mitte des 9. Jahrhunderts, in der Originalsprache verloren, aber als mittellateinische Nachdichtung durch Ekkehart IV. von St. Gallen aus dem 11. Jahrhundert indirekt bezeugt. Weitere Lücken der althochdeutschen Literatur auf mittellateinische Manier auszufüllen, wäre verfehlt. Das Gefälle verläuft umgekehrt: vom Lateinischen ins Deutsche, literarisch wie sprachlich seit den frühen Glossen und ihrem Dienst am Latein. Auf weite Strecken bedeutet althochdeutsche Literatur Spiegelung oder gar Übersetzung der spätlateinisch-mittellateinischen Literatur, keineswegs umgekehrt. Verschiedenheit und Abstand der ungleichen Sprachsysteme und Auseinanderklaffen der beiden Bildungstraditionen verhindern aber auch ein natürliches Herauswachsen der althochdeutschen aus der lateinischen Literatur. Dadurch kommt sowohl der wörtlichen wie auch der interpretierenden Übersetzung im Gefüge des Althochdeutschen größte Bedeutung zu.

2.2. Die typischen Merkmale althochdeutscher Überlieferung

Die Frage, was ist das Typische der althochdeutschen Überlieferung, läßt sich mit dem Hinweis auf die folgenden Punkte stichwortartig beantworten:

2.2.1. Grundströme der Überlieferung

Nach ihren geistigen Grundströmen sind es die absterbenden, sich umwandelnden oder zu neuen Mischformen ausgebildeten Reste einer germanischen Dichtungstradition, das sogenannte Altheimische in Sprach- und Formgebung wie in literarischer Gattung (Heldenlied, Zaubersprüche, Weihinschrift) auf der einen Seite, das Lateinisch-Christliche in katechetischer Übersetzungsliteratur wie in Bibeldichtung (Otfrid von Weißenburg, ein Teil der kleineren Reimdenkmäler) und Legendendichtung (z. B. Georgslied) oder in der Interpretationsliteratur (Notkers III. Psalter, Willirams Paraphrase des Hohen Liedes) sowie das Lateinisch-Antike in der philosophisch-allegorischen Übersetzungsliteratur (Notker III. von St. Gallen) auf der anderen Seite.

2.2.2. Zeiträumliches Auftreten

Was die räumliche Realisierung einer althochdeutschen Literatur betrifft, stehen wir — von den frühen, sprachlich schon dem Althochdeutschen zuzuordnenden Runeninschriften abgesehen — vor dem Phänomen eines fast gleichzeitigen Auftretens althochdeutscher Glossen und Denkmäler (Übersetzungen wie selbständige Dichtungen) im späten 8. und frühen 9. Jahrhundert. Am dichtesten erscheint althochdeutsche Literatur dabei im 9. Jahrhundert (vor allem die Isidorübersetzung im westlichen althochdeutschen Sprachgebiet, die Interlinearversion der Benediktinerregel in St. Gallen — früher meist der Reichenau zugewiesen —, die sogenannten Murbacher Hymnen [Reichenau-Murbach], die Tatianübersetzung aus Fulda, Otfrids von Weißenburg Evangelienharmonie und weitere kleinere Denkmäler) und in spätalthochdeutscher Zeit (das Übersetzungswerk Notkers III. von St. Gallen um 1000, Williram von Ebersberg um 1060).

2.2.3. Klösterliche Überlieferungsorte

Es sind nur wenige, fast ausschließlich klösterliche Überlieferungsorte, die das althochdeutsche Schrifttum in weiter räumlicher wie mundartlicher Streuung sprachtragend bestimmen. Über die bloße Glossen- und Namenüberlieferung hinaus erwächst althochdeutsche Literatur im weiteren Sinne eigentlich nur in Fulda, Trier, Mainz, Lorsch, Weißenburg, Murbach, auf der Reichenau, in St. Gallen sowie im bairischen Raum in Regensburg, Wessobrunn und Ebersberg, von kleineren Überlieferungsorten abgesehen (vgl. dazu die untenstehende Karte ʿDie Hauptorte althochdeutscher Überlieferungʾ). Die wenigsten dieser Zentren wirken in mittelhochdeutsche Zeit hinein weiter.

2.2.4. Einzelmundartliche Gebundenheit

Dementsprechend erscheint althochdeutsche Literatur immer entweder einzelmundartlich gebunden (z. B. ostfränkisch:

Tatianübersetzung, Williram von Ebersberg; rheinfränkisch: Cantica; südrheinfränkisch: Otfrid von Weißenburg; alemannisch: Benediktinerregel, Notker III. von St. Gallen; bairisch: Muspilli, aber mit rheinfränkischen Einschlägen) oder in übergreifender Mischmundart oder Mischsprache (vgl. dazu unten Abschnitt 2.3.2.). Es sind klösterliche Schreibsprachen auf der Grundlage der landschaftlichen Mundarten der vor- und frühalthochdeutschen Stammesgemeinschaften oder Mischungen daraus mit ungleichem Anteil.

2.2.5. Fülle von Gattungen und Sprachschichten

Trotz dieser — überlieferungsgeschichtlich betrachtet — klösterlichen Einbettung der althochdeutschen Literatur sind weder Sprache noch Denkmäler des Althochdeutschen einseitig ausgerichtet: vielmehr ist eine Fülle von Gattungen und Sprachschichten vertreten, wie sie im Übergang vom Germanischen zum Deutschen, vom Heidentum zum Christentum, vom Bauerntum zur gelehrten Bildung verständlich genug erscheint. Weder althochdeutsche Sprache noch althochdeutsche Literatur sind einseitig klösterlich. Es ist die geistige Weite des frühen Benediktinertums, die althochdeutsche Literatur neben weiteren Faktoren mitbestimmt.

2.2.6. Übersetzungsliteratur

Mehr als in den vergleichbaren altgermanischen Sprachen des Zeitraums bestimmt die Übersetzungsliteratur auf weite Strecken das althochdeutsche Schrifttum. Die Bibel, die lateinischen Kirchenväter, Boethius und vor allem spätantike Texte bilden die Ausgangspunkte für Glossierung, Übersetzung, Nachdichtung und volkssprachliche Interpretation — bis zur Bibeldichtung. Für Sprache und Literatur der althochdeutschen Zeit steht deshalb das Übersetzungsproblem des Mittelalters im Zentrum. Es ist ein ständiges Hin und Her zwischen lateinischer Grundsprache und althochdeutscher Zielsprache, und manche literarische Leistung muß zuerst an der Bewältigung des Lateins gemessen werden.

4*

2.2.7. Freie althochdeutsche Dichtung

Freie althochdeutsche Dichtung, jenseits direkter lateinischer Anknüpfungspunkte, ist selten. Charakteristisch bleibt auch ihre Überlieferung in den Handschriften: auf den Vorsatzblättern lateinischer Codices wie das Hildebrandslied (Blatt 1^r und 76^v des Codex Theologicus in folio 54 der Landesbibliothek Kassel, Anfang 9. Jh., aus Fulda) und die Merseburger Zaubersprüche (Codex 136 der Domstiftsbibliothek Merseburg, 10. Jh.); auf leeren Blättern und Rändern wie das zwar christliche Weltuntergangsgedicht Muspilli in zerfallender Stabreimform (Codex latinus Monacensis 14098, 9. Jh. aus St. Emmeram in Regensburg und aus Salzburg) oder der Lorscher Bienensegen des 10. Jhs. (Codex Vaticanus latinus 220, unterer Rand von fol. 58^r); mitten unter Federproben und losen Figurenzeichnungen wie die St. Galler Spottverse (Codex Sangallensis 30 der Stiftbibliothek St. Gallen 9. Jh.; Codex Sangallensis 105, ebenda, 10./11. Jh.).

2.2.8. Einzelne Persönlichkeiten

Einzelne Dichterpersönlichkeiten oder bedeutende Glossatoren sind nur wenige mit Namen und als Gestalten bekannt und — mit einer Ausnahme — erst seit dem 9. Jahrhundert: Hrabanus Maurus, Klosterlehrer und Abt zu Fulda, später Erzbischof von Mainz (784—856), unter dessen schulischer Leitung die althochdeutsche Tatianübersetzung (Evangeliensynopse) entstand; Otfrid von Weißenburg, der erste deutsche christliche Dichter, der zwischen 863 und 871 seine Evangelienharmonie in Reimversen schuf; Ratpert von St. Gallen (2. Hälfte 9. Jh.), Verfasser eines verlorenen, nur in mittellateinischer Nachdichtung erhaltenen Lobgesanges auf den heiligen Gallus; Notker III., der Deutsche, von St. Gallen (um 950—1022), der spätalthochdeutsche Meister antiker und biblischer Übersetzung, Begründer einer deutschen Wissenschaftsprosa; Otloh, aus der Diözese Freising gebürtig (um 1010 bis etwa 1070), Leiter der Klosterschule von St. Emmeram zu Regensburg, kirchenlateinischer Schriftsteller und Verfasser eines spätalthochdeutschen Gebetes (Otlohs Gebet);

Williram von Ebersberg (nach 1000—1085), von fränkischer Herkunft, verfaßte als Abt des oberbairischen Klosters Ebersberg (1048—1085) eine deutsche Paraphrase des Hohen Liedes. Unter den Glossatoren sind zu nennen: Arbeo von Freising, daselbst Bischof (765—783), mit dessen hagiographisch-kirchlicher Wirksamkeit nach Georg Baesecke die Entstehung des ältesten deutschen Buches, des sogenannten Abrogans (lateinisch-althochdeutsches Glossar, um 770 entstanden) zusammenhängt; Walahfrid Strabo, Mönch und Abt auf der Reichenau (808/09—849); Ekkehart IV. von St. Gallen (um 980—1057), mittellateinischer Dichter und Geschichtsschreiber, der letzte große St. Galler Glossator, dem so gut wie sicher auch die variationsreiche Glossierung zu Notkers III. Psalter zuzuschreiben ist. Selbst außerhalb des literarischen Schaffens stehend, hat sodann Karl der Große für eine volkssprachliche Aufzeichnung und für ein volkssprachliches Bewußtsein mannigfachen Anstoß gegeben.

2.2.9. Recht

Eine sehr enge, nahe Verbindung zeigt fast die gesamte althochdeutsche Literatur zu Recht und Rechtsvorstellung: vom Hildebrandslied über das bairische Muspilli (9. Jh.) und über das reichenauische Georgslied (spätes 9. Jh.) bis zu Notker III. von St. Gallen. Als erster außerkirchlicher Fachsprachbereich gewinnt außerdem eine volkssprachliche Rechtsliteratur im Althochdeutschen Gestalt (Trierer Bruchstücke einer Lex-Salica-Übersetzung aus Mainz, Anfang 9. Jh.; Straßburger Eide von 842; Würzburger und Hamelburger Markbeschreibungen 9./10. Jh.; bairischer Priestereid 9./10. Jh.; Trierer Capitulare 10. Jh.).

2.3. Verhältnis von Schreibort und Überlieferung

Nun sind aber, wenn wir die Hauptorte der ahd. Überlieferung und ihren Stellenwert im Rahmen der ahd. Dialekte betrachten, sofort bestimmte Einschränkungen festzuhalten.

2.3.1. Dialektverhältnisse in den Schreiborten

Auf zwei Punkte ist hier aufmerksam zu machen:

2.3.11. Schreibort und Dialekt

Nicht jeder ahd. Schreibort oder Überlieferungsort vertritt in jedem Fall oder durchgängig die Mundart seiner Umgebung. Fulda liegt im rheinfränkischen Gebiet, ist aber seiner Hauptüberlieferung nach ostfränkisch. Ebersberg liegt im oberbairischen Raum, sein fränkischer Abt Williram (1048—1085) schreibt seiner Herkunft und Sprachtradition nach aber ostfränkisch.

2.3.12. Wechsel der Schreibsprache

Verschiedene Orte — das hängt mit Punkt 2.3.11. zusammen — vollziehen in ahd. Zeit einen deutlichen Mundartwechsel, entsprechend der wechselnden Zusammensetzung des Klosterkonventes oder der wechselnden Tradition oder des Vorbildes der Schreibschule. Besonders vielfältig ist die Situation bei Fulda: das 744 gegründete Kloster stellt seine Urkunden (mit ahd. Namen) bis 776 in der Mainzer Kanzlei aus, erhält 776 ein eigenes Scriptorium, folgt im 8. Jh. spurenweise altbairischer Schreibtradition, schreibt seit dem Ende des 8. Jhs., besonders im 9. Jh. ostfränkisch (Tatian-Übersetzung), später entsprechend seiner Umgebung rheinfränkisch. Das 724 gegründete Kloster Reichenau im Bodensee (Untersee) schreibt entsprechend der älteren Zusammensetzung seines Konventes mitten im alemannischen Gebiet zunächst fränkisch, seit 780 alemannisch, im 9. Jh. aber — bedingt durch die Wirksamkeit seines bedeutenden Abtes Walahfrid Strabo, der seine Ausbildung in Fulda erhielt — teilweise ostfränkisch. Im oberelsässischen Kloster Murbach wird alemannisch und fränkisch geschrieben, wobei selbst westfränkische Schreibtradition vom Gebiet westlich der Vogesen einwirkt. Direkte sprachliche Beeinflussungen ergeben sich dabei auch durch das Verhältnis Mutterkloster → Tochterkloster (Reichenau 724 → Murbach 727), durch räumliche Nachbarschaft (Reichenau — St. Gallen) oder durch Austauschbeziehungen (die Ausstrahlungen der Klosterschule Fulda im 9. Jh.).

2.3.2. Dialektverhältnisse in den Überlieferungen

Neben mundartlichen Denkmälern gibt es im Ahd. viele Denkmäler in Mischdialekten (Kreuzungen durch Um- oder Abschrift). Verschiedene Stufen können in den rund zwanzig ahd. Denkmälern in Mischmundarten unterschieden werden:

(a) bloße mehr oder weniger genaue Umschrift eines Denkmals von der einen in die andere Mundart, wobei eine Mundart dominiert, die andere nur spurenweise feststellbar ist; z. B. Freisinger Otfrid, Anfang 10. Jh., d. h. Umsetzung der südrheinfränkischen Evangelienharmonie Otfrids von Weißenburg (860/70) ins Bairische (bair. mit südrheinfränkischen Spuren); erste bair. Beichte, Umsetzung eines fränkischen Originals, Anfang 9. Jh.; das in einer Niederschrift des späteren 9. Jhs. überlieferte christliche Weltuntergangsgedicht Muspilli (bairisch mit fränkischen, besonders südrheinfränkischen Spuren); die bairische, im Kloster Wessobrunn abgefaßte Umarbeitung von Notkers des Deutschen Psalter (sog. Wiener Notker) aus dem 11. Jh.; die südmittelfränkische Umsetzung der ostfränkischen Paraphrase des Hohen Liedes von Williram von Ebersberg in der Leidener Handschrift des späten 11. Jhs. (sog. Leidener Williram); ferner besonders häufig in der oft aufeinander beziehbaren Glossenüberlieferung an verschiedenen Orten;

(b) mehr oder weniger durchgehende gleichmäßige Mischung zweier Mundarten in sich eng verflechtender Weise; z. B. das Gedicht Christus und die Samariterin, alem. Umschrift eines südrheinfränkischen Originals (Mitte 10. Jh.);

(c) Mischung zwischen ahd. Mundarten und außerahd. germanischem Sprachgut; das Hildebrandslied, etwa 810—820, fuldische Ab- bzw. Umschrift einer bair. Vorlage mit teilweiser und z. T. falscher bzw. hyperkorrekter Umsetzung ins Altsächsische; die altsächsisch-altenglischen Spuren im Wessobrunner Gedicht 814 (mit älterem Kern); die altnordisch (altdänisch)-altsächsischen Spuren im Runenmerkgedicht Abecedarium Nordmannicum, das Walahfrid Strabo (gest. 849) in sein Vademecum (Codex 878 der Stiftsbibliothek St. Gallen) eingetragen hat, wie Bernhard Bischoff nachgewiesen hat.

Ein ähnliches Verhältnis wie zwischen den einzelnen ahd. Mundarten und ihrer gegenseitigen Mischung in den schriftlichen Aufzeichnungen besteht auf anderer Ebene zwischen Latein und Ahd., d. h. zwischen Gelehrten- oder Kirchenspra-

che und Volkssprache. Die Auseinandersetzung Althoch-
deutsch/Latein bestimmt die gesamte ahd. Sprachgeschichte.
Es sind dabei die folgenden Haupterscheinungen zu beobachten:

(a) die Übernahme lat. Lehnwörter und Lehnbildungen ins Ahd.;

(b) die Ausbildung einer lat.-ahd. Mischsprache, vor allem einer Mischprosa innerhalb der Übersetzungstexte, wo sich der althochdeutsche
Text oft um die leitmotivisch verbliebenen lateinischen Reservat-
begriffe gruppiert: so bei Notker von St. Gallen und bei Williram
von Ebersberg;

(c) der sprachgeschichtliche Vorgang von Latinisierung und Entlatini-
sierung ahd. Sprach- und Namensgutes: eine frühe Latinisierungs-
bewegung, die fast alles Namensgut und darüber hinaus noch die
Sachwörter in Urkunden und in den Leges erfaßt und bis ins 8. und
9. Jh., z. T. noch weiter reicht, oft mit einer starken Archaisierung
der sprachlichen Formen verbunden; sodann eine seit dem Er-
starken eines volkssprachlichen Bewußtseins in karolingischer Zeit
beginnende und seither unabhängig von den literarischen 'Renais-
sancebewegungen' wirksame Entlatinisierungstendenz, die zum
eminenten Durchbruch des Volkssprachlichen besonders seit dem
9. Jh führt. Daneben ist, besonders bei den Glossen und bei den
Vaterunserfassungen, eine mundartliche Mehrfachüberlieferung
festzustellen, die z. T. unabhängig voneinander, z. T. mit gegenseitiger Beeinflussung entstanden ist.

Von einer auch nur annähernd einheitlichen ahd. Schriftsprache kann in der ersten Zeitspanne der deutschen Sprachgeschichte bis 1100 noch nicht gesprochen werden. Was uns
in den ahd. Denkmälern entgegentritt, sind einzelne klösterliche Schreibsprachen, erste sich nach bestimmten Normen voll-
ziehende Fixierungen einer Sprache, die zunächst nur gesprochene Sprache, bäuerliche Volkssprache war und sich erst
langsam, unter dem Einfluß des lateinischen Schriftsystems
und lateinischer Sprachfügung überhaupt zu einer geschriebenen Sprache entwickelt — nicht zu einer Schriftsprache, sondern zur dialektverschiedenen Vielheit stark auseinander-
fallender Schreibsprachen, die ihrerseits die ahd. Mundarten
entweder rein oder vermischt verwenden. Wenn auch das
Ahd. überlieferungsgeschichtlich einseitig durch die Klöster
bestimmt, getragen, ja geformt erscheint, so kann man doch

wieder nicht sagen, es sei nur Klostersprache, sondern es werden bereits eine Reihe von Sprachschichten greifbar, die in ihrer Spannweite von der gesprochenen Sprache bis zur gelehrt durchgebildeten Wissenschaftssprache reichen.

Im Verlaufe der ahd. Sprachentwicklung ist mit einem zunehmenden fränkischen Einfluß auf das Oberdeutsche zu rechnen, der sich in Lautlehre und Wortschatz bis zu Notker von St. Gallen im 11. Jh. zeigt (vgl. oben in Kapitel 1 S. 33).

So ist das Ahd. insgesamt voller Sprachbewegung und Sprachaustausch. Es ist kein statisches Bild, das dem Betrachter entgegentritt, sondern die älteste Stufe des Deutschen ist voller Dynamik. Innere Entfaltung und äußere Impulse, besonders vom Lateinischen und Romanischen her, führen zu einem Bild äußerst bewegter Sprach- und Überlieferungsgeschichte in ahd. Zeit.

2.4. Die Sprachquellen des Althochdeutschen

Eine systematische Übersicht über die Quellen des Ahd. ergibt folgende Einteilung (vgl. außerdem die Übersicht in Abschnitt 2.6., unten S. 67—73).

2.4.1. Inschriften

Älteste Sprachschicht, aber durch den ganzen ahd. Zeitraum vertreten.

2.4.11. *Runen*

Die Runeninschriften des 6.—8. Jh. sind z. T. noch sehr altertümlich in der Sprachform (festlandrunisch, vor- oder frühahd.), z. T. vorchristlich, überwiegend schon christlich. Beispiel: Bügelfibel von Freilaubersheim, fränkisch, 2. Hälfte 6. Jh. *Boso wraet runa, þ[i]k dalena golida* (= normalahd. **Buoso reiʒ runa, thih Ta[d]lina guolita*, d. h. 'Boso ritzte die Runen, dich Dalena hat er [mit dem Geschenk] gegrüßt').

Ed.: H. Arntz und H. Zeiss, Die einheimischen Runendenkmäler des Festlandes, Leipzig 1939 (Nachträge H. Arntz, Runenkunde, Dt. Philologie im Aufriß, [2]III, Berlin, 1962, 1849—1870; H. Arntz und H. Jänichen, Fundberichte aus Schwaben N. F. 14, 1957, 117—131; H. Jänichen ebda.

N. F. 16, 1962, 155—159). W. Krause, Die Runeninschriften im älteren Futhark I—II, Göttingen 1966. Klaus Düwel, Runenkunde, Stuttgart ²1983. Wolfgang Krause, Runen (Sammlung Göschen 1244/1244a), Berlin 1970.

2.4.12. Inschriften in lateinischer Schrift

Aus ahd. Zeit sind zwei solcher Inschriften bekannt, eine aus Köln (9. Jh.), eine aus Rheinhessen (Grabinschrift um 1000, jetzt in Mainz, Fundort Bingen).

Ed. und Lit.: W. Braune - E. A. Ebbinghaus, Ahd. Lesebuch, Tübingen ¹⁴1962 Nr. IV; F. Panzer, Inschriftenkunde, Dt. Philologie im Aufriß, ²I, Berlin 1957, 333—378. R. Bergmann, Zu der althochdeutschen Inschrift aus Köln, Rhein. Vierteljahrsblätter 30, 1965, 66—69.

2.4.2. Glossen

Unter den ahd. Glossen versteht man im Text oder an den Blatträndern über- oder beigeschriebene Übersetzungen lateinischer Wörter ins Ahd., oft zu ganzen Glossaren ausgestaltet. An die 1000 Handschriften bewahren ahd. Glossen seit dem 8. Jh., ja ahd. Glossare werden in dieser Sprachform bis ins Spätmittelalter ab- oder umgeschrieben. Die Hauptorte der ahd. Glossierungstätigkeit sind Freising (8. Jh.), Fulda (8./9. Jh.), Reichenau (8.—10. Jh.), St. Gallen (8.—11. Jh.), Murbach (9. Jh.), Regensburg (8.—10. Jh.). Nach Umfang und Form sind zu unterscheiden:

2.4.21. Einzelglossen

Einzelglossen kommen besonders zu den biblischen, kirchlichen und spätantiken, für die Klosterschulen wichtigen Schriften vor, als

a) Kontextglossen, im lateinischen Text eingebettet, z. T. eingeführt durch t. (teutonice, theodisce), f. (francisce), i. e. (id est) usw.
b) Interlinearglossen, zwischen den Zeilen eingefügt, nicht selten mehrere Wörter oder bereits Teilsätze übersetzend, insofern Vorstufe der Interlinearversionen (vgl. 2.4.41).
c) Marginal- oder Randglossen, an den Rand des Textes geschrieben.

Diese Glossen können einfach oder variierend (also zwei- oder dreifache Übersetzungen) sein. Gelegentlich kommen auch bloße blinde, d. h. tintenlose Griffelglossen vor.

2.4.22. Glossare

Schon die älteste deutsche Überlieferung kennt Glossare — damit beginnt das deutsche Buch. Sie beruhen auf der antik-frühmittelalterlichen Hermeneumata-Tradition der Erklärung schwieriger Ausdrücke und sind der eigentliche Schlüssel frühdeutscher Bildung. Man unterscheidet:

a) alphabet. Glossare (z. B. der Abrogans, lat.-ahd. Glossar, Ende 8. Jh.)

b) Sachglossare (z. B. Vocabularius Sancti Galli, Ende 8. Jh.; das spätahd. Summarium Heinrici rheinfränkischen Ursprungs, Anfang 11. Jh., Kompendium nach Isidors Etymologie)

Ed.: E. von Steinmeyer und E. Sievers, Die ahd. Glossen, Bd. I—V, Berlin 1879—1922, Nachdruck Dublin-Zürich 1968—1969 (Nachträge siehe Ahd. Wb., Berlin 1952ff., ferner PBB 75, 81, 85, 86 Halle a. S. und Ahd. Glossenwörterbuch, Heidelberg 1972ff., 8—10). Grundlegend neuerdings Rolf Bergmann, Verzeichnis der ahd. und altsächs. Glossen-handschriften, Berlin-New York 1973.

2.4.3. Verstreute Sachwörter in lateinischen Quellen

In den lateinischen Texten der ahd. Zeit oder des frühen Mittelalters steckt eine große Zahl von verstreuten volks-sprachlichen Wörtern, oft mit lateinischen Endungen ver-sehen oder sonst latinisiert, doch auch in rein ahd. Form, ein Wortgut, das — wenngleich noch nicht systematisch gesam-melt — bezüglich Alter und Ursprünglichkeit von größter Bedeutung ist. Es sind zu unterscheiden:

2.4.31. Legeswörter

Die frühahd. Wörter der Leges barbarorum: z. B. langobar-disch *faida* f. 'Fehde', langobardisch *pûlsla(h)i* m. alem. und bair. *pulislac* m. 'Beulenschlag', fränk. *staf(f)ulum*, *staffulus* (mit lat. Endung) 'Stelle, wo das Königsgericht stattfindet; über-haupt Königsgericht' (Lex Ribuaria, vgl. R. Schützeichel, Rhein. Vierteljahrsblätter 29, 1964, 138—167). Weitere Bei-spiele unten in Abschnitt 2.7.1.

Nicht im engeren Sinn ahd., sondern westfränkisch, ist die sogenannte Malbergische Glosse, das sind die in ihrer Über-lieferungsform stark verderbten volkssprachlichen Rechts-

wörterglossierungen der verschiedenen Fassungen der Lex
Salica vom 6. Jh. bis ins 8./9. Jh.

2.4.32. Sachwörter in Urkunden

Die ahd. Sachwörter in den lateinischen Urkunden und übri-
gen Texten des frühen Mittelalters (z. B. 817 *chwiltiwerch* n.
'Arbeit des späten Abends, bis zur Nachtzeit', St. Galler Origi-
nalurkunde; *bifang* m. 'Einhegung', Codex Laureshamensis,
Lorsch; die ahd. Monats- und Windnamen in Einhards Vita
Caroli Magni cap. 29 usw.).

Lit. bei Heinrich Tiefenbach, Studien zu Wörtern volkssprachiger Herkunft in karolingischen Königsurkunden, München 1973.

2.4.4. Übersetzungstexte

Die Gruppe der Übersetzungstexte ist für das Ahd. von besonderer Bedeutung: keine altgermanische Sprache weist
einen so hohen Anteil von Übersetzungen auf wie das Ahd.,
dessen textliche Hauptüberlieferung aus der Auseinandersetzung mit dem Lateinischen erwächst. Im ganzen zeigen sich
fünf hauptsächliche Übersetzungsschichten, die unter sich und
im einzelnen von sehr verschiedener Sprachbeherrschung sind:

2.4.41. Interlinearversionen

Als solche werden in den Handschriften zwischen den
Zeilen angeordnete Wort-für-Wort- oder besser Form-für-
Form-Übersetzungen bezeichnet, die unmittelbare Verwandt-
schaft mit der Glossierungstätigkeit zeigen: z. B. ahd. Benediktinerregel (St. Gallen, 802/817), altalemannische Psalmen
(Reichenau, Anfang 9. Jh.), Murbacher Hymnen (Reichenau
und Murbach, Anfang 9. Jh.).

2.4.42. Interlinearartige Übersetzungen

Z. B. St. Galler Paternoster (etwa 790), große Teile der
Tatianübersetzung (Fulda, um 830).

2.4.43. Freie Übersetzungen

Mehr oder weniger freie Übersetzungen, z. B. die ahd. Isidorübersetzung (um 800), Fragment der ahd. Lex Salica-Über-

setzung (Mainz, nach 800), das große Übersetzungswerk Notkers des Deutschen (St. Gallen, vor und nach 1000),Willirams Paraphrase des Hohen Liedes (Ebersberg, um 1060), der ältere Physiologus (*Reda umbe diu tier*, alemannisch, 2. Hälfte 11. Jh.).

2.4.44. *Umdichtungen*

Umdichtungen nach lateinischen Vorlagen: z. B. Psalm 138 (Freising, 900/910), Christus und die Samariterin (Reichenau, 10. Jh.), Georgslied (Reichenau, 896, Überlieferung erst spätes 10. Jh.). Bis zu einem gewissen Grade darf auch Otfrids Evangelienbuch (863/871 vollendet) dazu gerechnet werden.

2.4.45. *Mischtexte*

Ahd.-lat. Mischtexte: das ahd.-lat. Gedicht De Heinrico (nördliches Thüringen, 996/1002).

Nicht zu dieser Gruppe ist die sogenannte lat.-ahd. Mischprosa bei Notker von St. Gallen und Williram von Ebersberg zu rechnen, da die in diesen Übersetzungswerken verbliebenen lat. Begriffe mehr im Sinne lat. Reservate, d. h. philosophisch-theologischer „Begriffskerne", zu verstehen sind und umfangmäßig gegenüber dem ahd. Text stark zurücktreten.

2.4.5. Autochthone ahd. Texte

Im Vergleich mit der Überlieferung der übrigen altgermanischen Sprachen ohne das Gotische zeigt die ahd. Überlieferung am wenigsten selbständige, nicht von einer anderssprachigen Vorlage abhängige Texte. Diese Gruppe umfaßt auch im Rahmen der übrigen ahd. Sprachquellen nach ihrem Umfang ein relativ kleines, freilich sehr bedeutendes Material.

Dazu gehören:

2.4.51. *Dichtungen*

Zauber- und Segenssprüche, Hildebrandslied, Muspilli, Wessobrunner Gedicht (alle etwa Anfang 9. Jh., mit unterschiedlicher Überlieferung), das Evangelienbuch Otfrids von Weißenburg (863/871, vgl. Gruppe 2.4.44.), Ludwigslied (881/882).

2.4.52. Prosadenkmäler

Z. B. Straßburger Eide (842, altfranzösischer und althochdeutscher Doppeltext), Hamelburger und Würzburger Markbeschreibungen (9./10. Jh., letztere auch in einer lat.-ahd. gemischten Fassung), Sprichwörter.

2.4.6. Namen

Von außerordentlichem Umfang ist die ahd. Namenüberlieferung, die uns das Bild der sprachtragenden Orte des Ahd. wesentlich verdichten hilft. Das in die Hunderttausende von Belegen gehende Namenmaterial zeigt folgenden Aufbau (vgl. St. Sonderegger, Aufgaben und Probleme der ahd. Namenkunde, in: Namenforschung, Festschrift Adolf Bach, Heidelberg 1965, 55—96):

Namen in Inschriften (Runeninschriften und lateinische Inschriften)

Namen in Glossen und Glossaren

Namen in den Vorreden der germanischen Gesetze

Namen in den literarischen Denkmälern des Ahd.

Namen in den spezifischen Namenquellen (Urkunden, Traditionsbücher, Reichsgutsurbare, frühmittelalterliche Geschichtsschreibung, Verbrüderungsbücher, Profeßbücher, Nekrologe usw.)

Ed.: Ernst Förstemann, Altdeutsches Namenbuch [2]I—[3]II, Bonn 1900—1916, Nachdruck München-Hildesheim 1966—1967; Henning Kaufmann, Ergänzungsband zu E. Förstemann, Personennamen, München-Hildesheim 1968.

2.5. Dialektgeographische Kennzeichen der Schreibortgruppen

Ein Blick auf die Schreiborte und Mundarten des Ahd. zeigt das folgende Bild von Norden nach Süden und Südosten (vgl. dazu die Karte 'Die Mundarten des Althochdeutschen', S. 63):

Die Mundarten des Althochdeutschen

Dialekt	Hauptsächliche Überlieferungsorte	Sprachliche Kriterien (Auswahl)
1. Fränkisch (vokalischer Ausstrahlungs- und konsonantischer Aufnahmeraum)	siehe unten	— Ausgangspunkt für die hauptsächlichen Veränderungen des Vokalismus — stark gestaffelte, nicht vollständige Durchführung der 2. Lautverschiebung — Bevorzugung der Deklinationsformen auf -en Gen. Dat. Sg. mask./ neutr. und -on Akk. Sg. mask., Nom.

Dialekt	Hauptsächliche Überlieferungsorte	Sprachliche Kriterien (Auswahl)
		Akk. Pl. mask./neutr. bei den schwachen Subst. und Adj. (obd. *-in, -un*)
		— Bevorzugung der *e*-Formen bei *gēn/stēn, gān/stān* 'gehen, stehen'
		— st. Adj. Nom. Sg. fem. und Nom. Akk. Pl. Neutr. auf *-u* (obd. *-iu*)
		— Kurzformen der Possessivpronomina *unsēr, unsu, unsaʒ* 'unser, -e, -es' (obd. Langformen *unserēr* usw., die teilweise auch fränk. erscheinen)
		— Personalpronomen *hēr, he* 'er' neben vor allem obd. *ër*
1.1. Mittelfränkisch (später unterteilt in Ripuarisch und Moselfränkisch)	Köln Echternach Trier Prüm	— Tenuesverschiebung am wenigsten vollständig durchgeführt (nur *t > ʒ, ʒʒ* mit den Ausnahmen *thit, wat, it, that, allat; p* und *k* nur inl./ausl. nach Vokal)
		— keine Medienverschiebung
		— Unterschied *b/v-f < ƀ* (wie altsächs.) bewahrt
		— *th (þ) > d* erst im 10./11. Jh.
1.2. Oberfränkisch	(oder Hochfränkisch)	
a) Rheinfränkisch	Mainz Frankfurt Lorsch Worms Speyer	— Tenuesverschiebung nicht vollständig durchgeführt (*t > ʒ, ʒʒ; p* nur in- und ausl., außer *pp* und *mp*, vereinzelt *lp, rp*)
		— Medienverschiebung nur *d > t* auslautend (selten *t*)
		— *th (þ) > d* nach 900
		— frühe Diphthongierung von *ō* und *ē²* (8. Jh.)
b) Südrheinfränkisch	Weißenburg	— Tenuesverschiebung nicht vollständig durchgeführt

Dialekt	Hauptsächliche Überlieferungsorte	Sprachliche Kriterien (Auswahl)
		— Medienverschiebung nur $d > t$ inl./ausl.
		— *ua* (9. Jh.) für germ. $\bar{o}$ (wie im Alemannischen)
c) Ost-fränkisch	Fulda Würzburg Bamberg Ebersberg (Williram)	— Tenuesverschiebung fast vollständig durchgeführt (nur anl. *k* bleibt) — Medienverschiebung nur $d > t$ — Diphthongierung von $\bar{o}$ und $\bar{e}^2$ seit dem späten 8. Jh. — *th* (*þ*) $> d$ im 9. Jh.
2. Oberdeutsch siehe unten (konsonantischer Ausstrahlungs- und vokalischer Aufnahmeraum)		— Ausgangspunkt für die hauptsächlichen Veränderungen des Konsonantismus — starke, z. T. ausschließliche Durchführung der Lautverschiebung — altobd. *iu* $<$ germ. *eu* auch vor *a, e, o* der Folgesilbe (statt wie im Fränk. *io*), wenn Labial oder Guttural (ohne germ. *h*) dazwischen liegt — Bevorzugung der Deklinationsformen auf *-in* Gen. Dat. Sg.mask./neutr. und *-un* Akk. Sg. mask., Nom. Akk. Pl. mask./neutr. bei den schwachen Subst. und Adj. (fränk. *-en*, *-on*) — st. Adj. Nom. Sg. fem. und Nom. Akk. Pl. Neutr. auf *-iu* (fränk. *-u*) — Langformen der Possessivpronomina *unsērr* usw. und Personalpronomen *ēr*

Dialekt	Hauptsächliche Überlieferungsorte	Sprachliche Kriterien (Auswahl)
2.1. Alemannisch	Straßburg Murbach Reichenau St. Gallen	— Tenuesverschiebung vollständig durchgeführt, spätalem. sogar $k > ch$ ($<$ germ. k), teilweise $pf > f$ (germ. p)
		— Medienverschiebung im 8./9. Jh. weitgehend durchgeführt
		— (th) $þ > d$ im 8. Jh. (mit graphischen Ausnahmen)
		— germ. $\bar{o}$ im 8./9. Jh. als ua vertreten
		— $g\bar{a}n/st\bar{a}n$ nur mit a-Vokal
		— besondere An- und Auslautregelung bei Notker von St. Gallen
2.2. Bairisch	Augsburg Freising Wessobrunn Tegernsee Benediktbeuern Regensburg Passau Salzburg Mondsee	— Tenuesverschiebung seit 8./9. Jh. vollständig durchgeführt
		— Medienverschiebung im 8./9. Jh. weitgehend (meist auch inlautend $b > p, g > c, k$) durchgeführt
		— th $(þ) > d$ im späten 8. Jh.
		— germ. $\bar{o}$ bis ins 9. Jh. hinein meist als $\bar{o}, oo$ erhalten
		— Doppelformen $g\bar{a}n/g\bar{e}n$, $st\bar{a}n/st\bar{e}n$
		— spätbair. Tendenz zur Schreibung von e in Nebensilben durch a (dumpfer Reduktionsvokal)
3. Langobardisch (Reliktraum)	Pavia Bobbio und in weiter südlicher Ausstrahlung	— altertümlicher Vokalismus ohne Diphthongierung von germ. $\bar{e}^2$ und $\bar{o}$ und nur mit vereinzelter Monophthongierung ($ai > \bar{e}$ vor w, $ai > \bar{a}$ vor r)
		— frühe, jedoch unterschiedliche und nur teilweise Durchführung der Laut-

Dialekt	Hauptsächl. Überlieferungsorte	Sprachl. Kriterien (Auswahl)
		verschiebung (p weitgehend nicht verschoben)
		— frühe Neuerungstendenzen im Konsonantismus (inl. *th* > *d* im 7. Jh., *th*- und *-th* > *t* im 8. Jh.)

2.6. Zeit-räumliche Übersicht über die Denkmäler

Eine auf die chronologische Abfolge und auf die mundartliche Vielfalt und Eigenständigkeit der althochdeutschen Literatur ausgerichtete Aufstellung bleibt deshalb immer sinnvoll, weil Anfänge und erste Höhepunkte sowie die spätalthochdeutsche Blüte sich zeitlich in gewissen Jahrhundertabschnitten einfinden — ohne ein bestimmtes räumliches Schwergewicht, weil dadurch die Ausgewogenheit literaturbildender Räume im Althochdeutschen noch einmal sinnfällig wird: das späte 8. und das 9. Jahrhundert, die Zeit um 1000 und das 11. Jahrhundert, in beiden Fällen mit oberdeutschem (alemannischem und bairischem) und mit fränkischem Anteil. Für die Frühzeit sind es außerdem der thüringische und der langobardische Sprachraum, die aber nach 800 kaum mehr in Erscheinung treten, außer durch die Namenquellen. Gesondert müßte dabei freilich die gewaltige Glossierungsarbeit gewürdigt werden, deren wissenschaftlich-bildungsgeschichtliche Einordnung noch keineswegs abschließend vollzogen ist. Eine bedeutende Verfeinerung in zeitlicher und räumlicher Hinsicht vermittelt außerdem das ahd. Namengut in seiner breiten Streuung.

Die Tabellen auf S. 68—73 beschränken sich auf räumliche und zeitliche Zuordnungen, wie sie nach den Dialektmerkmalen und neuerdings nach den paläographischen Forschungen von Bernhard Bischoff möglich sind. Völlig Ungesichertes wurde nicht aufgenommen. Die großenteils nur ungefähren Jahresangaben richten sich nach dem Datum der Niederschrift, wobei teilweise mit älteren Vorlagen zu rechnen ist.

2.6.1. Von den Anfängen bis um 800

	Fränkisch	Thüringisch	Alemannisch	Bairisch	Langobardisch
6./7. Jh	Südgermanisch-frühdeutsche Runeninschriften der später ahd. Sprachträger				
	Soest	Weimar A	Nordendorf I	Kl. Schulerloch (?)	Bezenye A und B
	Friedberg	Weimar B	Heilbronn-Böckingen		Szabadbattyán
	Bad Ems	Weimar (Schnalle)	Herbrechtingen		
	Engers	Weimar (Bernsteinperle)	Dischingen A und B		
	Freilaubersheim		Schretzheim (Fibel)		
	Osthofen		Schretzheim (Kapsel)		
	Arlon		Steindorf		
	Nordendorf II		Hailfingen		
			Balingen		
			Gammertingen		
			Wurmlingen		
			Trossingen A und B		
			Weingarten I und II		
			Bülach		

	Fränkisch	Thüringisch	Alemannisch	Bairisch	Langobardisch
6.,/8. (9.) Jh.	Südgermanisch-frühdeutsche Volksrechte mit frühahd. Rechtswörtern				
	Lex Salica (verschiedene Fassungen 6.—8./9. Jh.)	Lex … Thuringorum (nach 800)	Pactus und Lex Alamannorum (frühes 8. Jh.)	Lex Baiuvariorum (6.—8. Jh.)	Edictus Rothari (643) und spätere Leges Langobardorum
	Lex Ribuaria (7. Jh.)				bis 9. Jh.
8. Jh.	Beginn der frühalthochdeutschen Glossierung und katechetischen Übersetzung				
2. Hälfte 8. Jh.			← Vocabularius Sancti Galli → (Herkunft unsicher)		Paulus Diaconus
			← Abrogans → (Herkunft unsicher) mit St. Galler Paternoster und Credo		
um und nach 800	Isidorübersetzung		Reichenauer Glossare	Mondseer Fragmente	
	'Weißenburger' Katechismus		Murbacher Glossare	Exhortatio ad plebem christianam	
			St. Pauler Glossare	Samanunga (sog. Hrabanisches Glossar)	
				Altbair. ('Freisinger') Paternoster	

2.6.2. 9. Jahrhundert

Fortführung der Glossierung und katechetischen Übersetzung, Bibelübersetzung und Bibeldichtung, Niederschrift weniger germanischer Dichtungsformen

	Mittelfränkisch	Rheinfränkisch und Südrheinfränkisch	Ostfränkisch	Alemannisch	Bairisch
erstes Viertel		Lex Salica (Fragment) Fränk. Gebet →	Basler Rezepte	Benediktinerregel Reichenauer (sog. Murbacher) Hymnen	Wessobrunner Gedicht und Gebet Altbair. Beichte ← Fränk. Gebet
zweites Viertel	Fränk. Taufgelöbnis Straßburger Eide (842)		Tatian Hildebrandslied → (z. T. altsächs.) Fuldaer Beichte (später überliefert) Würzburger Beichte Hamelburger Markbeschreibung	Altalem. Psalmen [Vorlage um 800]	← Hildebrandslied Altbair. Gebet

	Mittelfränkisch	Rheinfränkisch und Südrheinfränkisch	Ostfränkisch	Alemannisch	Bairisch
drittes Viertel	Kölner Versinschrift	Otfrid von Weißenburg			Muspilli (mit rheinfränk. Spuren) Carmen ad Deum
viertes Viertel		←Ludwigslied (z. T. westfränk.) Lorscher Beichte		St. Galler Spottvers Sigiharts Gebete * Ratperts Galluslied (nur mlat. Umdichtung 11. Jh. erhalten)	
nicht näher datierbar	mittelfränk. Psalmen 1—3, 5			St. Galler Schreibervers	Priestereid (Überlieferung 10. Jh.)

2.6.3. 10. und 11. Jahrhundert

Verschiedene Quellen, wissenschaftliche Übersetzungen mit Nachwirkungen, spätahd. Blütezeit

	Mittelfränkisch	Rheinfränkisch	Ostfränkisch	Alemannisch	Bairisch
10. Jh.	Trierer Kapitulare	Augsburger Gebet		←Georgslied (Vorlage um 900)	Petruslied (um 900)
		Ahd. Gespräche			Vorauer Beichte (Anfang 10. Jh.)
					138. Psalm
	Trierer Zauberspruch	Lorscher Bienensegen			
		Christus und die Samariterin →	(Mitte 10. Jh.)	Christus und die Samariterin ←	Wiener Hundesegen
		Mainzer Beichte		Hirsch und Hinde	Pro Nessia (Wurmsegen)
		Pfälzer Beichte			
		Reichenauer Beichte	Würzburger Markbeschreibungen		
um 1000		Grabinschrift		Notker von St. Gallen	jüngere bair. Beichte
		rheinfränk. Cantica		Zürcher Hausbesegnung	
		Ad equum erręhet		St. Galler Schularbeit	

	Mittelfränkisch	Rheinfränkisch	Ostfränkisch	Alemannisch	Bairisch
um 1050	De Heinrico	Summarium Heinrici → (mit vielen Umschriften)		Glossierung zu Notkers Psalter	Otlohs Gebet Klosterneuburger Gebet
um 1060			Williram von Ebersberg		
späteres 11. Jh.	Wider den Teufel		Bamberger Glauben und Beichte	St. Galler Glauben und Beichten	Wiener Notker Wessobrunner Predigten
	Leidener Williram			Straßburger Blutsegen	
		Contra malum malannum → Physiologus →		← Physiologus	Contra malum ← malannum ← malannum

2.7. Die Frage nach der direkten Vergleichbarkeit althochdeutscher Texte

Bei jedem Versuch, die verschiedenen mundartlich, mischmundartlich oder schreibsprachlich an bestimmte Überlieferungsorte gebundenen althochdeutschen Texte miteinander sprachlich zu vergleichen, stellt sich die Frage, inwieweit dies nach der Überlieferung überhaupt möglich sei. Es gibt nicht viele direkt miteinander vergleichbare Texte im Althochdeutschen. Wir kennen die folgenden Gruppen, aus denen wir einige Beispiele vermitteln wollen:

2.7.1. Frühmittelalterliche Leges- oder Volksrechtskapitel mit frühalthochdeutschen Rechtswörtern

So lassen sich beispielsweise die folgenden Stellen über Meuchelmord und Leichenberaubung aus den verschiedenen Volksrechten vergleichen, die alle das entsprechende frühahd. Wort für 'Mord' bzw. 'ermordet' und teilweise für 'Leichenberaubung' enthalten:

(1) Edictus Rothari, 643, langobardisch, Kap. 14—17, ed. Franz Beyerle 1962:

14. De morth. Si quis homicidium in absconse penetrauerit in barone libero aut seruo uel ancilla, et unus fuerit aut duo tantum, qui ipsum homicidium fecerint, noningentos solidos conponat. Si uero plures fuerint, si ingenuus, qualiter in angargathungi, ipsum homicidium conponat; si seruus aut libertus, conponat ipsum, ut adpraetiatus fuerit. Et si expolia de ipso mortuo tulerit [id est plodraub], conponat octugenta solidûs.

15. De grabuuorfin. Si quis sepulturam hominis mortui ruperit et corpus expoliauerit aut foris iactauerit, nongentos soledos sit culpauelis parentibus sepulti. Et si parentis proximi non fuerint, tunc gastaldius regis aut sculdhais requirat culpa ipsa et ad curte regis exegat.

16. De rairaub. Si quis hominem mortuum in flumine aut foris inuenerit aut expoliauerit et celauerit, conponat parentibus mortui solidos octoginta. Et si eum inuenerit et expoliauerit et mox uicinibus patefecerit, et cognuscitur quod pro mercedis causa, nam non furtandi animo fecit, reddat spolia, quas super eum inuenit, et amplius ei calumnia non generetur.

(2) Lex Baiuvariorum, 6.—8. Jh., Kap. 19, 2—4 (nach der Ingolstädter Handschrift; ed. Konrad Beyerle 1926).

II. Si quis liberum occiderit furtibo modo et in flumine eicerit vel in tale loco eicerit, aut cadaver reddere non quiverit, quod Baiuwarii murdrida dicunt: inprimis cum XL sol. conponat, eo quod funus ad dignas obsequias reddere non valet: postea vero cum suo werageldo conponat. Et si ipse cadaver a fluminis alveo ad ripam proiectus fuerit et a quo inventus, qui iterum cadaver de ripa inpinxerit et exinde probatus fuerit, cum XII sol. conponat.

III. Si servus furtivo supradicto more occisus fuerit et ita absconsus, quod camurdrit dicit, novuplum conponat, id est CLXXX sol.

IIII. De vestitu utrorumque, quod valuraupa dicimus, si ipse abstulerit, qui hos interfecit, dupliciter conponat; si alter et non ipse reus, omnia furtivo more conponat.

(3) Lex Alamannorum, 7. Jh., Kap. 48, ed. Karl August Eckhardt, 1962:

XLVIII. [De mortuado.]

Si quis [homo] hominem occiderit, quod Alamanni mortaudo dicunt, [cum] IX wiregeldus eum solvat et quicquid super eum arma vel rauba tullit, omnia [sicut] furtiva conponat. De feminis autem, si ita contigerit, dupliciter [eam] conponat [id est XVIII weregeldos], qualiter illum virum; vestimenta aut quod super eam tullit furtiva conponat.

Zu mortaudo gibt es noch die ahd. Glosse mort (Ahd. Gl. II, 352, 38).

(4) Lex Ribuaria, 7. Jh., Kap. 15, ed. Karl August Eckhardt, 1966:

[XV. De homine mordrido.]

Si quis ingenuus ⟨Ribvarius⟩ ingenuum Ribvarium interficerit et eum cum ramo aut callis vel in pucio seu in quacumquelibet loco celari voluerit, quod dicitur mordridus, sex C solidus culpabilis iudicetur aut cum LXXII iurit.

Dazu stellen sich die frühen westfränkischen Glossen der Lex Salica (*morchter*, *morter*), die altsächsische Form *morð dotum* u. ä., ursprünglich **mord dod* der Lex Saxonum (nach 800): alles teils latinisierte, teils verderbte Formen zu germanisch *murþa-* 'Mord' bzw. mit Suffixerweiterung **morðra-* (vgl. got. *maurþr*, altengl. *morðor*), woraus mlat. *mordrum*, altfranz. Lehnwort *mortre*, neufranz. *meurtre*. Im langobardischen *rairaub* und im altbairischen *valuraupa* 'Leichenberaubung' stecken die Wörter ahd. *hrēo*, älter **hraiwa-* 'Leiche' und germ. **wala-* 'Erschlagener, Toter' (so altnord. *valr*, ahd. mhd. *wal* m. f. n.

'Walstatt'). Zu *valuraupa* stellt sich aus dem Hildebrandslied nach 800 *rauba* f. 'Rüstung des Erschlagenen', ganz entsprechend dem *arma vel rauba* der Lex Alamannorum.

2.7.2. Die althochdeutschen Vaterunser

Besonders reich ist die ahd. Paternoster-Überlieferung. Neben den vollständigen Verdeutschungen begegnen uns einige Zitate oder Glossierungen daraus, die das Überlieferungsbild ergänzen. Zusammen mit Otfrids von Weißenburg dichterischer Versifizierung sind es pro Vers zwischen acht und elf direkt vergleichbare Fassungen vom späten 8. bis ins späte 11. Jh. Sie zeigen aufs schönste ein Stück ahd. Sprach- und Übersetzungsgeschichte. Wir vergleichen die Schlußverse des althochdeutsch in der Exhortatio ad plebem christianam als *daz/thaz frono gapet* 'das Gebet des Herrn' bezeichneten Vaterunsers (Matth. 6, 13):

lateinisch		et ne nos inducas in tentationem
St. Gallen, alem., um 790		enti ni unsih firleiti in khorunka
'Weißenburg', südrheinfränk., nach 800		endi nigileidi unsih in costunga Indi nigileiti unsih in costunga
'Freising', bair., nach 800	A B	enti niprinc unsih in chorunka enti niuerleiti unsih in die chorunga
Tatian, ostfränk., um 830		inti ni gileitest unsih in costunga
Notker, alem., um 1000		Unde in chorunga neleîtest dû únsih
Gl. zu Notker, alem., um 1050	A B	nîe neléitest du unsich nîeht in chorunga nie neléitest du unsih in ursûoch
Wiener Notker, bair., Ende 11. Jh.		Vnde in dia chorunga neleitist du unsih
Otfrid II, 21, 37 (860/70, südrheinfränkisch)		Ni firláze unsih thin wára in thes wídarwer- ten fára, thaz wír ni missigángen, thara ána ni gifállen

Heliand 1610—11	Ne lât ûs farlêdean lêða uuihti
(Mitte 9. Jh.,	sô forð an iro uuilleon, sô uui uuirðige sind
altsächsisch)	

Zu den dichterischen Versifizierungen gehört außerdem die Stelle aus den 'Murbacher' Hymnen (Reichenau, erstes Viertel 9. Jh., alemannisch) II, 10

	Temptatione subdola chorungo
	pisuuicchilineru
	iuduci nos ne sineris in caleitit unsih ni
	lazzes

lateinisch	sed libera nos a malo
St. Gallen, alem., um 790	uzzer losi unsih fona ubile
Bened. Regel, alem., nach 800	uzzan losi unsih [fona ubi]le
'Weißenburg', süd-rheinfränk., nach 800	auh arlosi unsih fona ubile
'Freising', bair., A	uzzan kaneri unsih fona allem sunton
nach 800 B	uzzan ærlosi unsih fona allem suntom
'Murbacher' Hymnen, alem., 1. Viertel 9. Jh.	du unsihc fona ubile arlosi
Tatian, ostfränk., um 830	úzouh árlosi unsih fón ubile
Altbair. Gebet, A	kauuerdo mih canerien fona allemo upile
Mitte 9. Jh. B	kaneri mih, trohtin, fonna allemo upila
Notker, alem., um 1000	Núbe lôse unsih fóne ubele
Wiener Notker, bair., Ende 11. Jh.	Suntir irlose unsih fone demo ubile
Benediktbeurer Glaube alem.-bair., Ende 11. Jh.	unde erlose mich uon allem ubel

Otfrid II, 21, 39	Lósi unsih io thánana, thaz wir sin thíne
(860/70, südrhein-	thegana,
fränkisch)	joh mit ginádon thinen then wéwon io
	bimíden.

Heliand 1612	ac help ûs uuiðar allun ubilon dâdiun
(Mitte 9. Jh., alt-	
sächsisch)	

2.7.3. Die althochdeutschen Glaubensbekenntnisse

Auch hier läßt sich ein zeiträumlicher Vergleich vollziehen, der über die ganze ahd. Sprachperiode reicht. Vergleichen wir den Anfang des Credo, die fides catholica, ahd. *gilauba allichu* (Weißenburger Katechismus), und vergleichbare Stücke in den verschiedenen Fassungen:

lateinisch	Credo in Deum patrem omnipotentem, creatorem caeli et terrae
St. Gallen, alem., um 790	Kilaubu in kot fater almahticum, kisca[f]t himiles enti erda
'Weißenburg', südrheinfränk., nach 800	Gilaubiu in got fater almahtigon, scepphion himiles enti erda
Wessobrunner Gebet, bair., 1. Viertel 9. Jh.	Cot almahtico, du himil enti erda gauuorahtos
Fränk. Taufgelöbnis, rheinfränk., 2. Viertel 9. Jh.	Gilaubistu in got fater almahtigan? Ih gilaubu.
Notker, alem., um 1000	Ih keloubo an Got álmáhtigen fáter. sképhen himeles unde érdo
Wiener Notker, bair., Ende 11. Jh.	Ih gloube an got uatir almahtigen skephare himilis unde erda

sowie weitere spätahd. Fassungen aus St. Gallen, Bamberg und Wessobrunn.

Der Anfang des Symbolums klingt deutlich auch bei Otfrid von Weißenburg in der Verkündigung an Maria mit Bezug auf Christus an:

Otfrid I, 5, 23—26 (860/70, südrheinfränkisch)	Thú scalt beran éinan alawáltendan érdun joh hímiles int alles líphaftes, Scépheri wórolti (theist min árunti), fátere gibóranan ebanéwigan.

2.7.4. Die althochdeutschen Beichten

Eine größere Anzahl von vergleichbaren Sätzen enthalten die z. T. aufeinander beruhenden althochdeutschen Beichten, die eine außerordentlich reiche Verbreitung zeigen. Wir müssen hier auf Beispiele verzichten — sie sind sprachlich auch nicht so lohnend wie die übrigen vergleichbaren Textstücke des Althochdeutschen.

2.7.5. Die althochdeutsche Bibelüberlieferung

Außerordentlich vielfältig ist, trotz ihrer Unvollständigkeit im einzelnen, die althochdeutsche Bibelüberlieferung, auch außerhalb der oben besprochenen Vaterunserfassungen. Hier lassen sich verschiedene Übersetzungen direkt vergleichen, vor allem im Bereich der Psalmen und Cantica, obwohl es in der Regel immer nur zwei sich überschneidende Fassungen im einzelnen sind:

.lem. menfragmente	Altmittelfränk. Psalmenfragmente	Dicht. Bearbeitung von Psalm 138	Rheinfränk. Cantica-Fragmente
die Mitte 9. Jh.	9. Jh. (nur späte Abschrift)	Bair., Anfang 10. Jh.	1. Hälfte 11. Jh.
107, 7—14			
108, 2—5	Ps. 1—3, 5		Is. 38, 18—20
113, 12—18			1. Reg. 2, 1—2
114, 1—8	(ferner altnieder-		2, 5—10
123, 2—8	fränkisch-altnieder-		Habac. 3, 17—19
124, 1—5	ländische Psalmen-		Deuter. 32, 1—4
128, 7—8	fragmente, 9. Jh.,		9—13
129, 1—8	in jüngeren Abschriften:		
130, 1—2	Ps. 18		
	53, 7		
	54—73, 9)		

Mit allen diesen Fragmenten bzw. mit der dichterischen Bearbeitung läßt sich Notkers von St. Gallen vollständig erhaltener Psalter (und Cantica) um 1000 vergleichen, sodann teilweise die Umsetzung im sog. Wiener Notker, Ende 11. Jh. (Ps. 1—50, 101—150, Cantica). Dazu treten eine Reihe von

Verszitaten aus dem Psalter, etwa in der St. Galler Interlinearversion der Benediktinerregel, und natürlich Glossen zum
Psalter und zu den Cantica (St. Pauler Lukasglossen 1, 64 — 2,
51 mit Teilen des Hymnus Zachariae, den die Tatianübersetzung und Notker vollständig überliefern). Gerade die Cantica-
Überlieferung zeigt außerdem größere Vergleichsmöglichkeiten zwischen der Tatianübersetzung in den Canticae Sanctae
Mariae und Zachariae (4, 5—8; 4, 14—18), der dichterischen
Gestaltung bei Otfrid (I, 7; I, 10) und der rhythmischen Prosa
bei Notker. Alles in allem bleibt aber leider die Vergleichs-
basis relativ schmal. Es bleiben stets nur Einzelverse über zwei
Fassungen hinaus, z. B.:

Psalm 138, 3	Intellexisti cogitationes meas a longe
Benediktinerregel Kap. VII (Zitat)	farstuanti kedancha mine fona rumana
Psalm 138, Vers 5	Nemegih in gidanchun fore dir giuuanchon
Notker	Dû bechándost mîne gedáncha férrenân
Wiener Notker	Du bichantist mina gidanche ferrenan

Selten und außerdem noch gar nicht gesammelt, solange ein
Corpus der ahd. Bibelzitate außerhalb der größeren Übersetzungen fehlt, sind Bibelstellen, die wir durch die ganze
althochdeutsche Zeit in ihrer immer wieder neuen volkssprachlichen Formung und Erwahrung verfolgen können. Wir nennen als Beispiel den Schluß des Matthäus-Evangeliums (Matth.
28, 18—20):

(1) lateinischer Grundtext

Et accedens Iesus locutus est eis, dicens: Data est mihi omnis potestas,
in caelo et in terra. Euntes ergo docete omnes gentes: baptizantes eos in
nomine patris et filii et spiritus sancti: docentes eos servare omnia quae-
cumque mandavi vobis: et ecce ego vobiscum sum omnibus diebus, usque
ad consummationem saeculi.

(2) frühahd. Fassung der Mondseer Fragmente, bairisch, nach 800:

Enti genc duo ih[esu]s nahor, sprah za im, quad: Forgeban ist mir alles
kauualt in himile enti in ærdu. Faret nu enti leret allo deota taufente sie

in nemin fateres enti sunes enti heilages gheistes. Leret sie kahaltan al so huuaz so ih iu gaboot. Enti see ih bim mit iu eo gatago untaz entun gauueralti.

(3) normalahd. Fassung der Tatianübersetzung, ostfränkisch, um 830: Inti sprah ín zuo quędenti: gigeban ist al giuualt mir in himile inti in erdu. Gét in alla uueralt, praedigot euangelium allera giscéfti inti leret alle thíota, toufenti sie in namen fater inti súnes inti thes heilagen geistes; leret sie zi bihaltanne alliu so uúelichiu so ih íu gibot. Inti senu ih bin mit íu allen tagon unzan enti uúeralti (teilweise nach Markus 16, 15).

(4) spätalthochdeutsche Teilübersetzung durch zwei zunächst lateinisch verbliebene Zitate in Notkers Psalter, die durch den St. Galler Glossator um 1050 ins Alemannische übersetzt werden
Ps. 88, 25: Zitat Matth. 28, 18   mir ist kegében al mahtigi in himile unde in erdo
Ps. 101, 24: Zitat Matth. 28, 20   séhent nô. ih pin mit iú alle tága unzint an ende dero uuerlte.

(5) spätestahd. Umsetzung des zweiten Zitates in das Bairische im sog. Wiener Notker, der auf der St. Galler Glossierung basiert, Ende 11. Jh.
Ps. 101, 24: Zitat Matth. 28, 20   ih pin sament iu alla taga unz an die ferentidi dirro uuerlti

(6) direkt vergleichbar ist außerdem der dichterische Text bei Otfrid von Weißenburg, südrheinfränkisch, 860/70, soweit er auf Matth. 28, 18—20 beruht

V, 16, 18 . . . .   joh spráh ouh sus tho drúhtin:
In hímile inti in érdu   so wált ih es mit állu,
gigéban sint mir zi hénti   ellu wóroltenti.
Nu scál ih iuih sénten,   in thíonost minaz wénten,
gizellet wóroltthiote   ál theih iu gibíete.
Faret brédigonti   so wít so thisu wórolt si,
joh kundet éllu thisu thing   úbar thesan wóroltring;
Gizélllet in ouh filu frám,   theih sélbo hera in wórolt quam,
thaz thiu min géginwerti   giwéihti thia iro hérti.
Mines sélbes lera   thia dúet in filu mára,
tóufet sie inti brédigot,   thaz sie gilóuben in got.

V, 16, 45 . . . .   ih bin íamer mit iu.

2.7.6. Dichterische Texte

Im Bereich der dichterischen Gestaltung ist das bekannte alemannisch-südrheinfänkische Gedicht Christus und die Samariterin aus dem 10. Jh. zu nennen, das sich mit Otfrids von Weißenburg Abschnitt II, 14 Iesus fatigatus ex itinere um 860/70 vergleichen läßt: und beide natürlich wiederum mit dem Prosatext Johannes 4, 4 ff. in der Tatianübersetzung 87, 1 ff. aus der Zeit um 830. Aber darüber hinaus bleibt die Basis schmal und auf einzelne dichterische Formeln beschränkt, ohne einen längeren Textzusammenhang: die erläuternde Erzähl- oder Frageformel (Hildebrandslied 1 *Ik gihorta đat seggen;* Muspilli 37 a *Daz hortih rahhon;* Wessobrunner Schöpfungs- gedicht 1 a *Dat gafregin ih mit firahim*), die Einleitung zu den Erzählteilen der Zauber- und Segenssprüche vom Typus 'Einst saßen ..', 'es zogen ..' (Merseburg I 1 a *Eiris sazun idisi*, II 1 *Phol ende Uuodan   uuorun zi holza;* Ad equum erręhet 1 *Man gieng after wege* usw.), der hymnische Eingang von Preisliedpartien und Gebeten (etwa Stellen aus den Murbacher Hymnen der Reichenauer Überlieferung, aus dem Carmen ad Deum usw.).

2.7.7. Kurzsätze gesprochener Sprache

Typische Kurzsätze gesprochener Sprache lassen sich außer- dem vergleichen, sei es in Glossensammlungen, seien sie in prosaische oder dichterische Texte eingestreut oder als rheto- rische Frage formuliert. Auf diesen Bereich kommen wir aber in Kapitel 4 zurück.

Literaturhinweise zu Kapitel 2
(vgl. Lit. zu Kapitel 1 und Lit. im Text)

Frühmittelalterliche Studien, Jahrbuch des Instituts für Frühmittel- alterforschung der Universität Münster, hrsg. von Karl Hauck, Bd. 1 ff., Berlin (-New York) 1967 ff. (mit grundlegenden Aufsätzen zum Ahd.). — Georg Baesecke, Kleinere Schriften zur althochdeutschen Sprache und Literatur, hsg. von Werner Schröder, Bern und München 1966. — Rolf Bergmann, Mittelfränkische Glossen, Studien zu ihrer Ermittlung und sprachgeographischen Einordnung, Bonn ²1977. — Bernhard Bischoff, Paläographische Fragen deutscher Denkmäler der Karolingerzeit, in: Frühmittelalterliche Studien 5, Berlin 1971, 101—134 (mit weiterer Lit.). — Wilhelm Bruckner, Die Sprache der Langobarden, Straßburg 1895,

Nachdruck Berlin 1969. — Heinrich Büttner und Johannes Duft, Lorsch und St. Gallen in der Frühzeit, Konstanz 1965. — Gustav Ehrismann, Geschichte der deutschen Literatur bis zum Ausgang des Mittelalters, 1. Teil: Die ahd. Literatur, München ²1932, Nachdruck 1954. — Hanns Fischer, Schrifttafeln zum althochdeutschen Lesebuch, Tübingen 1966 (mit weiterer Lit.). — Heinz Rupp, Forschung zur althochdeutschen Literatur 1945—1962 (Referate aus der Deutschen Vierteljahrsschrift zur Literaturwissenschaft und Geistesgeschichte), Stuttgart 1965. — Stefan Sonderegger und Harald Burger, Althochdeutsche Literatur, in: Kurzer Grundriß der germanischen Philologie bis 1500, Bd. 2, Berlin 1971, 326—383. — Elias von Steinmeyer, Die kleineren ahd. Sprachdenkmäler, Berlin 1916, Nachdruck Berlin und Zürich 1963. — Ergänzende Literaturhinweise in Kapitel 8.

3. Von den Glossen zur Literatur

3.1. Einteilungsprinzipien der Literaturgeschichten

Die gängigen Literaturgeschichten gliedern ihren althochdeutschen Stoff in der Regel nach den Gesichtspunkten der politischen Geschichte oder Kulturgeschichte — also nach primär außerliterarischen Kriterien, die natürlich in hohem Maße auch für die Literatur relevant geworden sind. So spricht man für die althochdeutsche Literatur von vorkarlischer/karlischer (mit besonderem Bezug auf Karl den Großen)/karolingischer/ottonischer, eventuell cluniazensischer Epoche im Übergang zum Frühmittelhochdeutschen und ordnet diesen Überbegriffen das literarische Material im einzelnen zu.

Unsere Darstellung verzichtet weitgehend auf das politisch-historische Begriffsgerüst und versucht, mit innersprachlichen und immanent literarischen, ferner mit kulturhistorischen Kategorien zu arbeiten.

3.2. Entwicklungsgeschichtliche Übersicht

Da die althochdeutsche Literatur keine geschlossene Einheit darstellt, kann in einer entwicklungsgeschichtlichen Einteilung nicht das ganze Schrifttum der althochdeutschen Zeit eingefan-

gen werden. Aber es lassen sich doch absteigende und aufstei-
gende Linien oder Tendenzen in folgender Hinsicht erkennen
(für die zeiträumliche Übersicht verweisen wir auf Abschnitt 2.6.
oben S. 67—73):

(1) Ausklang der südgermanischen Runeninschriften des 6. bis
8. Jhs., soweit sie frühalthochdeutsche Sprache vertreten, 38 Inschriften an der Zahl, in ihrer Staffelung vorchristlich/überwie-
gend christlich, mit Schwerpunkt in den mittleren Rheinlanden
und im oberen Donauraum.

(2) Nachleben, Umgestaltung und Übergangsformen germanischer Stabreimdichtung mit Niederschrift vor allem im frühen
9. Jahrhundert

— die ältesten Zaubersprüche, vor allem die Merseburger
Sprüche

— die bereits christlich überdeckten Beschwörungen und
Segen in ihrer formalen Mischung von Stabreimgefüge und
End(silben)reim

— das Hildebrandslied als einziger Vertreter des Heldenliedes
in althochdeutscher Literatur

— das wenigstens spurenweise althochdeutsche Abecedarium
Nordmannicum, Merkverse über die jüngere Runenreihe
in Stabreimform

— das stabreimende Wessobrunner Schöpfungsgedicht mit
seiner christlichen Antwort auf die kosmogonische Frage

— das bairische Muspilli, ein rhetorisches Gedicht über das
Schicksal des Menschen nach dem Tod, durch die Welt-
untergangsvision überwölbt, rhetorischer Predigtstil in
zerfallender Stabreimtechnik.

(3) Der Beginn einer vor allem bildungsgeschichtlich zu verstehenden althochdeutschen Glossierung seit dem 8. Jh.,
gleichzeitig in ganz verschiedenen Scriptorien mit entscheidender
Ausgestaltung im 9. Jh. und im Weitertragen durch die ganze
ahd. Zeit, aus der freilich nicht die ahd. Literatur als ganzes erwächst, der aber die einzelnen Sprachträger an den verschiedenen
Schreiborten im einzelnen im Sinne einer ständigen Codices-
Benutzung verpflichtet bleiben.

(4) Einsetzen einer katechetischen Übersetzungsliteratur über die bloße Glossierung hinaus, seit der Admonitio generalis Karls des Großen vom 23. März 789, spätes 8. bis 11. Jh., mit weiter räumlicher Streuung über das ganze althochdeutsche Gebiet

— die althochdeutschen Paternoster-Übersetzungen und -Interpretationen (8.—11. Jh.)

— die althochdeutschen Glaubensbekenntnisse (8.—11. Jh.)

— das fränkische Taufgelöbnis (9. Jh.)

— die althochdeutschen Beichten, oft mit den Glaubensbekenntnissen zusammen überliefert (9.—11. Jh.)

— die althochdeutsche Übersetzung von Isidors von Sevilla Traktat De fide catholica contra Judaeos um 800, ein frühes Übersetzungswerk von hohem Rang

— die Mondseer Bruchstücke zu Isidor und Augustinus um 800

— die Freisinger Exhortatio ad plebem christianam nach 800

— der sog. Weißenburger Katechismus von etwa 810—820

— die althochdeutsche Interlinearversion der Regula Sancti Benedicti aus St. Gallen aus dem 2. Jahrzehnt des 9. Jhs.

— die verschiedenen althochdeutschen Gebete (9.—11. Jh.).

(5) Entfaltung der Bibelübersetzung und Bibelerklärung über die kleinen katechetischen Stücke hinaus

— die Mondseer Bruchstücke einer Übersetzung des Evangeliums nach Matthäus um 800

— die interlinearen Psalmenübersetzungen: altalemannische Psalmenbruchstücke, gegen die Mitte des 9. Jhs.; mittelfränkische Psalmenbruchstücke aus dem 9. Jh., aber nur in später Überlieferung; rheinfränkische Cantica, erste Hälfte des 11. Jh.

— die althochdeutsche Übersetzung der Evangeliensynopse des Tatian nach der lateinischen Fassung aus Fulda, um 830, die größte neutestamentliche Bibelübersetzung aus althochdeutscher Zeit

— die kommentierende Übersetzung des Psalters durch Notker III. von St. Gallen (nach 1000) und die St. Galler Glossierung dazu (11. Jh.) mit ihren weiteren Ausstrahlungen (11./12. Jh.)

— die verlorene Hiob-Übersetzung nach Gregors des Großen Moralia in Hiob durch Notker III. von St. Gallen (um 1015)

— Willirams von Ebersberg Paraphrase des Hohen Liedes um 1060.

(6) Übersetzung christlicher Hymnendichtung

— die dichterische Interlinearversion ambrosianischer Hymnen im frühen 9. Jh., sog. Murbacher Hymnen, auf der Reichenau entstanden, in Murbach erweitert

— die ebenfalls dichterisch konzipierte Interlinearversion des Carmen ad Deum in bairischer Sprache aus der Mitte des 9. Jhs.

(7) Neuschöpfung einer volkssprachlichen Bibeldichtung in Endreimversen seit dem 9. Jh.

— die Evangelienharmonie Otfrids von Weißenburg 863 bis 871

— das Gedicht Christus und die Samariterin im mittleren 10. Jh. in alemannisch-fränkischem Mischdialekt

— die dichterische Bearbeitung von Psalm 138, bairisch, Anfang 10. Jh.

(8) Christliche Legenden-, Preis- und Heiligendichtung in Reimversen seit der zweiten Hälfte des 9. Jhs.

— Ratperts Lobgesang auf den heiligen Gallus, St. Gallen, zweite Hälfte des 9. Jhs. (das althochdeutsche Original ist verloren, mittellateinische Umdichtung durch Ekkehart IV. im 11. Jh.)

— das reichenauische Georgslied, das vor 900 entstanden, aber später überliefert ist und vermutlich auf Prüm zurückgeht

— das auf ein Heilsgeschehen ausgerichtete althochdeutsch-westfränkische Ludwigslied auf die Normannenschlacht bei Saucourt (3. August 881) vom Ende des 9. Jhs.

— das bairische Petruslied, ein Bittgesang, um 900 oder aus dem frühen 10. Jh.

(9) Historische Lieddichtung seit der zweiten Hälfte des 9. Jhs.

— das lateinisch-althochdeutsche Mischgedicht De Heinrico um das Jahr 1000 mit umstrittenem politischem Hintergrund.

(10) Neusetzung und Verfestigung einer volkssprachlichen Rechtsprosa über die deutschen Wörter in den lateinischen Leges barbarorum und in den lateinischen Urkunden hinaus, mit deutlichem fränkischem Schwerpunkt und mit Reflexen aus der gesprochenen Sprache

— die Bruchstücke einer Lex Salica-Übersetzung nach 800

— die Straßburger Eide von 842 (altfranzösisch-rheinfränkischer Doppeltext)

— die althochdeutschen Markbeschreibungen des 9. und 10./11. Jhs.

— das Trierer Capitulare aus dem 10. Jh.

(11) Schaffung einer deutschen Wissenschaftsprosa auf dem Hintergrund des mittelalterlichen Bildungssystems der sieben freien Künste (Trivium und Quadrivium)

— Notker III. von St. Gallen in seinen Übersetzungen philosophisch-rhetorischer Texte der antiken Literatur (Boethius, Aristoteles-Boethius, Martianus Capella), in seiner lateinisch-althochdeutschen Rhetorik und in weiteren verlorenen Werken.

(12) Beginn einer dichterischen Übersetzung antiker Werke über die bloße Glossierung hinaus

— Notker III. von St. Gallen in den verlorenen Übersetzungen der Andria des Terenz, der Bucolica des Vergil und der Disticha Catonis.

(13) Beginn einer deutschen Physiologus-Tradition im 11. Jh., mit Fortsetzungen in mittelhochdeutscher Zeit

— die althochdeutsche Physiologus-Übersetzung, der sogenannte ältere Physiologus (alemannisch und fränkisch, zweite Hälfte 11. Jh.)

(14) verstreute Spuren volkstümlicher Kleindichtung
— St. Galler Spottverse 9./10. Jh.
— Ad equum erręhet, balladenartiges kleines Lied, rhein-
fränkisch, 11. Jh.

So zeigt sich die althochdeutsche Literatur in ihrer Uneinheitlichkeit: in einem absteigenden Ast germanischer Form- und
Dichtungstradition und in einem aufsteigenden Ast frühmittel-
alterlich-christlich-antiker Bildung — mit nur wenigen Berüh-
rungspunkten der beiden so völlig verschiedenen Bereiche. Man
kann das schematisch so darstellen:

auslaufende germanische Formtradition
6. Jh. ——————————————————————→ 9. Jh.
(Runeninschriften, Zaubersprüche, Stabreimdichtung)

Neubeginn eines klostergebundenen Bildungs- und Kirchen-
schrifttums
spätes 8. Jh. ——————————————————→ 11. Jh.
(Glossierung, Segenssprüche, christliche Dichtung, Übersetzung)

Wir wollen die einzelnen entwicklungsgeschichtlichen Stufen
im folgenden noch etwas näher umreißen.

3.3. Germanische Dichtungsformen in althochdeutscher Rezeption

Weit mehr als von einem Nachleben altgermanischer Dichtung
im Althochdeutschen muß von einer althochdeutschen Rezeption
germanischer Dichtungsformen gesprochen werden. Mit dem
Stichwort althochdeutsche Rezeption soll der Übergangscharakter
der Denkmäler altgermanischer Stilformen im ersten Zeitab-
schnitt einer deutschen Literatur in den Blickpunkt gezogen werden. Eine altgermanische Dichtung in deutschem Gewand gibt
es streng genommen kaum mehr, jedenfalls nicht als einigermaßen
geschlossene Gruppe. Zu sehr trägt fast alles hier Einzuordnende
schon die Züge des Zerfalls oder eines sich wandelnden Neuan-
satzes. Das Germanische erscheint zwar noch als Komponente,
doch in mannigfacher Brechung und neuer Spiegelung.

3.3.1. Zur Stellung der Inschriften

Als ältestes Zeugnis frühester deutscher Sprachgestaltung sind die 28 Inschriften aus dem Runenbereich vom 5. bis zum Ende des 7. Jahrhunderts zu nennen, soweit sie sprachlich oder landschaftlich dem späteren Althochdeutschen zuzuordnen sind. Für die Frage nach dem Dichterischen sind sie von ungleichem Wert. Immerhin dürfen in ihnen die ersten Spuren einer dichterischen Sprache und Stilisierung des Frühdeutschen erblickt werden. Einige Ritzungen greifen nämlich über das Lapidare der inschriftlichen Aussage, über den bloßen, oft nur aus einem Wort oder Namen bestehenden Heilswunsch hinaus und lassen den Versuch zu einer dichterischen Gestaltung erkennen. Dies zeigt sich vor allem in einem übergreifenden Stabreimgebrauch und in den Ansätzen zur Vers- oder Strophengliederung, Erscheinungen, die uns besonders aus den skandinavischen Runendenkmälern oder Runenversen bekannt sind. Eine solche Ausformung erscheint beispielsweise in der mythologischen Inschrift der alemannischen Bügelfibel I von Nordendorf aus dem Anfang des 7. Jhs.: den je auf eine Zeile gesetzten Götternennungen *logapore* / *wodan* / *wigiponar* 'Logathore (‚Ränkeschmied‘), Wotan, Weihe-Donar' folgen die Namen der schenkenden oder glückwünschenden Personen *awaleubwini* 'Awa (und) Leubwini'. Die *l*-Stäbe *logapore . . . leubwini* umschließen die ganze Inschrift, während die *w*-Stäbe *wodan wigiponar* den inneren Teil verbinden.

Obwohl diese Runeninschriften die älteste mindestens teilweise als literarisch zu bezeichnende Gattung einer werdenden deuschen Literatur darstellen, sind sie keineswegs einheitlich „germanisch": ein großer Teil der Inschriften zeigt bereits christliche Prägung. Damit stellt sich auch schon dieser älteste Überlieferungsbereich unter das Zeichen des kulturgeschichtlichen Übergangs. Magischer Runenzauber steht neben christlichem Wunsch, Götterbeschwörung neben dem Anruf Gottes zum Schutze vor dem Teufel *go(d) fura d(i)h d(e)ofile* „Gott vor dich, Teufel!" auf der fränkischen Scheibenfibel von Osthofen aus der zweiten Hälfte des 7. Jhs. Mit den christlichen Runeninschriften ist gleichzeitig ein erster Versuch zur Schaffung eines entsprechenden

religiösen Wortschatzes gegeben, rund hundert Jahre vor dem
Einsetzen von Bibelglossen oder einer katechetischen Übersetzungsliteratur.

Was später als literarische Inschrift erscheint — dies sei nur
noch am Rande vermerkt —, gehört vollends der neuen Bildungstradition an: der Bibliotheks- und Bildungspreis der Versinschrift
aus Köln 850—858, eine hübsche kleine Reimstrophe in erstaunlich früher Endreimtechnik.

3.3.2. Zaubersprüche und Segensformeln

Von Gehalt und Form her sind die althochdeutschen Zaubersprüche und Segen ein geradezu typisches Beispiel für die Stellung
der frühen althochdeutschen Literatur zwischen Rezeption germanischer Kleindichtung und ihrer Mischung mit christlichen
Zügen und neuen Stilelementen, die mit fortschreitender Zeit
an Umfang gewinnt. Ihrer ältesten Verwurzelung nach ergibt
sich eine germanische Komponente mit Vergleichsmöglichkeiten
ins Altenglische und Altnordische, doch erscheint dieser An-
schlußpunkt nur vereinzelt noch ohne die Transponierung vom
germanischen Zauber zum christlichen Segen. Schon die Niederschrift von Zaubersprüchen, ihre Herauslösung aus der sie
evozierenden Situation, aus der mündlichen und darum nicht
weniger fest gebundenen Formtradition läßt sich nur auf
dem Hintergrund eines antiquarischen Interesses verstehen, das
den letzten Resten einer unzeitgemäß gewordenen Gattung
entgegengebracht wird: das dem Runenzauber nahestehende
Merkversgedicht Abecedarium Nordmannicum (Codex 878 der
Stiftsbibliothek St. Gallen) in seiner altnordisch-altsächsisch-
althochdeutschen Mischsprache, nach B. Bischoff von Walahfrid
Strabo in der ersten Hälfte des 9. Jahrhunderts zusammen mit
anderen Alphabeten in seinem Vademecum aufgezeichnet, wir-
kungsvoll durch seine einfache, blockhafte Stabsetzung *feu for-
man / ur after / thuris thritten stabu* usw. „F-Rune (= Viehbesitz)
zuerst, U-Rune (= Auerochse, männliche Kraft?) danach, *þ*-
Rune (= Thurse, schadenbringende Macht) als dritter Stab";
die auf den Überlieferungsort Fulda weisende Aufzeichnung

der Merseburger Zaubersprüche (Handschrift der Bibliothek des Domkapitels zu Merseburg Nr. 58) von einer Hand des 10. Jhs., mitten unter geistlichen Texten, von höchster sprachlicher wie mythologischer Altertümlichkeit, in derselben Handschrift übrigens, wo auch das fränkische Taufgelöbnis als Vertreter einer christlichen katechetischen Literatur eingetragen ist.

Die fortschreitende Verchristlichung der Zauber- und Segensdichtung läßt sich an der Einverleibung von Gott, Christus und den Heiligen messen, sowie an der Transponierung des Dämonischen in die Gestalt des Teufels. Lassen die Merseburger Zaubersprüche und das Abecedarium Nordmannicum noch die altgermanischen Götter und mythologischen Gestalten allein erscheinen, so zeigen die weiteren Segen Gott und seine Entgegensetzung (der, die Teufel), Christus allein oder mit weiteren Heiligen als Begleitern. Hand in Hand mit dieser Umstrukturierung geht die formale Entwicklung vom zurücktretenden Stabreimgebrauch zum aufstrebenden Endreim mit den bevorzugten Reimwörtern *buoz* 'Besserung, Abhilfe', *bluot* 'Blut', *wunt* 'verletzt', *wunta* 'Wunde', *gisunt* 'gesund', *Crist* 'Christus' und *truhtin* 'Herr'. Der Lorscher Bienensegen des 10. Jhs. beispielsweise, in dem Christus und die heilige Maria genannt werden, beginnt mit zwei in sich selbst stabenden Kurzzeilen, um dann mit Endreim oder Endsilbenreim weiterzufahren. Zu einem kleinen dreistrophigen, balladenähnlichen Gedicht ist das rheinfränkische Ad equum erręhet (Gegen die Pferderähe, d. h. Gliedersteife) aus der ersten Hälfte des 11. Jh. ausgeformt, schon ganz ohne Stabreim, mit deutlicher Endreimprofilierung gegen den Schluß hin, wo Christus für den ihm begegnenden Mann und sein Pferd die Segensformel spricht. Wir müssen auf weitere Beispiele verzichten und wollen nur betonen, wie sehr die insgesamt zwanzig althochdeutschen Zauber- und Segenssprüche Altes und Neues vereinigen, Germanisch-Heidnisches und Christliches, Stabreim und Endreim, altheidnische und christlich-lateinische Tradition. In den meisten Fällen sind sie auch dichterisch geformt. Nirgends läßt sich der für die althochdeutsche Literatur so typische stufenweise Um- und Neuformungsprozeß deutlicher verfolgen als in diesen kleinen Denkmälern.

3.3.3. Heldendichtung

Das Überlieferungsbild der germanischen Heldendichtung ist vor allem gekennzeichnet durch eine frühe gotische Ausstrahlung von Stoffen und Gestalten seit dem späten 4. Jh., durch viele indirekte Zeugnisse und erschlossene Vorstufen aus dem späteren deutschen Raum seit dem Frühmittelalter, durch altenglische und altnordische Erfüllung in Heldenepos und Heldenlied, durch das Weitertragen und Umformen von Stoffen in mittelhochdeutscher Zeit, wo man — selbst im Nibelungenlied — nur noch bedingt zur Bezeichnung 'Heldendichtung' greifen darf.

Das althochdeutsche Hildebrandslied seinerseits, um 820/30 von zwei Schreibern in einen theologischen Codex (Liber Sapientiae) aus dem Bücherbesitz des Klosters Fulda eingetragen, ist sprachlich voller Merkwürdigkeiten. Das weitverbreitete Thema des Vater-Sohn-Kampfes mit tragischem Ausgang erscheint hier, in die Theoderich-Sage eingebettet, in althochdeutsch-altsächsischer Mischsprache, mit oberdeutsch-bairischen und fränkischen Spuren und mit zum Teil falschen Umsetzungen ins nördliche Altsächsisch, dennoch von der alten Wucht ungebrochener Stabreimfügung, wenn auch einzelne Verse nicht mehr voll überliefert sind oder sich einige regelwidrige Umstellungen ergeben haben. Es ist das einzige in deutscher Sprache erhaltene Heldenlied von der Art des doppelseitigen Ereignisliedes, wie wir es resthaft aus altenglischer Literatur und reicher aus der altnordischen Edda-Dichtung kennen: doppelseitig im Getragensein der dramatischen Handlung aus knapp andeutenden Erzählversen und aus Rede und Gegenrede, die alle in ziemlich ausgewogenem Verhältnis stehen. Dennoch darf auch hier von einer althochdeutschen Rezeption und Einordnung gesprochen werden, wie Rudolf Schützeichel besonders an der starken rechtlichen Bindung, wie sie aus der Karolingerzeit gegeben ist, aufgezeigt hat. Auch im Eintreten des einen, christlichen Gottes in das Denkmal, den der alte Hildebrand zum Zeugen anruft und kurz vor dem Zweikampf mit seinem von tragischer Blindheit geschlagenen Sohn Hadubrand beschwört *(welaga nu, waltant got | wewurt skihit* „wohlan nun, waltender Gott, Wehgeschick ge-

schieht"), ergibt sich eine neue Haltung, die wiederum die gei-
stig-kulturgeschichtliche Wandlung spiegelt, welche selbst seiner
Herkunft nach Germanisches innerhalb einer althochdeutschen
Ausformung erfährt. Es ist ein schwer zu beurteilendes Ineinander oder schichthaftes Übereinander, so wie es hier vorliegt,
neue Konvention neben alter Sachlichkeit, die in veränderte
Rechts- und Lebensformen einfindet. Es wäre jedenfalls einseitig,
das Hildebrandslied nur nach seinen möglichen Vorformen und
nach seinen Bezügen zum Altgermanischen zu befragen — so wie
es als überliefertes Denkmal vor uns steht, ist es Bestandteil der
althochdeutschen Dichtung in karolingischer Zeit. Wieviel darüber hinaus wirklich zu althochdeutscher Sprachgestaltung ge-
langte — etwa im sogenannten Heldenliederbuch Karls des
Großen, von dem eine Stelle in Einhards Vita Karoli magni
(Kapitel 29) spricht — entzieht sich unserer Kenntnis leider
völlig.

3.3.4. Kosmogonische und eschatologische Dichtung

Weltanfang und Weltuntergang: auch diese beiden Bereiche
finden sich noch in althochdeutsche Stabreimdichtung ein. Doch
sind es fast nur noch die formalen Züge, welche zurückweisen
und zu Vergleichen mit altgermanischer Dichtung anregen, einzelne Wörter und Wendungen, die im späten Althochdeutschen
deutlich zurücktreten oder überhaupt fehlen, oder gar nur im
Altgermanischen verankerte hapax legomena. Kosmogonische
Stabreimdichtung liegt im Wessobrunner Schöpfungsgedicht
vom Anfang des 9. Jhs. vor. Neun Langzeilen sind es, mit De
Poeta überschrieben, in ihren Paarformeln deutlich anklingend
an Verse der außerdeutschen altgermanischen Dichtung, aber in
der Profilierung auf den einen christlichen Gott, den Gnaden-
spender *(manno miltisto)*, und die ihn begleitenden Engel neue
Wege gehend, sozusagen als missionshafte Antwort auf die ge-
stellte Frage nach dem Anfang der Welt. Danach folgt ein Prosagebet, das schon ganz zur katechetischen Volkssprachliteratur
gehört. Das Schicksal der Seele nach dem Tod und eine rhetorisch überhöhte Vision des Weltunterganges schildert das bairi-

sche Gedicht Muspilli aus dem späteren 9. Jh. (vielleicht mit älteren Vorformen), so nach dem in Vers 57 vorkommenden altgermanischen Bezugswort *vora demo muspille* 'vor dem Weltenbrand' genannt. Trotz manchen Anklängen der Schilderung vom Weltuntergang an Stellen aus der altgermanischen Literatur vertritt das Gedicht eine rein christliche, predigthafte Haltung, zu der ausgeprägte rechtliche Züge treten. Auch die Nähe einer mittellateinischen eschatologischen Literatur ist dabei spürbar. Die Verwendung der stabreimgebundenen Langzeilen verrät zwar den Versuch des vermutlich geistlichen Verfassers, das Gedicht in die alte Stil- und Formtradition zu integrieren, doch ist dies nicht mehr voll geglückt. Vielmehr zeigt das Muspilli einen starken Zerfall der Stabreimversform mit Umstellungen, Lizenzen und Abweichungen, die schon einen neuen Satzton verraten.

Wessobrunner Gedicht und Muspilli sind die einzigen Zeugnisse einer christlichen Stabreimdichtung in deutschem Gewand, einer Stilisierungsmöglichkeit, die sonst nur in der altsächsischen Bibeldichtung von Heliand und Genesis sowie in der umfangreichen altenglischen Dichtung seit Caedmons Hymnus auf den Schöpfer zum Tragen kam. Beide Denkmäler, Wessobrunner Gedicht und Muspilli, stehen als späte Zeugen einer Stabreimdichtung aus dem bairischen Reliktraum da — dort scheint sich solches bis weit ins 9. Jh. gehalten zu haben. Die germanischen Formen waren sonst auf deutschem Boden schon zu sehr verbraucht, als daß sie zu einer größeren neuen Dichtung hätten führen können. Ihre pathetische Erhabenheit war schon im Zerfallen begriffen, als Otfrid von Weißenburg — der immerhin noch manche Stilelemente der alten Sprachhaltung aufgenommen hat — in den 860er Jahren die sacra poesis der Bibeldichtung völlig neu begann.

3.3.5. Übersicht über die Denkmäler germanischer Dichtungsformen

Nach innerer Haltung und Formerfüllung betrachtet, gelangen wir zu folgender Einstufung der Denkmäler einer germanischen Rezeption in althochdeutscher Zeit:

Denkmal	innere Haltung	Form
Runeninschriften	heidnisch-germanisch und christlich	oft Stabstilisierungen
Merseburger Zauber-sprüche	heidnisch-germanisch	Stabreimverse
Abecedarium Nordmannicum	wissenschaftlich-antiquarisch	stabreimende Merkverse
Segenssprüche	christlich beschwörend	Stabreim und End-reim, oft gemischt
Hildebrandslied	tragisch-germanisch mit christlichen und rechts-bezogenen Merkmalen der Karolingerzeit	Stabreimverse
Wessobrunner Gedicht	christlich erklärend	Stabreimverse, mit altgermanischem Formelschatz
Muspilli	christlich predigthaft	zerfallende Stabreim-verse, oft mit neuem Satzton

Ganz verschiedene innere Haltungen führen dabei zur Ver-wendung der alten Formkategorien, die langsam zerfallen: es ist die Spätzeit einer Stabreimdichtung im germanischen Süden. Ein Nachleben findet der Stabreim als Stilisierungsmittel freilich in der Prosa und selbst in der Endreimdichtung durch die ganze althochdeutsche Zeit — aber es sind nur noch einzelne Brocken ohne die Formungsmöglichkeit zu zusammenhängenden Stücken.

3.4. Formen der Übersetzungsliteratur

Das althochdeutsche Schrifttum wäre bescheiden ohne die vie-len Übersetzungstexte, die vom späten 8. Jh. bis in die Mitte des 11. Jhs. reichen. Aber auch hier liegt keine einheitliche Literatur-gattung vor. Es sind Versuche und Neuansätze, die wesentlich vom Ringen um ein differenziertes Verständnis des Lateins in christlicher und antiker Literatur ausgegangen und bestimmt sind.

Wie weit man dabei von einer Entfaltung oder inneren Stufung sprechen darf, wird verschieden beurteilt. In den Scriptorien einzelner Überlieferungsorte zeigt sich immerhin eine allgemeine Entwicklung im Ausgreifen von der reinen Glossierungstätigkeit zur Interlinearversion oder zur interlinearartigen Übersetzung und von da zur mehr oder weniger freien Übersetzung, wie sie etwa durch Notker von St. Gallen und Williram von Ebersberg gegeben ist. Man muß sich aber bewußt bleiben: ein solches Aufsteigen von Stufe zu Stufe geschieht nicht überall, und wo es dazu kommt, zu ganz verschiedenen Zeiten. Verbindungen von Kloster zu Kloster in Sachen althochdeutsche Übersetzungsliteratur sind auf wenige Einzelfälle beschränkt.

3.4.1. Volkssprachliche Glossen und althochdeutsche Literatur

Es war der Gedanke Georg Baeseckes, die althochdeutschen Glossen seien einer althochdeutschen Literatur voraus- und zugeordnet. In der von Baesecke anvisierten Gesamtheit läßt er sich nicht halten, wenn auch die althochdeutschen Glossen am Anfang einer althochdeutschen Übersetzung stehen. Manche Züge verbinden die Glossen auch mit der frühen Übersetzungsliteratur, wo es zunächst um eine mit volkssprachlicher Hilfe vollzogene Einverleibung des Lateinischen geht. Für die Reichenau und für St. Gallen geben sich die ältesten Glossen wie eine Vorstufe zu den kurz vor und nach 800 einsetzenden Interlinearversionen und interlinearartigen Übersetzungen. Aber dann bricht es für lange Zeit ab — Notker von St. Gallen zum Beispiel fußt nur zum kleinen Teil auf der älteren St. Galler Glossierung, schon gar nicht auf Interlinearversionen. Doch bedeutet auch seine Übersetzungshaltung noch nicht Ersatz des Lateinischen durch das Althochdeutsche, Ablösung der Grundsprache durch die Zielsprache, vielmehr ordnet sich selbst Notker in die gemeinsame Grundhaltung der althochdeutschen Zeit ein, wie sie für Glossierung, Interlinearversion und freie Übersetzung gilt: Bewältigung und Erläuterung des Lateins durch an ihm wachsende, mitdenkende und mitformulierende Volkssprachlichkeit. Es ist ein Nebeneinander, nicht ein Nacheinander.

In diesem Sinne sind die Glossen der richtungsweisende Ausgangspunkt, die Interlinearversionen eine erste lateinisch-deutsche Textstufe, die meisten übrigen althochdeutschen Übersetzungswerke in ihrer bewußten handschriftlichen Belassung des lateinischen Wortlautes neben dem althochdeutschen schon die letzte Stufe dessen, was in althochdeutscher Zeit erreichbar blieb, nämlich volkssprachliche Verselbständigung ohne Verzicht auf den lateinischen Grundtext.

Wir können somit ganz allgemein den Wert der althochdeutschen Glossen in ihrem übersetzungsgeschichtlichen Ausgangspunkt erblicken. Dazu tritt die bildungsgeschichtliche Komponente in der Aufnahme von antiker glossengebundener Enzyklopädie- und Hermeneumatatradition durch die althochdeutschen Glossare. Nach Georg Baesecke sind es zwei Grundströme, die in der zweiten Hälfte des 8. Jhs. den althochdeutschen Raum erreichen: der spätantik-oberitalienische über Bayern mit dem vermutlich um 770 in Freising unter Bischof Arbeo entstandenen ältesten alphabetischen Glossar 'Abrogans', das aus Handschriften seit dem späten 8. Jh. in St. Gallen, Karlsruhe (aus der Reichenau) und Paris (aus Murbach) überliefert ist und kulturgeschichtliche Einwirkungen fränkischer Traditionen zeigt; der spätantik-angelsächsische mit dem über Fulda und Murbach nach St. Gallen tradierten und allein dort erhaltenen Vocabularius Sancti Galli, Ausstrahlung angelsächsischer Glossierungstradition — die ihrerseits auf der spätantiken Glossierung der sog. Hermeneumata pseudotheodosiana beruht — auf den Kontinent.

Wir können hier nicht näher auf die vielfältigen Ausformungen der althochdeutschen Glossierungstätigkeit und auf die daraus erwachsenen Glossenfamilien und Glossare eingehen. Relevant für die althochdeutsche Literatur sind indessen noch vier Punkte, die hier kurz genannt werden müssen:

(1) Die Glossen überliefern eine Reihe von Ausdrücken über literarische Gattungen, die uns sonst kaum greifbar sind, z. B. *winileod, -liod* n. 'Liebeslied', *sciphleod* n. 'celeuma, Schifflied', *sisosang* n. 'Trauergesang' und viele weitere Zusammensetzungen mit *sang* u. a. Man wird diese Zeugnisse nicht überschätzen wollen, doch erfolgte ihre volkssprachliche Nennung sicher aus dem Empfinden heraus, es handle sich um Formen dichterischer Gestaltung. Viele der Belege kehren übrigens in der frühen Übersetzungsliteratur wieder, wie zum Beispiel *chorus cart* m. 'Reigen', *cartsanc* m. 'Reigengesang' u. ä. sowie *hymnus lop* n., *lopsanc* m. 'Lobgesang' in den Murbacher

Hymnen, mit den deutlichen Übereinstimmungen in der frühen Reichenauer Glossierung.

(2) Die altheimische Tradition der Dichter- und Sängerbezeichnungen lebt vor allem und fast nur in den Glossen nach (z. B. *scopf, scof* m.; *liudari* m.; *leodslakkeo, leodslekko* m.), wirkt von da aber gleichfalls in die frühe christliche Übersetzungsliteratur hinein, wie dies in der althochdeutschen Isidorübersetzung und in den Mondsee-Wiener Fragmenten nach 800 deutlich wird (*psalmscof* m. 'Psalmendichter').

(3) Die althochdeutsche Glossierung dichterischer Texte erscheint wie ein Gradmesser der Beschäftigung mit antiker und christlicher Literatur überhaupt, oft stellt sie die einzige Erscheinungsform dichterischer Sprache an einem bestimmten Überlieferungsort dar. Unter den dichterischen Texten — mit Einschluß hochstilisierter Prosa — wird der frühchristliche Dichter Prudentius (um 400) am häufigsten glossiert (56 Handschriften mit ahd. Glossen), ihm folgen der spätantike Philosoph Boethius (480—524; 21 Handschriften mit ahd. Glossen) und Vergil (20 Handschriften mit ahd. Glossen), sodann der christliche Dichter Sedulius (1. Hälfte 5. Jh.; 16 Handschriften). Von da läuft die Verbreitungsintensität weiter abnehmend zu den geistlichen Erklärern und Dichtern: Arator (etwa 500—550), Aldhelm (um 640—709), Alcimus Avitus († 518), Juvencus (1. Hälfte 4. Jh.), Prosperus (379—455) und zu den römischen Dichtern Horaz, Persius, Juvenal, Lucan, Terenz und Ovid, von Einzelglossierungen in weniger als drei Handschriften abgesehen. Nicht alle diese Glossierungen bestehen aus rein dichterischer Sprache, aber es fällt bei einer Untersuchung der Glossen im einzelnen doch viel für die Erfassung poetischer Diktion im Althochdeutschen ab.

(4) Spuren stilistischer, ja dichterischer Gestaltung finden sich darüber hinaus ohne direkten äußeren Anlaß in den Glossen und Glossaren selbst, besonders dort, wo der Glossator über ein einzelnes Interpretament hinausgreift und zur Mehrfachglossierung und Satzglossierung ausholt. Eine systematische Stilistik der althochdeutschen Glossen könnte noch vieles in dieser Richtung erweisen. Von hoher dichterischer Gestaltung ist zum Beispiel die St. Galler Glossierung der lateinisch verbliebenen Elemente in Notkers Psalter aus der Mitte des 11. Jhs., die bereits völlig in die dichterische Übersetzungsleistung integriert erscheint und so den Rahmen bloßer Glossierung sprengt.

3.4.2. Interlinearversionen

Das Wesen der Interlinearversion liegt in der zwischen den Zeilen des Grundtextes angeordneten Form-für-Form-Übertragung in die Zielsprache. Dadurch entsteht strenggenommen eine Art Rohübersetzung, die unabhängig von den idiomatischen Wendungen der Zielsprache die Formen der Grundsprache Wort für Wort umsetzt, ohne sie dem Sinn nach in ein neues Ganzes zu integrieren. Einer Summe von lateinischen Formen 1—13 zum Beispiel entspricht eine Summe von 1—13 im althochdeutschen Text:

Murbacher Hymnen, 1, 1

1	2	3		1	2	3	
Mediae noctis tempore				Mittera nahti zite			
4	5	6		4	5		6
prophetica vox admonet:				uuizaclichiu stimma manot			
7	8	9		7	8	9	
dicamus laudes domino				chuuedem lop truhtine			
10	11	12 13		10	11	12 13	
patri semper ac filio				fatere simbulum ioh sune			

Nun ergeben sich aber selbst bei den Interlinearversionen bedeutende Unterschiede in der sprachlichen Bewältigung der Übersetzung. Grundsätzlich sind die folgenden vier Schichten zu unterscheiden:

(1) Nach ihrer Konzeption unvollständige Interlinearversionen ohne Absicht auf einen zusammenhängenden Text, eine Zwischenstufe zwischen reiner Glossierung und zusammenhängender Interlinearübersetzung:

— die St. Pauler Lukasglossen, spätes 8. Jh., auf der Reichenau entstanden, mit deutlichem Übergang von der bloßen nicht durchgehenden Glossierung zur stellenweise vollständigen Interlinearversion.

(2) Der Normalfall einer in der Regel vollständigen, schematischen Prosainterlinearversion:

— die altalemannischen Psalmenbruchstücke, Reichenau, frühes 9. Jh.

— die althochdeutsche Benediktinerregel, St. Gallen, frühes 9. Jh., nicht ganz vollständige Umsetzung des z. T. recht schwierigen lateinischen Textes, darum weitgehend auf der formalen Wortverwandlungsebene verbleibend, doch mit deutlichen Spuren einer eigenen Sprachgestaltung (Umstellungen in der Zielsprache, Profilierung der eingestreuten Bibelzitate)

— die rheinfränkische Cantica-Übersetzung aus der ersten Hälfte des 11. Jhs., trotz der spätalthochdeutschen Überlieferungszeit nicht über eine sehr unselbständige Stufe hinausgekommen

— das Trierer Capitulare in mittelfränkischer Sprache des 10. Jhs., mit einigen rechtssprachlichen Stabreimformeln in Prosa.

(3) Der Sonderfall einer dichterischen Interlinearversion mit starker stilistisch-rhythmischer Gestaltung:

— die auf der Reichenau entstandene, in Murbach erweiterte Übersetzung ambrosianischer Hymnen aus dem frühen 9. Jh., mit erstaunlich häufiger Stabstilisierung, mit direkter Nachwirkung eines altgermanisch-dichterischen Wortschatzes und mit einer deutlichen Tendenz zur rhythmischen Vierhebigkeit der lateinischen Vorlage, also keineswegs als reine Prosa aufzufassen

— die aus einer Handschrift aus Tegernsee stammende, traditionsmäßig aber auf die Reichenau zurückweisende, im Manuskript allerdings nicht interlinear, sondern nach jeder lateinischen Halbzeile oder Langzeile angeordnete althochdeutsche Übersetzung des Carmen ad Deum aus der zweiten Hälfte des 9. Jhs., die vor allem durch ihre rhythmische Wucht beeindruckt (die Akzente im ahd. Text stehen nicht in der Handschrift — sie sollen die Rhythmik andeuten):

sancte sator,   suffragator   uuího fáter   hélfarí
legum lator,   largus dator   éono spréhho   mílter képo
iure pollens   es qui potens   piréhte uuáhsanti   dú pist der máhtigo
nunc in ethra   firma petra.   nú in hímile   féster stéin.

(4) Scheinbare Interlinearversionen, d. h. handschriftlich zwar interlinear angeordnete, aber ihrem Übersetzungsstil nach weitgehend völlig freie Übertragungen, denen es nicht mehr auf die dem lateinischen Vorbild streng folgende Formverwandlungsebene, sondern in erster Linie auf die Erfassung des Gesamtsinnes einer Äußerung ankommt: die Glossierung der lateinisch verbliebenen Wortgruppen und Sätze (meist Bibelzitate) von Notkers Psalter (Mitte 11. Jh., St. Gallen).

Die Interlinearversion bleibt die erste und älteste Stufe in der Geschichte der deutschen Übersetzung, der erste Wegbereiter für einen zusammenhängenden volkssprachlichen Übersetzungstext, die erste tragfähige Brücke vom Lateinischen zum Deutschen. Es gehört zur Typologie der althochdeutschen Literatur, daß die Interlinearversion eine erste Konstante vom frühen 9. bis ins 11. Jh. bildet und daß sie selbst zu dichterischer Ausgestaltung führt.

3.4.3. Interlinearartige Texte

Eng an die interlineare Stufe schließen sich die interlinearartigen Übersetzungen der althochdeutschen Zeit an. Darunter sind Texte zu verstehen, die handschriftlich nicht mehr inter-

linear angeordnet sind, aber weitgehend auf dem Stand der interlinearen Übersetzungstechnik verbleiben. Dabei ergeben sich
mannigfache Übergangsformen, die wir hier nur andeuten können. Es lassen sich unterscheiden:

(1) Die frühen althochdeutschen Vaterunser, Glaubensbekenntnisse und weiteren katechetischen Stücke. Unmittelbar
ausgelöst durch Karls des Großen admonitio generalis von 789
entstehen im ganzen fränkischen Reich unabhängig voneinander
eine Reihe von Verdeutschungen der lateinischen Paternoster-
und Credotexte, deren Übersetzungshaltung zunächst noch
sehr interlinearartig erscheint. Aus dem Ende des 8. Jhs.
stammt das alemannische St. Galler Paternoster und Credo in
engster Anlehnung an den lateinischen Grundtext. Kurz nach
800 ist die in zwei Fassungen erhaltene bairische sogenannte
Freisinger Auslegung des Paternoster anzusetzen (Handschriften
aus Freising und St. Emmeram in Regensburg). Vermutlich in
Freising ist die nach 802 zu datierende predigtartige Exhortatio
ad plebem christianam entstanden, als Teil einer Taufordnung zu
verstehen, die im Zusammenhang mit der Kirchengesetzgebung
Karls des Großen von 801—803 steht. Im zweiten Jahrzehnt
des 9. Jhs. entstand im Raum Weißenburg der südrheinfränkische
Weißenburger Katechismus, der den Vaterunser-Text mit an-
schließender Erklärung, eine Aufzählung von zwanzig Haupt-
sünden, zwei Glaubensbekenntnisse und die Übersetzung des
Gloria in excelsis und des Laudamus enthält und vielleicht auf
älteren Vorformen des späten 8. Jhs. beruht. In allen Fällen handelt es sich um kirchliche Gebrauchsprosa, oft mit bemerkens-
werten Vorstößen zu einer selbständigen volkssprachlichen Diktion.

(2) Der althochdeutsche Tatian, die um 830 in Fulda in ost-
fränkischer Sprache, sog. normalalthochdeutscher Sprache, offen-
bar als Gemeinschaftswerk der Klosterschule unter dem Abt
Hrabanus Maurus (822—842) übersetzte Evangelienharmonie
des Syrers Tatian (2. Jh.) nach der weitverbreiteten lateinischen
Fassung des Textes, für die Fulda eine zentrale Rolle zukommt.
Die Übersetzungshaltung dieser größten neutestamentlichen
Bibelverdeutschung aus althochdeutscher Zeit ist keineswegs

einheitlich: es zeigen sich darin bedeutende Unterschiede. Die
Sprache ist stellenweise noch stark an die lateinische Vorlage
angeschlossen, behält aber nicht überall die lateinische Wortfolge
mechanisch bei, sondern läßt bald da, bald dort einer deutschen
Satzfügung in verschiedener Richtung freien Raum. Das schema-
tische Verfahren der Interlinearversion ist in gewissen Partien
weitgehend aufgegeben. Auch dort, wo die Übersetzung dem
Lateinischen des Grundtextes sehr eng verbunden bleibt, wie
zum Beispiel im Prolog, ergeben sich Umstellungen und Zusätze
genug. Alles in allem zeigt die Tatian-Übersetzung, die uns vollständig nur in einer aus Fulda stammenden Handschrift aus dem
zweiten Viertel des 9. Jhs. in der Stiftsbibliothek St. Gallen überliefert ist, ein ständiges Sich-dem-lateinischen-Texte-Nähern und
Sich-wieder-davon-Entfernen, eine Spannweite zwischen Anlehnung ans Lateinische und volkssprachlich-eigenständiger Los-
lösung davon, wie sie als Zwischenstufe auf dem übersetzungsgeschichtlichen Weg des Althochdeutschen von der Interlinearversion zur freien Übersetzung nur zu begreiflich erscheint.

(3) Eine freiere Stellung nehmen das fränkische und das mit
althochdeutschen Spuren vermischte sächsische Taufgelöbnis aus
dem 9. Jh. ein. Sie zeigen beide eine deutliche Rücksicht auf die
gesprochene Sprache, auf die rhythmischen Bedürfnisse einer
eindrucksvollen Diktion. Auch die verschiedenen althochdeutschen Beichten seit dem 9. Jh., besonders aus dem 10. und 11. Jh.,
oft verbunden mit Glaubensbekenntnissen, stellen einen viel-
gestaltigen Übergang von interlinearhaftem Formular zu eigener,
aufreihender und oft rhetorisch profilierender Volkssprachlichkeit dar. Die notwendige kirchliche Gebrauchsliteratur macht
sich im Verlauf der althochdeutschen Zeit mehr und mehr selbständig und holt zu eigener Gestaltung aus, selbst über einen
nicht in allen Teilen nachweisbaren lateinischen Grundtext hinaus.

3.4.4. Die althochdeutschen Übersetzungen der Isidor-Sippe

Als früheste Denkmäler einer selbständigen althochdeutschen
Übersetzungsprosa von erstaunlicher Sprachbeherrschung in der
Genauigkeit der Übertragung wie in der eigenen Gestaltung er-
scheinen um und nach 800 die Schriften der sogenannten Isidor-

Sippe: es handelt es sich um die ahd. Übersetzung des Traktates des Isidor von Sevilla (um 560—636) *De fide catholica ex veteri et novo testamento contra Iudaeos* in westlicher, südrheinfränkisch-lothringischer Sprache aus einer Pariser Handschrift, deren Herkunft nach Bernhard Bischoff in austrasisches Gebiet aus der Zeit um 800 weist; um die Mondseer Fragmente (Teile des Isidor-Traktates; Bruchstücke des Matthäus-Evangeliums, eines Traktats *De vocatione gentium*, einer Augustin-Predigt über Matth. 14 und des Schlußteils einer unbekannten Predigt) in bairischer Umschrift aus dem frühen 9. Jh.; um Nachwirkungen in einem Teil des Murbacher Glossars Jc der Oxforder Handschrift Junius 25, ebenfalls aus dem frühen 9. Jh. Ausgangspunkt der räumlich außerordentlich weit verbreiteten ahd. Isidor-Sippe, die sozusagen als erster Versuch eines übergreifenden Deutsch im fränkisch-karolingischen Reich angesehen werden darf, sind die Bemühungen des Bildungskreises um Karl den Großen, die sich mit der Vervolkssprachlichung katechetischer Texte und mit aktuellen theologischen Fragen der Zeit, besonders mit der Trinitätslehre befaßten. Es geht dabei um die Auseinandersetzung zwischen dem spanischen Adoptianismus, der die Gottessohnschaft Christi als Adoption erklären wollte, und dem fränkisch-alkuinischen, an Isidor orientierten Trinitätsgedanken christologischer Ausrichtung.

Die streng geregelte, systematische Graphematik des ahd. Isidor-Textes und die souveräne Meisterung schwieriger Konstruktionen in der Volkssprache stehen weit über den zeitlich vergleichbaren Interlinearversionen oder interlinearhaften Verdeutschungen vor und nach 800. Die Isidorsippe vertritt eine einsame Höhe theologischer Wissenschaftsprosa, wie sie im Bereich der artes liberales und des Psalters erst zweihundert Jahre später Notker von St. Gallen aus neuen Voraussetzungen heraus wieder zu schaffen vermochte. Auch die vielen eingestreuten Bibelzitate in Isidors Traktat sind Zeugnisse einer prägnant-getragenen Bibeldiktion, man vergleiche etwa die Stelle aus der Genesis 1, 1—2 (Isidor IV, 4, 290) *In principio fecit deus celum et terram, et spiritus dei ferebatur super aquas,* auf althochdeutsch *In dhemu eristin chideda got himil endi aerdha, endi gotes gheist suueiboda oba uuazsserum.* Lateinische \Partizipialkonstruktionen, die in der wenig späteren Tatianübersetzung aus Fulda noch recht häufig ungelenker als solche auch im ahd. Text erscheinen, sind in der Isidorübersetzung aufgelöst, wie überhaupt der Übersetzungsvorgang semantisch und syntaktisch ungewöhnlich differenziert, z. T. leicht erweitert erscheint. Auch die Lehnbildungen nach lateinischem Vorbild treten gegenüber anderen geistlichen Texten des Ahd. auffallend zurück. Außerdem vermag der Isidorübersetzer altheimisches Wortgut mit neuem christlichem Sinn zu erfüllen und damit selbst alte dichterische Wörter in seinen Text einzuverleiben, z. B. *psalmscof* m. 'Psalmendichter, Psalmist' (vgl. altengl. *scop* 'Dichter, Sänger'), *chirūni* n. 'heiliges Geheimnis, mysterium' (vgl. gotisch, ahd., altsächs. *rūna* f., altengl. *rūn*, altnord. *rún*).

Hier war ein Weg eröffnet, der eine deutsche Schreib- und Übersetzungssprache in ihrer Entwicklung viel rascher und steiler zur geistlich-sprachlichen Bildung emporführte, als die Masse der Übersetzungsliteratur des übrigen 9. Jhs. Aber es geschah ohne direkte Nachfolge über die bairischen Umschriften hinaus.

3.4.5. Übersetzungen aus dem Rechtsbereich

Von bemerkenswerter Selbständigkeit im Übersetzungsvorgang ist das Trierer Bruchstück einer althochdeutschen Lex Salica-Übersetzung aus dem Anfang des 9. Jhs., nach B. Bischoff in Mainz entstanden. Erhalten ist auf dem Doppelblatt nur der Schluß des Titelverzeichnisses und der Anfang des Gesetzestextes. Es ist eine dem mündlichen Vortrag angepaßte Übertragung mit vielen Auflösungen komplexer lateinischer Konstruktionen in die althochdeutsche Idiomatik. Man vergleiche die Übertragung der passivischen Ausdrucksweise durch die auf den Täter bezogene Aktivierung im Althochdeutschen: Titel LXVIII *De caballo excortigato*, ahd. *der andres hros bifillit* 'wer das Pferd eines andern abhäutet'; oder die übersetzungstechnische Bewältigung der lateinischen Partizipialkonstruktionen: II, 4 *Si quis porcellum in campo inter porcos ipso porcario custodiente furaverit* . . ., ahd. *so hver so farah in felde ðaar hirti mit ist. forstilit* . . . Wir bemerken hier im Vergleich mit der westfränkischen Malbergischen Glosse (älteste volkssprachliche Glossierungen zu den

Fassungen der Lex Salica 6.—8. Jh.) Fortleben und Erneuerung des frühfränkischen Rechtswortschatzes in althochdeutscher Zeit. Die althochdeutsche Lex Salica-Übersetzung ist ein frühes Meisterstück althochdeutscher Fachsprache und Übersetzungskunst, wie sie sich so zeitig nur in der längst mündlich vorgeformten Rechtssprache einfinden konnte.

Einen althochdeutsch-altfranzösischen Doppeltext mit Anlehnung an kanzleibestimmte Formularhaftigkeit stellen die rheinfränkischen Straßburger Eide von 842 dar, die Eidestexte der Bündniserneuerung zwischen Ludwig dem Deutschen und Karl dem Kahlen. Es ist mehr Urkundensprache als wirkungsvolle Sprechformel, was hier vorliegt, immerhin mit einer gewissen Annäherung an die eigenständige deutsche Rechtssprache.

Die Verselbständigung eines althochdeutschen Urkundenformulars wird ferner bei den Markbeschreibungen des 9. und 10. Jhs. — mit älteren Vorstufen — deutlich. Die aus der ersten Hälfte des 9. Jhs. stammende Hamelburger Markbeschreibung ist, was den Text betrifft, noch lateinisch, enthält aber erweiterte deutsche Orts- und Flurnamennennungen von der Art *inde in theo teofun clingun unzi themo brunnen* „und in die tiefe Schlucht bis zur Quelle", *inde in ein sol* „und an eine Suhle" u. ä. Weitere Verdeutschungsstufen zeigen die auf älterer Vorlage beruhenden Würzburger Markbeschreibungen vom Ende des 10. Jhs. Die erste Beschreibung ist textmäßig zwar auch noch lateinisch, enthält aber bei den Grenzbeschreibungen über die Flurnamen und flurnamenartigen Stellenbezeichnungen hinaus althochdeutsche Überleitungen, so daß ein Satz plötzlich seine Sprache vollständig wechseln kann. Die zweite Markbeschreibung ist mit Ausnahme des Titels *Marchia ad Wirziburg* völlig althochdeutsch abgefaßt — sie darf als direkte Aufzeichnung einer mündlichen Erhebung in die Volkssprache gelten, so wie es am Schluß auch heißt *Diz sageta Marcuuart, Nanduuin, Helitberaht . . .* usw.

Eine Verdeutschung des lateinischen Ordinationseides, des sog. Obödienzeides, liegt im Freisinger Priestereid aus der ersten Hälfte des 9. Jhs. vor. Es ist der Eid, den der Geistliche nach seiner Weihe dem Bischof zu leisten hat: *Daz ih dir hold pin. N. demo piscophe, so mino chrephti enti mino chunsti sint . . .* (usw.) *. . . kahorich* *enti kahengig* . . . (usw.) „daß ich dir ergeben bin, N. dem Bischof, wie es in meiner Kraft und in meinem Können steht, gehorsam und anhänglich". Über das lateinische Formular hinaus stellen sich hier sozusagen von selbst stabende Wendungen der gesprochenen Rechtsdiktion ein, wird der Text im Althochdeutschen von einer neuen heimischen Getragenheit erfüllt. So wirkt er echter und inniger.

3.4.6. Spätalthochdeutsche Übersetzungskunst

Von einer ausgedehnteren Übersetzungskunst kann erst in der spätalthochdeutschen Zeit des ausgehenden 10. und des 11. Jhs. gesprochen werden. Zwei hervorragende Gestalten bestimmen den Fortgang und die letzte Ausformung frühdeutscher Übersetzungsgeschichte: Notker III. von St. Gallen und Williram von Ebersberg. Nun verbreitert sich der Übersetzungsbereich erstmals über Bibel, katechetische Schriften und Rechtsprosa hinaus und öffnet sich — mit Notker — auch der Antike in Dichtung und Philosophie, ferner in der Physiologusübersetzung des 11. Jhs. einem Stück naturkundlich-allegorischer Literatur. Erst mit Notker und Williram ergibt sich eine größere Ausstrahlung althochdeutscher Übersetzungsliteratur, die bis in mittelhochdeutsche Zeit nachwirkt. Es gehört zum Wesen dieser Übersetzungskunst, daß sie dichterische Haltung mit auf die Schule bezogener Wissenschaftssprache vereint. Uneingeschränkt darf man von einer Hochblüte der althochdeutschen Prosa sprechen, wenn man die schwierigen Anfänge einer althochdeutschen Prosa überhaupt bedenkt, denn erst jetzt wird Übersetzung zur eigentlichen Literatur.

3.4.61. Notker III. von St. Gallen

Mit Notker III., Labeo oder Teutonicus, von St. Gallen, ist die bedeutendste und vielseitigste Einzelpersönlichkeit althochdeutscher Sprache und Literatur gegeben. Für Sprach- und Literaturgeschichte der althochdeutschen Zeit wie auch für die Geschichte der deutschen Bildung überhaupt bedeutet Notker etwas völlig Neues in Intention und Durchführung. Notkers ganz

einer großen pädagogischen Aufgabe im Dienste der Klosterschule gewidmetes Leben fällt in die Zeit von etwa 950 bis 1022.
Das einzige, aber wesentliche autobiographische Zeugnis
Notkers liegt in seinem Brief an Bischof Hugo II. von Sitten
(998—1017) aus einer Brüsseler Handschrift aus dem 11./12. Jh.
vor. Wir gewinnen dabei entscheidende Einblicke in die Probleme, mit denen sich der St. Galler Magister als Lehrer, Übersetzer
und Vermittler des weiten Bildungsgutes aus Antike und Christentum konfrontiert sah, als er — seiner geradezu dichterischen
Sprachbegabung folgend — mit Übertragungen selbst schwierig-
ster lateinischer Texte begann. Notkers Brief führt uns mitten in
sein Übersetzungswerk hinein und damit zur Frage der Einteilung seiner Schriften, die sich in der Ausrichtung auf die folgenden Sachgebiete innerhalb der sieben freien Künste und der
Theologie beantworten läßt:

(1) Trivium (Philosophie oder Dialektik und Rhetorik): Boethius, De
consolatione philosophiae; Aristoteles-Boethius, Kategorien und Herme-
neutik (De interpretatione) sowie zwei kleinere, vorwiegend lateinische
Schriften (De partibus logicae; De definitione); De syllogismis — ahd.-lat.
Doppeltext; De arte rhetorica (mit ahd. Begriffen und Beispielen).

(2) aus dem Gebiet des Quadriviums (Arithmetik, Musik, Astronomie):
De musica (ahd.), Computus (lat., über die Zeitberechnung) und ein ver-
lorenes Werk Principia arithmeticae.

(3) Artes liberales im allgemeinen: Martianus Capella, De nuptiis Philo-
logiae et Mercurii, sodann verlorene poetische Werke der St. Galler Schullektüre (Vergil, Bucolica; Terenz, Andria; Disticha Catonis).

(4) Theologie: Psalter (vollständig) und Cantica, sowie — verloren —
Gregors des Großen Moralia in Hiob, vielleicht noch eine ebenfalls verlorene Schrift über die heilige Trinität.

Zunächst darf betont werden, daß Notker — wie er es schon
in seinem Brief vermerkt — althochdeutsch und lateinisch
schreibt. Aber selbst die lateinischen Werke Notkers sind für
das Althochdeutsche von Belang — sie sind nämlich mit althochdeutschen Begriffen, Beispielen und Sprichwörtern versehen.
Überhaupt steht Notkers Werk als Ganzes völlig zwischen

lateinisch-antiker beziehungsweise lateinisch-christlicher Bildungstradition und althochdeutscher Sprachgebung. Selbst die althochdeutschen Übersetzungen Notkers enthalten viele lateinische Reservate und Zitate, die er vor allem den für seine Zeit maßgebenden Kommentarwerken entnommen hat. So erhalten wir das folgende ineinandergreifende Gerüst zwischen Latein und Althochdeutsch:

Lateinische Grundsprache	$\longrightarrow$	Althochdeutsche Zielsprache
Bildungstradition		Gedankenfügung
Quellen		Übersetzung
Kommentare		Volkssprachliche Elemente

1. Umstellung schwieriger lateinischer Textstellen im Hinblick auf die anschließende Übersetzung

2. Übersetzung ins Althochdeutsche mit lateinischen Reservaten und Zitaten

3. Lateinisch-althochdeutsche Doppeltexte

4. Lateinische Texte mit althochdeutschen Reservaten und Zitaten.

Althochdeutsche Zielsprache	$\longleftarrow$	Lateinische Grundsprache
Verankerung im Latein		Ausrichtung auf das Althochdeutsche

Es ist ein ständiges Hin und Her zwischen Latein und Althochdeutsch, das uns Notker als Übersetzer und Magister vermittelt. Das Fluktuieren zwischen Grundsprache und Zielsprache wird nirgends so deutlich in der Geschichte der deutschen Übersetzung wie bei Notker III. von St. Gallen. Der Vorgang gehört in den größeren Rahmen des Übersetzungsproblems im deutschen Mittelalter. So ist es keineswegs Zufall, daß alle Übersetzungswerke Notkers in den Handschriften auch den lateinischen Grundtext Satz für Satz mitenthalten, freilich nicht selten in auf die Zielsprache ausgerichteter Vereinfachung oder Umstellung, entsprechend unserer Ziffer 1. Stets handelt es sich bei Notker um den doppelten Vorgang der Übersetzung von der lateinischen Grundsprache zur althochdeutschen Zielsprache einerseits und um die Verankerung des althochdeutschen Textes im Lateinischen durch Reservate und Zitate.

Krönung und Abschluß des Notkerschen Übersetzungswerkes bilden die theologischen Schriften. Erhalten ist dabei freilich nur ein Werk: Notkers Psalter. Von Gehalt und Umfang her darf dieser als Hauptwerk des St. Galler Meisters gelten: nicht nur ist es die größte Übersetzung Notkers — die einzige vollständige St. Galler Handschrift zählt 578 Folioseiten —; der Mönch und Klosterlehrer Notker kehrt damit, bereits in seinen späteren Jahren, außerdem endgültig zum kirchlichen Schrifttum, zu seinem Hauptanliegen zurück und schafft die reifste und nachhaltigste Bibelübersetzung der althochdeutschen Zeit und eine der großartigsten in der Geschichte deutscher Bibeltradition überhaupt. Die rhythmische Prosa dieser Übersetzung steht auf weite Strecken der Dichtung nahe. Ausgestrahlt hat von Notkers Übersetzungen eigentlich nur der Psalter. Schon die handschriftliche Überlieferung ist hier reicher und verbreiteter als sonst, wenn auch größtenteils nur noch einzelne Blätter außerhalb St. Gallens erhalten sind. Wichtig ist auch die Auseinandersetzung mit Notkers Psalter, sie vollzieht sich mindestens an drei Orten unabhängig voneinander: in St. Gallen unmittelbar an Notker anschließend durch die Glossierung zu Notkers Psalter noch im zweiten Viertel des 11. Jhs.; in Wessobrunn im 11. Jh. durch die Umsetzung von Psalm 1—50 und 101—150 nach Notker in den bairischen Dialekt (sog. Wiener Notker); in Passau (Kollegiatstift St. Nikolaus) durch eine jüngere Umarbeitung und Kürzung des 14. Jhs. Daneben begegnen uns noch Zwischenformen auf dem Weg vom St. Galler zum Wessobrunner oder Wiener Notker, nämlich in den St. Pauler Blättern des 12. Jhs. aus Kärnten, ursprünglich aber aus St. Blasien im Schwarzwald, und im Fragmentblatt der Stiftsbibliothek Aschaffenburg aus der Mitte des 12. Jhs.

Es wäre noch viel über Notker III. zu sagen. Eine abschließende Würdigung seiner Gestalt und seiner Übersetzungsleistung, besonders auch seines Dichtertums, fehlt durchaus. Die Sprache Notkers zeigt das Spätalthochdeutsche in seinem Übergang vom 10. zum 11. Jh. in reichster Ausprägung und feinster phoneti-

scher Aufzeichnung. Nach rhythmischen Gesichtspunkten durch-
geführte Interpunktion und ein klares, auf den Gegensatz von
Länge und Kürze ausgerichtetes Akzentuierungssystem verraten
ein ungewöhnliches, geradezu wissenschaftliches Sprachverständ-
nis. Doch blieb dies auf die eine St. Galler Gestalt beschränkt:
die späteren Notker-Handschriften zeigen schon den Zerfall der
feinen Beobachtungsgabe des großen Meisters. Kein Schriftsteller
oder Einzelwerk des Althochdeutschen zeigt einen derart abge-
stuften, reichen Wortschatz wie Notker, in dessen Schriften wir
gegen 8000 Wörter der ältesten Stufe des Deutschen finden,
darunter viele Neubildungen aus allen Bereichen geistigen Lebens
wie genauester Naturbeobachtung. Man spürt die Nähe der Volkssprache in Notkers feinem rhythmischen Empfinden, und erstmals in der Geschichte der deutschen Sprache ist hier das Latein
der Grundtexte mit differenzierter Meisterschaft übersetzt und
interpretiert. Darin liegt vor allem sein Sprachreichtum, daß
Notker nicht schematisch, sondern immer wieder aus dem Textzusammenhang heraus übersetzt. So können neben einem lateinischen Wort des Grundtextes bis zu zehn und mehr Entsprechungen im Deutschen stehen. Wo Notker Antikes heranzieht,
ist es um das Christliche der Kirchenväter oder der frühmittelalterlichen Kommentare vermehrt, ja durch eigene Erklärung
verdeutlicht. So bedeutet Notkers Werk Dienst an der lateinisch-
christlichen und lateinisch-antiken Bildung, die dem Deutschen
in höchster sprachlicher Gestaltung einverleibt und dadurch zum
Dienst an deutscher Sprache und deutschem Denken wird.
Grundvoraussetzung zu solchem Schaffen bleibt Notkers tief-
gläubige Inbrunst, die Demut des entsagungsvollen Mönchs und
seine Hinordnung auf das Religiöse. Dabei bleibt das Entscheidende bei Notker im Vergleich zu den ihm zeitlich folgenden
spätahd. Übersetzergestalten, die wir persönlich fassen können —
Williram von Ebersberg und Otloh von St. Emmeram (vgl. unten
die Abschnitte 3.4.62. und 3.4.63.) —, daß beim St. Galler die
Beschäftigung mit den sieben freien Künsten noch keineswegs im
Widerspruch steht zu den geistlichen Übersetzungen der libri
ecclesiastici, deren Primat zwar Notker in seinem Brief an Bischof
Hugo II. von Sitten ausdrücklich betont. Aber Notker bleibt so
in Haltung und Künstlertum die letzte große Gestalt jener welt-

offenen und doch so christlich erfüllten Bildungswelt, wie sie eine althochdeutsche Literatur von den Karolingern bis zu den Ottonen entstehen ließ.

Über Notkers Werk hinaus zeigen zwei Übersetzungen eine direkte Spiegelung und Ausstrahlung des St. Galler Meisters — über die bereits genannten rezeptiven Bearbeitungen von Notkers Psalter hinaus — : im Schulisch-Grammatischen die sog. St. Galler Schularbeit aus der Zeit Notkers selbst mit einigen höchst eigenständigen Verdeutschungen grammatischer Fachterminologie aus Donat z. B. (*participium téilnémunga, praepositio fúresézeda*), im Theologisch-Dichterischen die St. Galler Glossierung zu Notkers Psalter, wenig später als Notker, so gut wie sicher von seinem Schüler Ekkehart IV. verfaßt und ganz ungewöhnlich in ihrer Sprachleistung, die vor allem ganze lateinisch verbliebene Sätze aus dem Grundtext zusätzlich übersetzt, vor allem Bibelzitate.

3.4.62. *Williram von Ebersberg*

Als zweite große Übersetzergestalt der spätalthochdeutschen Zeit ist der fränkische, aus der Gegend von Worms stammende Adlige Williram zu nennen, der nach seiner Ausbildung in Fulda als Leiter der Schule des Klosters St. Michael in Bamberg und als Abt im oberbairischen Kloster Ebersberg von 1048 bis zu seinem Tod im Jahr 1085 gewirkt hat. Neben lateinischen Gedichten, die ihm die ehrende Bezeichnung eines egregius versificator eingetragen haben, verfaßte er um 1060 als Hauptwerk eine Paraphrase des Hohen Liedes, die sog. Expositio in Cantica Canticorum in lateinischen leoninischen, d. h. in sich durch Binnenreim verbundenen Hexametern, denen ihrerseits eine althochdeutsche Prosafassung mit vielen lateinisch verbliebenen geistlichen Begriffen gegenübersteht. So stellt sich nämlich die Anordnung des Textes in den unter der Aufsicht des Verfassers redigierten ältesten Haupthandschriften C (aus Ebersberg stammende Handschrift Cgm 10, 2. Hälfte 11. Jh.) und B (Breslauer Handschrift, 2. Hälfte 11. Jh.) und selbst teilweise noch in der späteren Überlieferung dar — als dreispaltiger Text voller gegenseitiger Bezüge (wir zitieren nach der neuen kritischen Ausgabe

von Erminnie Hollis Bartelmez, Philadelphia 1967, 71 V/L/G
S. 17, jedoch in der Anordnung nach den Handschriften):

Lateinische Versfassung	← Lateinischer →	Althochdeutsche Prosafassung
Willirams in leoninischen	Vulgatatext	Willirams mit lateinischen
Hexametern auf Grund	Cantica	Reservaten und Leitbegriffen
von Kommentaren, u. a.	Canticorum	↑ (a) Textübersetzung
Haimo von Halberstadt ────────────────┘		(b) Kommentar

Lateinische Versfassung	Vulgatatext	Althochdeutsche Prosafassung
Tu fons hortorum.	Fons	Du bíst gártbrunno: du bíst
puteusque profundus	ortorum.	pútza der quékkon uuázzero.
aquarum:	puteus	díe mít tûihte flíezzent uon
De libani summo	ąquarum	líbano. An dír ist scientia
quę currunt impete	viventium.	ueritatis. díu der in sacra
uasto;	quae fluunt	scriptura étisuua also óffan
Eloquii sacri	impetu de	íst sámo der flíezzente
saliens fons amne salubri.	libano.	brúnno. uuánte síu líht ist ze
Irrigat ęcclesias		uernémene: étisuua ist sîu
illo de germine natas:		also díu pútza. da ûz man
A te plantatis		daz uuázzer mít árbêiten
quod complet sęcula ramis;		skéffet. uuante síu únsemfte
Nunc tamen ille patens		ist zeuernémene.
et aperto flumine labens		[usw.]
Hauritur facile:		
puteo nunc conditur ille;		
Hystorię uerbis		
potatur contio plebis.		
[usw.]		

Nach Inhalt und Intention stellt Willirams Werk eine Verherr-
lichung der Macht der Kirche, verbunden mit einer dogmati-
schen Heilslehre, dar. Dichterisch gestaltet ist dabei vor allem die
lateinische Versfassung, während die althochdeutsche Prosafassung einerseits aus der getragenen Übersetzung des Cantica-
Textes, andererseits aus der theologischen Interpretation oder
Kommentierung (mit lateinischen Elementen) besteht, die kühler
und distanzierter wirkt. Willirams lateinische Reservate und seine
phonetische Akzentuierung gemahnen an Notker von St. Gallen,
doch ist eine sichere Verbindung von Werk zu Werk nicht nachgewiesen. Was Williram von Notker trennt, ist seine geistig engere
Beschränkung auf theologische Schriften, denn er lehnt bereits

eine Beschäftigung mit den artes betont ab. Kein Werk der ahd. Zeit weist eine so umfangreiche Handschriftenüberlieferung und Nachwirkung auf wie Willirams Paraphrase, die uns in 34 Handschriften oder Fragmenten bis weit in die mhd. Zeit überliefert ist, wozu noch drei humanistische Drucke kommen. Direkte Grundlage ist der Text Willirams für das frühmhd. alemannische St. Trudperter Hohe Lied aus der Mitte des 12. Jhs. geworden.

3.4.63. *Otloh von St. Emmeram*

Eine erneute Abwendung vom weltoffenen Wissenschaftsgeist der artes liberales zugunsten einer vertieften religiösen Spiritualität stellen Otlohs von St. Emmeram (gegen 1010—1070) mittellateinische Schriften im Bereich von Glaube, Moral, Heiligenviten, Vision, Lied- und Spruchdichtung dar. Der oberbairische Benediktinergelehrte aus der Freisinger Diözese trat um 1032 in das Kloster St. Emmeram in Regensburg ein, wo er bald die Leitung der Schule wahrnahm. Doch hielt er sich dazwischen auch in Italien (Montecassino), Fulda und Amorbach auf. Der althochdeutschen Literatur hat Otloh ein nach ihm benanntes Prosagebet, Otlohs Gebet, in bairischer Sprache, hinterlassen: es ist das umfangreichste Gebet der ältesten Sprachstufe des Deutschen und seinerseits aus einer älteren Fassung seines lateinischen Prosagebetes *O spes unica, o salus ęterna et refugium omnivm in te sperantium, deus* [usw.] erwachsen, in der Volkssprache allerdings gekürzt *(Trohtin almahtiger, tu der pist einiger trost unta euuigiu heila aller dero, di in dih gloubant iouh in dih gidingant . . . .).* Einige lateinische Bestandteile — etwa der Schlußsatz — und Namensformen reihen es lose an die Denkmäler der sogenannten lateinisch-spätalthochdeutschen Mischprosa an, ohne daß es streng genommen noch dazu gehört. Das Gebet ist in der Spätzeit von Otlohs Schaffen entstanden.

3.4.64. *Der althochdeutsche Physiologus*

Das letzte Werk spätalthochdeutscher Übersetzungskunst stellt der ahd. oder ältere Physiologus aus der zweiten Hälfte des 11. Jhs. dar, das erste Zeugnis einer deutschen allegorisch-naturkundlichen Literatur. Der gegenüber der lateinischen Vorlage stark

gekürzte alemannisch-rheinfränkische Text, der nur knapp zur
Hälfte überliefert ist, stammt aus einer Handschrift aus dem
Kloster St. Paul in Kärnten (heute Österreichische Nationalbibliothek in Wien), wohin sie vielleicht aus Hirsau gekommen
ist. Er beginnt mit den Worten *Hier begin ih einna reda umbe diu
tier, uuaz siu gesliho bezehinen*. Es handelt sich um eine kurze Beschreibung der Tiere (z. B. Löwe, Panther, Einhorn, auch Fabel-
tiere), deren Eigenschaften in Verbindung mit Bibelzitaten und
der Trinitätslehre allegorisch-heilsgeschichtlich gedeutet werden.
Physiologus heißt 'der Naturforscher': das Werk ist spätgriechi-
schen Ursprungs (2. Jh. n. Chr.), ohne daß wir näheres über Verfasser und Entstehung wüßten. Neben verschiedenen Übersetz-
zungen in vorderorientalische und osteuropäische Sprachen entstanden seit dem 5. Jh. lateinische Bearbeitungen, die etwa um
1000 als sog. Dicta Chrysostomi die Grundlage der deutschen
Physiologus-Tradition, die sich in mittelhochdeutscher Zeit fort-
setzt (jüngerer Physiologus, gereimter Physiologus, beide 2. Hälfte 12. Jh., bair.-österr., sowie ein weiteres Fragment), begründen.

3.5. Christliche Endreimdichtung

Als das eigentliche neue Ereignis der althochdeutschen Literatur hat die christliche Dichtung zu gelten, vor allem die Bibeldichtung. Neue Maße haben hier auf lateinischem Hintergrund
zur Endreimdichtung geführt. Christliche Dichtung heißt im althochdeutschen Bereich gleichzeitig Endreimdichtung. Grundsätzlich führen zwei verschiedene Wege dahin: der eine nimmt
seinen Ausgangspunkt von der Bibelglossierung und frühen katechetischen Übersetzung, führt über die eigentliche Bibelübersetzung (Tatian) in Prosa zur Bibeldichtung (z. B. Otfrid von Weißenburg); der andere geht von der christlichen Hymnendichtung
aus, die zunächst interlinear auf Althochdeutsch bewältigt wird,
um sich dann zu freieren dichterischen Gestaltungen zu erheben.
Erst recht setzt dann in frühmittelhochdeutscher Zeit seit dem
Übergang vom 11. zum 12. Jh. eine reiche geistliche Literatur
durchaus neu ein, deren Verankerung aber im nun voller ausgebildeten Sprachinstrumentarium gesehen werden darf. Schematisch ausgedrückt:

Althochdeutsch

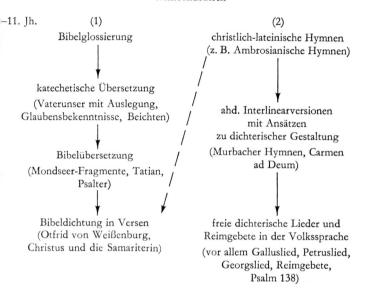

−11. Jh.   (1)   (2)
              Bibelglossierung   christlich-lateinische Hymnen
                                                  (z. B. Ambrosianische Hymnen)

          katechetische Übersetzung
          (Vaterunser mit Auslegung,
       Glaubensbekenntnisse, Beichten)   ahd. Interlinearversionen
                                                      mit Ansätzen
                                                 zu dichterischer Gestaltung
             Bibelübersetzung   (Murbacher Hymnen, Carmen
         (Mondseer-Fragmente, Tatian,   ad Deum)
                  Psalter)

         Bibeldichtung in Versen   freie dichterische Lieder und
         (Otfrid von Weißenburg,   Reimgebete in der Volkssprache
         Christus und die Samariterin)   (vor allem Galluslied, Petruslied,
                                                  Georgslied, Reimgebete,
                                                       Psalm 138)

de 11./12. Jh.   Frühmittelhochdeutsch

    Neubeginn einer geistlichen Dichtung auf dem Hintergrund eines
    entsprechend herangewachsenen Sprachinstrumentariums

3.5.1. Otfrid von Weißenburg

Als erste große, rein dichterische Gestalt des Ahd. darf Otfrid, Mönch und Schulleiter (magister scholae) des unterelsässischen Klosters Weißenburg gelten, dessen Lebenszeit in die Jahre um 800 bis nach 870 fällt. Otfrid ist der erste mit Namen bekannte deutsche Dichter und als Verfasser der zwischen 863 und 871 entstandenen, endreimenden ahd. Evangelienharmonie auch die einzige Persönlichkeit der ahd. Literatur, von der ein größeres volkssprachliches Werk in Versen überliefert ist. So bildet Otfrid in doppelter Beziehung Beginn und Neusatz einer deutschen

Literatur im kunstmäßigen Sinn: in der Hinwendung zur sacra
poesis der Bibeldichtung auf dem Hintergrund heilsgeschichtlicher Neuerfüllung der ihm bekannten und von ihm als An-
schlußpunkte ausdrücklich genannten antiken Tradition Vergils,
Lucans, Ovids und der frühchristlichen Dichtung des Juvencus,
Arator und Prudentius, sowie in der ersten großen Neuformung
in Endreimtechnik mit relativ gleichmäßiger Versfüllung seiner
aus zwei vierhebigen Kurzzeilen mit Reim verbundenen Langzeile nach mittellateinischem Vorbild. Neuere Forschungen
haben erwiesen, daß Otfrid — wie später Notker von St. Gallen
— im Scriptorium seines Klosters stark verankert ist, ja daraus
hervorwächst: er ist auch als volkssprachlicher Glossator nach-
zuweisen, so daß auch hier ein neuer Zusammenhang zwischen
ahd. Glossierung und dichterischer Persönlichkeit gegeben bleibt.
Seine Bildung freilich holte er sich bei Hrabanus Maurus in
Fulda, den er in der lateinischen Vorrede seines Werkes auch
nennt. Damit wird der fränkische Schwerpunkt der neuen Bibelübersetzung, Bibelauslegung und daraus hervorgehenden Bibeldichtung deutlich, der sich um die Tatianübersetzung der 820/30er
Jahre aus Fulda mit ihrer Ausstrahlung auf den altsächsischen
Helianddichter wie auf Otfrid von Weißenburg gruppiert. Fränkisch nennt Otfrid auch seine eigene Sprache *(in frenkisga zungun,
frenkisgero worto, worton frenkisgen, in frenkisgon)* neben lateinisch
theotisce (I, 1 *Cur scriptor hunc librum theotisce dictaverit*), wenn auch
daneben einmal *in githiuti* 'auf Deutsch' (V, 8, 8; zu *githiuti* 'volks-
tümlich') erscheint. Die Begründung der Volkssprachlichkeit
des Werkes ist getragen vom Anschluß an die Regeln der lateinischen Grammatik und Rhetorik wie von einem fränkischen Bewußtsein des neuen Sagens und Singens von Gottes Lob aus
christlicher Demut heraus. Es war ein unerhörtes Beginnen und
Neuschaffen, dessen ist sich Otfrid bewußt, und es bedurfte einer
Sprach- und Schreibkunst, die sich bis in die persönlichen Kor-
rekturen Otfrids in der Wiener Handschrift V hinein zeigt.

Der Aufbau von Otfrids Werk zeigt die folgende Struktur:

1. Vorreden

   1.1. Hymnische Widmung an König Ludwig den Deutschen mit
      Akrostichon und Telestichon

1.2. Lateinische Prosavorrede an Erzbischof Liutbert von Mainz mit wertvollen Aufschlüssen zur eigenen Sprachhaltung

1.3. Kürzere Verswidmung an Salomon, Bischof von Konstanz, mit Akrostichon und Telestichon

2. Evangelienharmonie in fünf Büchern, in Allegorie auf die fünf Sinne menschlicher Wahrnehmung

2.1. Buch I (28 Kapitel): Begründung der Abfassung des Werkes in deutscher Sprache, Invokation Gottes, Vorgeschichte und Geburt Christi, Ereignisse bis zur Taufe durch Johannes

2.2. Buch II (24 Kapitel): Am Anfang war das Wort, Jesus in der Wüste, Taten und Lehren (Bergpredigt, Vaterunser)

2.3. Buch III (26 Kapitel): Christi Wundertaten und ihre Ausdeutung

2.4. Buch IV (37 Kapitel): Passion

2.5. Buch V (25 Kapitel): Kreuzsymbolik, Auferstehung, Auffahrt, Jüngstes Gericht und drei Abschlußkapitel mit Gebeten

3. Verswidmung an die St. Galler Mönche Hartmuat und Werinbert mit Akrostichon und Telestichon

Wolfgang Kleiber ist es 1971 gelungen, den Aufbau des Otfridischen Evangelienbuches als strophische Dichtung aus Kleinstrophen zu zwei Langzeilen und größeren Strophengruppen heraus zu erweisen, die handschriftlich ausgezeichnet bzw. gruppiert sind. Diese Strophengruppen sind innerhalb der Kapitel als inhaltliche und oft auch syntaktische Einheiten zu verstehen. Der Vortrag der Strophen darf als rezitativisch-akzentisch aufgefaßt werden. Daneben zeigt der Großbau des Evangelienbuches zahlensymbolisch die vielfältigsten Bezüge zur biblischen Chronologie, so daß die Zahl zum eigentlichen Aufbaufaktor des Werkes wird (Strophenzahl, Kapitelzahl, Buchzahl). Hauptquelle von Otfrids Werk ist der lateinische Vulgatatext, oft direkt vergleichbar mit der ahd. Tatianübersetzung, wenn auch dichterisch weit ausgestaltet. Daneben werden die im Scriptorium von Weißenburg zur Zeit Otfrids vorhandenen Kommentarwerke ausgiebig herangezogen, vor allem die Schriften von Hieronymus, Beda und Hraban Maurus. Otfrid selbst hat kaum Kommentarwerke verfaßt, so wenig wie Notker der Deutsche. Sein ganzes Schaffen erfüllt sich dichterisch in der episch breiten Schilderung und Ausmalung des Lebens Jesu mit ständigen Bezügen auf den Menschen seiner Zeit, d. h. mit zusätzlicher spiritualistischer Deutung im Sinne des mehrfachen Schriftsinnes. So treten neben die erzählenden Teile, die an sich schon mannigfaltig ausgeformt sind, die Moraliter-, Spiritaliter- und Mystice-Abschnitte, oft zu innigen Gebeten oder Hymnen verwoben. Eine neue Ästhetik 'geistiger Süße' — um einen Ausdruck Friedrich Ohlys zu gebrauchen — leuchtet hier auf und findet ein in einen weitgehend persönlich neu gestalteten Wortschatz christlich-geistlicher Erfahrungswelt mit den Mitteln der Volkssprache.

Otfrids Werk stellt die erste große Endreimdichtung in deutscher Sprache dar, schon als solche eine erstaunliche Leistung. Freilich ist dieser Endreim, der durch das Vorbild christlich-mittellateinischer Dichtung bestimmt ist, noch keineswegs einheitlich oder immer voll ausgestaltet. Vielmehr lassen sich bei Otfrid verschiedene Entwicklungsstufen mit fließenden Grenzen verfolgen, die in ungleicher Weise die Volltonigkeit der ahd. Mittel- und Endsilben ausnutzen:

1. Vokalisch-konsonantische Assonanz oder Endsilbenreim, oft mit Stilisierung von Kürze- oder Längeübereinstimmung
   I, 2, 5   Thaz ih lób thinaz   si lútentaz
   Lud. 41   Manag léid er thúlta,   unz thaz tho gót gihangta

2. Erweiterter Endsilbenreim
   III, 9, 3   Sie quamun ál zisamane,   thiu zéichan thar zi séhanne

3. Voller Endreim mit Endsilbenreim gemischt
   III, 14, 112   óugta in io in giwíssi   mihil súazznissi
   V, 2, 12   ther diufal sélbo thuruh nót,   so ér tharana scówot

4. Unreiner voller Endreim
   I, 2, 37   Thaz síe thin io gihógetin   in éwon iamer lóbotin
   Sal. 2   ther bíscof ist nu édiles   Kóstinzero sédales
   I, 2, 14   ubar súnnun lioht   joh állan thesan wóroltthiot

5. Reiner voller Endreim
   V, 3, 13   Thaz scírme mih in brústin   fon ármalichen lústin
   Hartm. 167   Joh állen io zi gámane   themo héilegen gisámane

Trotz der Endsilben- und sogar zunehmenden vollen End-
reimbindung finden sich bei Otfrid noch sehr viele Verse mit
zusätzlichem Stabreim in beiden Teilen der Langzeile, z. B.

Sal. 1	Si sálida gimúati Sálomones gúati
Hartm. 13	Uuéiz ih thaz giwísso thaz íh thes wírthig was ouh só
V, 4, 1	Thuruh thes krúces kréfti joh selben Krístes mahti
V, 4, 19	Thes gánges sie iltun gáhun joh thaz gráb gisáhun

Dazu kommen Fälle, wo sich der Stab auf einzelne Kurzzeilen
beschränkt, wie im vielzitierten Beispiel I, 5, 5 *Missus est Gabrihel
angelus*:

Floug er súnnun pad   stérrono stráza,
wega wólkono   zi theru ítis frono.

Dergestalt verweben sich alte Stilmittel der germanischen Stab-
reim- und Variationstechnik mit den neuen Formen des rhythmisch strenger geregelten Endreimverses, der aus der Langzeile
erwächst.

3.5.2. Christus und die Samariterin

Neutestamentliche Bibeldichtung aus ergreifender Episode
heraus, durchaus jenseits alles Hymnischen, aber in inniger
Ausgestaltung auf erzählerischem Hintergrund begriffen, liegt
neben dem einen großen Werk Otfrids von Weißenburg ahd.
nur noch im kleinen, einunddreißig in sich endreimende Langzeilen umfassenden alemannisch-südrheinfränkischen Gedicht
Christus und die Samariterin aus der Mitte des 10. Jhs. vor. Nach
dem kurzen Bezug zum Bibeltext Joh. 4, 4ff. *Lesen uuir, thaz fuori/
ther heilant fartmuodi* usw. werden Begegnung und Dialog zwischen Christus und der Samariterin in packender Knappheit mehr
profiliert als vergleichsweise bei Otfrid II, 14 ausführlich geschil-
dert. Das Stück ist, obwohl knapp hundert Jahre später als Otfrid,
vom Weißenburger Dichter offenbar unbeeinflußt und durchaus
selbständig in Gestaltung und spiritueller Symbolik. Die Reimtechnik steht im Übergang vom Endsilben- zum voll ausgebildeten Endreim. Die Sprache zeigt einen südrheinfränkisch-aleman-
nischen Mischschreibdialekt, wobei noch strenger Langzeilenstil
vorliegt.

3.5.3. Christliche Hymnen- und Legendendichtung

Zunächst erwächst christliche Hymnendichtung in der Übertragung als textnahe Interlinearversion, mag sie auch Züge dichterischer Gestaltung zeigen (vgl. oben Ziff. 3.4.2.). Von da aus ist der Weg zu freier Gestaltung als Übersetzung oder autochthone Dichtung nicht mehr weit. Auf diesem Hintergrund sind die folgenden ahd. Denkmäler zu sehen. Versuchen wir zunächst eine Übersicht über die Gattung:

Interlineare oder interlinearartige Übersetzung	Freie dichterische Gestaltung
Murbacher Hymnen, Anfang 9. Jh. (Reichenau und Murbach)	Ratperts Lobgesang auf den hl. Gallus, 9. Jh. (St. Gallen), verloren
Carmen ad Deum, 9. Jh. 3. Viertel (Tegernsee)	Ludwigslied, 9. Jh. 4. Viertel (rheinfränkisch-westfränkisch)
hymnische Psalmendichtung (vgl. Ziff. 2.7.5)	Georgslied, vor 900 (Reichenau – Weißenburg – Prüm)
Psalm 138, 10. Jh. (bairisch)	Petruslied, Bittgesang, Anfang 10. Jh. (Freising) lateinische Umdichtung des Gallusliedes von Ratpert durch Ekkehart IV. von St. Gallen, 11. Jh.

Mit dieser Aufstellung ist auch die Ausgangslage für eine Betrachtung der unter sich recht verschiedenen Gedichte gegeben. Der als mittellateinischer Hymnendichter, Geschichtsschreiber und Klosterlehrer bekannte St. Galler Mönch Ratpert, von unbekannter Herkunft, dessen Lebenszeit etwa in die Jahre 840 bis 900 fällt, hat in der zweiten Hälfte des 9. Jh. ein althochdeutsches Preislied auf den irischen Glaubensboten und Begründer St. Gallens gedichtet. Die Kenntnis über dieses verlorene Gedicht verdanken wir einer Umdichtung ins Lateinische durch Ekkehart IV. aus der Zeit um 1030. Die lateinische Nachdichtung liegt in

drei Fassungen von der Hand Ekkeharts IV. in St. Galler Handschriften vor. In der Prosaeinleitung äußert sich Ekkehart IV.
über das Gedicht wie folgt (Fassung A):

Ratpertus monachus, Notkeri,	Der Mönch Ratpert, Mitschüler
quem in sequentiis miramur,	des Notker [Balbulus], den wir
condiscipulus, fecit carmen	wegen seiner Sequenzen bewundern,
barbaricum populo in laude	verfaßte ein volkssprachliches
sancti Galli canendum. Quod	Lied, welches dem Volk zum
nos multo impares homini, ut	Preise des heiligen Gallus vorzusingen
tam dulcis melodia latine	sei. Dieses haben wir, Ratpert in
luderet, quam proxime potuimus,	keiner Weise ebenbürtig, so genau
in latinum transtulimus.	wir konnten, ins Lateinische über-
	tragen, damit eine so süße Melodie
	lateinisch erklänge.

Daraus darf man schließen, daß Ratperts Loblied in der
mündlichen, melodiegebundenen Überlieferung weitergetra-
gen wurde und daß Ekkehart IV. in möglichster Anlehnung
an den althochdeutschen Text die Melodie mit lateinischen
Worten zu erfüllen suchte. Das Gedicht beginnt mit Strophe 1
mit einer Einleitung im Hymnenstil und schildert dann in den
Strophen 2—16 Leben und Wirken des heiligen Gallus, wobei
die Begründung der Einsiedelei an der Stelle des späteren
Klosters St. Gallen und die Wundertaten des Glaubensboten
im Zentrum stehen. Eine hymnische Schlußstrophe rundet das
Gedicht ab. Die lateinische Fassung erlaubt keine näheren
Rückschlüsse auf den althochdeutschen Text, wenn sich auch
— wie wir glauben — einige Stellen zurücktransponieren
lassen. Aber wir dürfen das Erhaltene als indirektes Zeugnis
eines vermutlich gereimten, strophisch gegliederten und
rhythmisch ausgewogenen Gedichtes der Volkssprache annehmen, dem auch gattungsgeschichtliche Bedeutung zukommt.

Christlicher Fürstenpreis mit legendenhaften Zügen liegt
im Ludwigslied auf den Sieg des westfränkischen Königs
Ludwig III. über die Normannen im Jahre 881 bei Saucourt
vor, offenbar aus niederlothringischen Zusammenhängen

heraus gegen Ende des 9. Jhs. in rheinfränkischer Sprache verfaßt und noch recht altertümlich in seinem dichterischen Wortschatz. Wenn es auch keineswegs mehr als südgermanischer
Ausläufer eines altgermanischen Preisliedes verstanden werden darf, so zeigen sich doch Züge eines Nachlebens des germanischen Dichterwortschatzes, die aber in ein Legenden-
haftes christlicher Prägung zwischen Sündhaftigkeit, Demut,
Buße, Gottes Hilfe und Siegesfreude aufgehoben sind. Hand-
lung und geschichtlicher Hintergrund werden nur ganz knapp
angedeutet im Hinblick auf eine christliche, geistliche Typologie des Heilsgeschehens in weltlicher Erfüllung von Gott
her. Man könnte das erstmals von Johann Gottfried Herder
1778/79 ins Neuhochdeutsche übertragene Gedicht ein doppel-
seitiges Ereignislied aus christlichem Grund nennen: insofern
nämlich Dialog zwischen Christus und König Ludwig sowie
die persönliche Ansprache des Königs an seine Gefolgsleute
als treibende Redeteile in die epische Schilderung eingewoben
sind. Am Schluß steht der hymnische Lob und Dank, der Gott
und dem siegreichen König gilt.

Erst recht zeigt das Georgslied — und mit voller Absicht —
legendenhafte Züge, stellt es doch das einzige ahd. volkssprachlich erhaltene Heiligenlied in einer Mischung von Legende und
frühmittelalterlichem Umweltbezug von Gemarkung, Ding-
versammlung und farbig geschildertem Gerichtsvollzug von
drastischer Realistik dar. Die Überlieferung ist schwierig und
nicht vollständig: das Lied findet sich in alemannischer (vielleicht mit Reichenau in Zusammenhang stehender) Eintragung
des späten 10. oder frühen 11. Jhs. am Schluß der Heidelberger
Otfrid-Handschrift (P), die ihrerseits im letzten Drittel des
9. Jhs. in Weißenburg geschrieben wurde. Ein volkstümlicher
Kehrreim, der volksliedhafte Züge zeigt, gliedert das Stück in
Strophen. Die Entstehung des Georgsliedes dürfte um 900
liegen. Ein Einfluß Otfrids von Weißenburg in der Verstechnik
ist kaum abzuweisen. Entstehungsort könnte Prüm sein.

Als kleines liturgisches Lied ist das Petruslied, eigentlich ein
Bittgesang, zu sehen, das aus dem Anfang des 10. Jhs. in einer
ursprünglichen Freisinger Handschrift überliefert ist, jedoch

älter sein kann. Um den dreimal wiederholten Messetext Kyrie eleyson, Christe eleyson gruppieren sich dreimal je zwei in sich endreimende Langzeilen, die in der Bitte an den heiligen Kirchengründer *(Unsar trohtin hat farsalt   sancte Petre giuualt)* kulminieren:

> Pittemes den gotes trut   alla samant upar lut,
> daz er uns firtanen   giuuerdo ginaden.

Dergestalt kann man zu Recht vom ältesten deutschen Kirchenlied — neben dem in der volkssprachlichen Fassung verlorenen Galluslied — sprechen.

Den Sonderfall einer hymnischen Psalmendichtung in Reimversen stellt die ahd. dichterische Übertragung von Psalm 138 aus dem Anfang des 10. Jhs. in bairischer Sprache aus Freisinger Zusammenhängen dar. Das Gebet Davids wird zu einem Gebet an den Herrn Christus aus innig erfüllter Hinneigung des Menschen zum allgegenwärtigen Gott, wobei der Psalmentext der Vulgata in freier Auswahl gestaltet wird. Neben dem beherrschenden End- und Endsilbenreim begegnen noch viele deutliche Stabreime, z. B. Vers 13:

> Far ih uf ze himile,   dar pistu mit herie.

3.5.4. Reimgebete

Die ahd. Gebete sind zunächst im Zusammenhang mit der katechetischen Übersetzungsliteratur zu sehen. Sie zeigen sodann ein Ineinandergreifen von Vaterunser-Versifizierungen und christlicher Hymnendichtung, bis in die Boethius-Übersetzung Notkers des Deutschen hinein, wo sich gebetsartige Partien finden. Wir kennen aus dem Ahd. die folgenden Gebete oder Gebetsteile:

Prosa	Versgebete und gebetartige Hymnen
Paternoster-Übersetzungen, spätes 8.—11. Jh.	Teile der Murbacher Hymnen, frühes 9. Jh.
Wessobrunner Gebet am Schluß des Schöpfungsgedichtes, frühes 9. Jh.	Carmen ad Deum, 9. Jh. 3. Viertel

Prosa	Versgebete und gebetartige Hymnen
Fränkisches Gebet in bairischer Umschrift, 9. Jh. 1. Viertel	Gebete bei Otfrid, 9. Jh. 3. Viertel
Altbairisches Gebet, 9. Jh. 2. Viertel	Ansätze im Ludwigslied, 9. Jh. 4. Viertel
Gebetbruchstück aus Fulda, 9. Jh.	Sigiharts Gebete, 9. Jh. 4. Viertel
Notker, Boethius-Übersetzung I, 24, um 1000	Ansätze im Petruslied, um 900
Otlohs Gebet, um 1050	
Klosterneuburger Gebet, um 1050	Augsburger Gebet, Anfang 10. Jh.
	Psalm 138, Anfang 10. Jh.

In die Nähe von Gebeten rücken sodann die ahd. Beichten und Glaubensbekenntnisse, die teilweise zu eigentlichen Gebeten ausgreifen, etwa Bamberg-Wessobrunner Glauben und Beichte am Schluß *Nu ruof ih, uile gnadige got, mit állemo hérzan zi dír* usw. Auch viele Psalmen haben natürlich Gebetscharakter, ferner die christlichen Segensformeln in den Zauber- und Segenssprüchen. Selbst die Prosagebete zeigen oft rhythmische Stilisierungen oder ein Nachwirken des Stabreims. Selbständige Reimgebete sind so eigentlich nur die kurzen Stücke von Sigiharts Gebeten (je zwei endreimende Langzeilen) am Schluß der Freisinger Otfrid-Handschrift, von einem Mönch Sigihart in Freising verfaßt, und des rheinfränkischen Augsburger Gebetes in vier endreimenden Langzeilen, nach einer lateinischen Prosavorlage. Dagegen finden sich, neben Gebetsansätzen oder Teilen, wie wir sie oben zusammengestellt haben, endreimende Gebetseinschübe und vollständige Gebete in Otfrids Evangelienharmonie, vor allem im abschließenden fünften Buch (V, 3; V, 23; V, 24). Sie dürfen, zusammen mit der Vaterunser-Fassung Otfrids, als die eigentlichen Höhepunkte ahd. Reimgebete betrachtet werden.

3.6. Weltliche Endreimdichtung

War einmal eine Tradition christlicher Endreimdichtung auch nur lose oder punktuell geschaffen, konnte sie allmählich

auch auf die Gestaltung weltlicher Literatur übergreifen. Doch
geschieht dies in ahd. Zeit vorerst nur ganz am Rande. Ansätze
dazu finden sich in den vorchristlichen Segenssprüchen, schon
deutlich ausgestaltet in dem balladenartigen, rheinfränkischen
Gedicht Ad equum errehet (vgl. auch oben Ziff. 3.3.2.) im
frühen 11. Jh., in bogenhafter Dialoghaltung mit drei Strophen
Dialog zwischen dominierend fragendem wie segnendem
Herrn und bittend-erklärendem Mann mit Roß aus dem Volk
sowie einer erzählenden Eingangsstrophe voraus. Ein Misch-
stück aus weltlichem, volkshaftem Grund mit christlicher
Überwölbung, könnte man zusammenfassend sagen.

Kurz vor dem Jahr 1000 dürfte sodann das historisch-politi-
sche Zeitgedicht De Heinrico in ahd.-lat. Mischsprache, die
von Halbvers zu Halbvers regelmäßig wechselt, entstanden
sein. Das schwer einzuordnende Denkmal in thüringischer bzw.
lateinischer Sprache schildert vermutlich die Begegnung
Ottos III. mit Heinrich dem Zänker um 996 und zeigt Züge des
mittellateinischen Preislieds der Zeit.

Sonst sind es nur Kleinigkeiten, die in das Licht der Überlieferung treten, keineswegs unbedeutend in ihrem volkstüm-
lich-ursprünglichen Zeugniswert, und außerdem als frühe Beispiele einer zunehmenden Reimdichtung wichtig genug. Aus
dem 9. Jh. sind es die in vier reimenden Kurzzeilen angeordnete St. Galler Spottstrophe mit erstaunlich gut ausgebildeter
Reimtechnik von Liubene, der seine Tochter festlich dem
Starzfidere verlobte, aber nach geraumer Zeit — vielleicht we-
gen Unfruchtbarkeit — wieder zurücknehmen muß; sodann
ein weiterer St. Galler Spottvers und der St. Galler Schreiber-
vers *Chumo kiscreip   filo chumor kipeit* 'mit Mühe habe ich
fertig geschrieben, mit noch viel mehr Mühe habe ich dies er-
wartet'; der Stoßseufzer eines zwar schreibgewandten, aber
auch schreibgeplagten Mönches aus dem klösterlichen Scriptorium; schließlich die Kölner Versinschrift aus der Mitte des
9. Jhs., als Bibliotheks- und Bildungspreis schon jenseits der
Volksdichtung stehend. Aus dem 10. Jh. ist es der aus einer
Brüsseler Handschrift nur unvollständig überlieferte Liebes-
vers über Hirsch und Hinde. Kleine Zeugnisse einer sozusagen

in Vorbereitung befindlichen weltlichen Versdichtung sind es
allzumal, Vorstufen der späteren mittelhochdeutschen Volksdichtung.

3.7. Rückblick

Es gehört zur Typologie der althochdeutschen Literatur,
daß die Erscheinungsformen dichterischer Sprache höchst
uneinheitlich sind; daß diese stufenweise einen Übergang von
germanischer Formtradition zu altdeutscher Neuentfaltung
zeigen; daß die Sinngehalte sich wandeln und christlich ver-
tiefen; daß dichterische Sprache schrittweise auf dem Weg der
Übersetzung, durch den Übersetzungsvorgang neu gewonnen
wird. Die entscheidenden Neuansätze liegen höhepunktartig
bei Otfrid von Weißenburg und bei Notker von St. Gallen:
Bibeldichtung im neuen Reimversmaß bei Otfrid, dichterisch
gestaltete, rhetorisch profilierte Wissenschaftsprosa und Psalmenübersetzung bei Notker. Nach dem Zerfall der alten germanischen Formen und den erst stufenhaft vortastenden Versuchen der Frühzeit bedeuten Otfrid und Notker auf dem
Hintergrund einer neuen Bewältigung sprachlicher Maße in
Vers und kolongegliederter Prosa ein Wiedergewinnen dichterischer Formung unter neuen Gegebenheiten. Ähnliches gilt
für die kleineren althochdeutschen Reimversdichtungen und
für Williram von Ebersberg.

Die althochdeutschen Sprachdenkmäler erfordern im Hinblick auf die Erscheinungsformen dichterischer Sprache eine
eigene, differenzierte Betrachtungsweise. Es dürfen noch nicht
die Maßstäbe der mittelhochdeutschen Literaturkritik daran
angelegt werden. Die Überlieferung dichterischer Sprache geht
ihren langsamen, eigenen und oft verschlungenen Weg, dem
auch Inschriften, Glossen, Interlinearversionen und überhaupt
die Übersetzungsliteratur — seien sie sprachlich zunächst auch
noch so schwerfällig — als frühe Zeugen teilweise zuzurechnen
sind. Denn Dichterisches findet stellenweise auch da schon ein,
wenn es auch erst langsam seine eigenen, neuen Formen im
Rahmen der werdenden frühdeutschen Literatur erreicht.

Literaturhinweise zu Kapitel 3

Die reiche Fachliteratur zum ahd. Schrifttum kann hier nur auszugsweise mit Hinweisen auf größere Werke, die ihrerseits weiteres vermitteln, aufgeführt werden. Ergänzende Literaturhinweise siehe Kapitel 8.

Literaturgeschichten, Lexika, Allgemeines

Johann Kelle, Geschichte der deutschen Literatur von den ältesten Zeiten bis zum 13. Jahrhundert. Berlin 1892/96 — Rudolf Koegel, Geschichte der deutschen Literatur bis zum Ausgang des Mittelalters, I. Bis zur Mitte des 11. Jahrhunderts, 2 Teile. Straßburg 1894/1897. — Gustav Ehrismann, Geschichte der deutschen Literatur bis zum Ausgang des Mittelalters, I. Die Althochdeutsche Literatur. München ²1932, Nachdruck 1954. — Die deutsche Literatur des Mittelalters. Verfasserlexikon. Hrsg. von Wolfgang Stammler und Karl Langosch, Bd. I—V. Berlin 1933—1955. — Georg Baesecke, Vor- und Frühgeschichte des Deutschen Schrifttums, I. Halle 1940; II [Hrsg. von Ingeborg Schröbler]. Halle 1950/53. — Julius Schwietering, Die deutsche Literatur des Mittelalters. Potsdam o. J. (1941), Neudruck Darmstadt 1957. — Helmut de Boor, Die deutsche Literatur von Karl dem Großen bis zum Beginn der höfischen Dichtung 770—1170 (= Geschichte der deutschen Literatur von den Anfängen bis zur Gegenwart, von H. de Boor und R. Newald, I. Bd.), München ⁹1979. — J. Knight Bostock, A Handbook on Old High German Literature. Oxford ²1976. — Geschichte der deutschen Literatur von den Anfängen bis 1160, 1.—2. Halbband, von Ewald Erb (= Geschichte der deutschen Literatur von den Anfängen bis zur Gegenwart. Hrsg. von K. Gysi, K. Böttcher, G. Albrecht, P. G. Krohn, I/1—2). Berlin 1964/65. — Peter von Polenz, Karlische Renaissance, Karlische Bildungsreform und die Anfänge der deutschen Literatur. In: Mitteilungen des Marburger Universitätsbundes 1959, 27—39. — Werner Schröder, Grenzen und Möglichkeiten einer althochdeutschen Literaturgeschichte. In: Berichte über die Verhandlungen der Sächs. Akad. d. Wiss. zu Leipzig, Phil.-hist. Kl., Bd. 105, Heft 2. Berlin 1959. — Karl der Große. Lebenswerk und Nachleben, Bd. II, Das geistige Leben. Hrsg. von Bernhard Bischoff. Düsseldorf 1965. — Heinz Rupp, Forschung zur althochdeutschen Literatur 1945—1962. Stuttgart 1965 (= Sonderdruck aus DVjs 38 [1964] Sonderheft).

Kleinere Schriften

Georg Baesecke, Kleinere Schriften zur althochdeutschen Sprache und Literatur. Bern-München 1966. — Helmut de Boor, Kleine Schriften, 2 Bde. Berlin 1964/66. — Andreas Heusler, Kleine Schriften, I. Hrsg. von

Helga Reuschel. Berlin 1969 (Nachdruck der 1. Aufl. 1943); II. Hrsg. von
Stefan Sonderegger. Berlin 1969. — Friedrich Maurer, Dichtung und Sprache des Mittelalters. Gesammelte Aufsätze. Bern-München 1963. — Hermann Schneider, Kleinere Schriften zur germanischen Heldensage und
Literatur des Mittelalters. Berlin 1962. — Max Wehrli, Formen mittelalterlicher Erzählung. Aufsätze. Zürich u. Freiburg i. Br. 1969. — Ludwig
Wolff, Kleinere Schriften zur altdeutschen Philologie. Berlin 1967. — Wir-
kendes Wort, Sammelband II, Ältere deutsche Sprache und Literatur,
Düsseldorf 1962.

Textsammlungen

Karl Müllenhoff und Wilhelm Scherer, Denkmäler deutscher Poesie
und Prosa aus dem 8.—12. Jahrhundert, 1. Ausg. Berlin 1863; 2. Ausg.
Berlin 1873; 3. Ausg. von E. Steinmeyer, 2 Bde. Berlin 1892, Nachdruck
Berlin-Zürich 1964. — Elias von Steinmeyer (Hrsg.), Die kleineren alt-
hochdeutschen Sprachdenkmäler. Berlin-Zürich [2]1963 [unveränderter
Nachdruck der 1. Aufl. 1916]. — Wilhelm Braune, Karl Helm, Ernst
A. Ebbinghaus, Althochdeutsches Lesebuch, Tübingen [16]1979. — Altdeut-
sche Textbibliothek, begründet von Hermann Paul, fortgeführt von Georg
Baesecke und Hugo Kuhn, hrsg. von Burghart Wachinger, Tübingen 1882ff.

Schrifttafeln

Georg Baesecke, Lichtdrucke nach althochdeutschen Handschriften.
Halle a. S. 1926. — Gerhard Eis, Altdeutsche Handschriften. München
1949. — Hanns Fischer, Schrifttafeln zum althochdeutschen Lesebuch.
Tübingen 1966.

Zur Literaturgeschichte einzelner Landschaften und Orte

Rolf Bergmann, Zur Stellung der Rheinlande in der althochdeutschen
Literatur aufgrund mittelfränkischer Glossen. In: Rhein. Vjbl. 31 (1966/
67) 307—321. — Ingeborg Schröbler, Fulda und die althochdeutsche Literatur. In: Lit. wiss. Jb. d. Görres-Ges., N. F. I (1960) 1—26. — Walther
Mitzka, Die mittelfränkischen Denkmäler der althochdeutschen Literatur.
In: ZfMf. 30 (1963) 1—6. — Lorsch und St. Gallen in der Frühzeit. Zwei
Vorträge von Heinrich Büttner und Johannes Duft. Hrsg. vom Konstan-
zer Arbeitskreis für mittelalterliche Geschichte, Konstanz-Stuttgart 1965
[darin: H. Büttner, Lorsch und St. Gallen, 5—20; J. Duft, Die Kloster-
bibliotheken von Lorsch und St. Gallen als Quellen mittelalterlicher Bil-
dungsgeschichte, 21—45]. — Heinrich Brauer, Die Bücherei von St. Gallen und das althochdeutsche Schrifttum. Halle 1926 (= Hermaea XVII).
— Samuel Singer, Die Dichterschule von St. Gallen. Mit einem Beitrag

von Peter Wagner. Leipzig 1922. — Stefan Sonderegger, Althochdeutsch
in St. Gallen. St. Gallen-Sigmaringen 1970 (= Bibliotheca Sangallensis
Bd. 6). — Theodor Längin, Altalemannische Sprachquellen aus der
Reichenau. In: Die Kultur der Abtei Reichenau, Bd. I. München 1925,
684—99. — Georg Baesecke, Das althochdeutsche Schrifttum von Reichenau. In: PBB 51 (1927) 206—22. — Ingo Reiffenstein, Die althochdeutsche Literatur (in Bayern). In: Handbuch der Bayerischen Geschichte,
I. Das alte Bayern. Das Stammesherzogtum bis zum Ausgang des 12. Jahrhunderts. München ²1981, 607—623. — Karl K. Klein, Die Anfänge der
deutschen Literatur. Vorkarlisches Schrifttum im deutschen Südostraum
(Veröff. d. Südostd. Kulturwerks 3) 1954. — Anselm Schwägerl, Das
Regensburger Althochdeutsch. Diss. Erlangen 1952.

Größere Werke zu einzelnen Denkmälern

Wolfgang Kleiber, Otfrid von Weißenburg. Untersuchungen zur
handschriftlichen Überlieferung und Studien zum Aufbau des Evangelienbuches. Bern-München 1971 (= Bibliotheca Germanica 14). — Klaus
Matzel, Untersuchungen zur Verfasserschaft, Sprache und Herkunft der
althochdeutschen Übersetzungen der Isidor-Sippe. Bonn 1970 (= Rheinisches Archiv 75). — Ingeborg Schröbler, Notker III. von St. Gallen als
Übersetzer und Kommentator von Boethius' De Consolatione Philosophiae. Tübingen 1953 (= Hermaea 2).

4. Althochdeutsch als Volkssprache

Das einseitigste Urteil über das Althochdeutsche hat der von
seinen eigenen Forschungen her mit der ältesten deutschen
Sprachstufe über Otfrid hinaus nur wenig vertraute Arno
Schirokauer gefällt, der das Althochdeutsche merkwürdig
genug als Mönchs- und Klostersprache bezeichnet hat, dem
jede Emphase fehle. Das Gegenteil ist der Fall. Gerade die
völlig uneinheitliche, aber sich zwischen Glossen, vielfältiger
Übersetzung und autochthoner Literatur bewegende althochdeutsche Überlieferung verbürgt zusammen mit der das
Sprachmaterial erstaunlich weitsichtig und objektiv vermitteln-
den Mönchsdisziplin ein Sprachspektrum, das fast alle Bereiche des vielfältigen sachbezogenen wie halb- oder hochlite-
rarischen Sprachlebens einfängt: von der gesprochenen Spra-

che bis zu den Resten einer archaisch-germanischen Dichtersprache, von der neuen geistlich-spirituellen wie emphatischen
Bibeldichtung bis zum Humorvollen und selbst Obszönen in
Spott- und Liebesversen, von der volkssprachlich getragenen
Naturschilderung bis zur Kunstprosa christlicher und antiker
Übersetzung. Das Althochdeutsche hat sich, trotz aller Schreib-
systemschwierigkeiten, von allem Anfang an als Volkssprache
etabliert — so war es auch in Karls des Großen Admonitio
generalis von 789 zunächst anvisiert —: daß die älteste schriftlich bezeugte Stufe des Deutschen darüber hinaus schon in
ihrer Frühzeit eine des Dichterischen und schon bald auch des
Wissenschaftlichen fähige Schreibsprache geworden ist, verdankt sie einerseits einem immerhin um 800 noch bis zu einem
gewissen Grade nachlebenden spätgermanischen Formgefühl
mündlich anonymer Dichtungstradition — das Hildebrandslied, die archaisch-heidnischen Merseburger Zaubersprüche
zeigen das deutlich genug, auch wenn ihre Überlieferung im
Althochdeutschen fast zufällig erscheint —, der im 9. Jh. sich
verstärkenden Faszination einer von innen dichterisch genähr-
ten wie von außen vorbildhaft beeinflußten sacra poesis einer
neuen christlichen Bibeldichtung und schließlich ihrer volks-
sprachnahen und doch imitatiohaft auf das Lateinische ausgerichteten, als Ganzes durchaus einheitlichen Übersetzungshaltung von den Glossen des 8. Jhs. bis zu Notker von St.
Gallen um 1000 und Williram von Ebersberg im 11. Jh. Man
darf hinter der uneinheitlichen und auseinanderstrebenden,
außerdem offenbar zufälligen, d. h. keineswegs vollständig auf
uns gekommenen Überlieferung des Althochdeutschen wieder
einmal seine erstaunliche Sprachfülle und seine einheitliche
Übersetzungshaltung und Volkssprachlichkeit sehen, die als
Sprachmaterial jenseits der nur ungleich oder einseitig bezeug-
ten literarischen Gattungen steht. Dies schwebte Georg Baesecke vor — im Kern hat er es richtig gesehen, ohne sein eigenes ineinander allzusehr verstrebtes Literaturgerüst ausfüllen
zu können: von der Sprache und Übersetzungshaltung her
scheint uns eine einheitliche Sicht weitgehend und ohne Stra-
pazierung möglich. Denn das eigentliche Sprachereignis des
Althochdeutschen ist doch dies: daß es Volkssprache wurde

trotz seiner zunächst spröden Schreibsprachlichkeit, die als Vorschule der Eindeutschung und bildenden Umschichtung einer bäuerlich schriftlosen Vorstufe in der weiten Rodungslandschaft um den alten Siedlungsgrund weniger primär lohnender Zonen verstanden werden darf; daß es alles in allem durch seine scheinbar nur mönchische Schriftlichkeit immer wieder Volkssprache spiegelt — in fast allen seinen uns bekannt gewordenen Sprachschichten; daß es dem vornehmsten sprachlichen Ausdruck der menschlichen Individualität, den Eigennamen, einen breitesten und in der Sprachform fast rein althochdeutschen Raumbezirk seiner Überlieferung gönnte. Namen, Glossen, Denkmäler — dies alles macht ja schon materialmäßig viel mehr aus — und ist immer noch in der erschließenden Sammlung begriffen — als man noch vor wenig Jahrzehnten ahnte, als die großen althochdeutschen Literaturgeschichten geschrieben wurden. Erst recht kam das Volkssprachliche darin zu kurz, weil man es hinter den literarischen Kategorien nicht sehen zu können vermeinte.

Volkssprache ist das Althochdeutsche

— dem Bewußtsein und der inneren Sprachhaltung seiner bedeutendsten Verfasser nach

— nach der tatsächlichen Erscheinungsform der breiten Schicht gesprochener Sprache, die wir selbst aus der Schriftlichkeit der Denkmäler zu fassen vermögen

— aus der Tragfähigkeit der volkssprachlich gegründeten Nachwirkungen des Sprachinstrumentariums heraus.

Wir wollen diese drei Gesichtspunkte noch etwas näher erläutern. Sie bilden eine innere Einheit in der äußerlichen Uneinheitlichkeit der sogenannten althochdeutschen Literatur — ein überflüssiges Streitobjekt, wenn man einfach der Sache gemäß von althochdeutscher Überlieferung spricht, in die außerdem Literatur oder notwendige Vorstufen dazu im Sinne der Sprachschulung eingefunden haben.

Zunächst sind es die Bemühungen Karls des Großen (768/771—814) um eine deutsche Volkssprache. Unmittelbar auf Karls des Großen Admonitio generalis vom 23. März 789 gehen die ältesten althochdeutschen Paternoster-Übersetzungen und Glaubensbekenntnisse zurück. In Weiterführung der ältesten Konzilsbeschlüsse und kirchlichen Vorschriften bestimmt die Admonitio generalis, daß die im Mittelpunkt der Glaubenslehre stehenden Glaubensbekenntnisse und das Vaterunser dem Volke von den Priestern vorzutragen und zu erklären seien. In einem späteren Reichsgesetz von 802 heißt es außerdem, das ganze christliche Volk müsse Glaubensbekenntnis und Vaterunser auswendig kennen, lateinisch *ut omnis populus christianus fidem catholicam et dominicam orationem memoriter teneat*. Ganz ähnlich heißt es in der altbairischen, auf die Freisinger und Fuldaer Überlieferung zurückgehenden Exhortatio ad plebem christianam aus dem Anfang des 9. Jhs. lateinisch und althochdeutsch, die Grundbegriffe des Glaubens müßten von allen verstanden und im Gedächtnis behalten werden: lateinisch *ut omnes possent intellegere et memoriter retinere*, althochdeutsch (Fassung B) *thaẓ mahtin alle farstantan ia in gahuhti gahapen*. Auf diesem allgemeinen Hintergrund sind die im späteren 8. Jh. entstehenden althochdeutschen Übersetzungen des Vaterunsers und des Credo sowie der Taufgelöbnisse zu verstehen, wie sie uns aus verschiedenen althochdeutschen Überlieferungsorten entgegentreten (vgl. dazu Abschnitt 2.6. und 2.7. oben S. 67/74 ff.). Auf Karl den Großen gehen weitere Bemühungen um die Volkssprache zurück, wie Einharts Vita Caroli magni in Kapitel 29 knapp berichtet: die Nachricht über die Sammlung und Niederschrift von Heldenliedern *(barbara et antiquissima carmina)*, leider nicht näher erkennbar; die Verdeutschung von Monats- und Windnamen *(mensibus etiam iuxta propriam linguam vocabula imposuit . . . .; item ventos duodecim propriis appellationibus insignivit . . . .)*, die im einzelnen genannt sind; die zentrale Stelle *Inchoavit et grammaticam patrii sermonis*, welche nach Klaus Matzel mit dem Satz „Er leitete auch die Beschäftigung mit der Grammatik des *patrius sermo*, der 'Vätersprache', ein" zu übersetzen ist.

In diesen Zusammenhang gehören nun die ungewöhnlich hochstehende, orthographisch klar geregelte fränkische Isidorübersetzung *(De fide catholica ex veteri et novo testamento contra Iudaeos)* um 800 und ihre Ableger im Bairischen (Mondseer

Fragmente) sowie im Murbacher Glossar Jc (Oxforder Handschrift Junius 25).

Damit ist am Anfang eines deutschen Schrifttums vor und nach 800 die Komponente einer volkssprachlichen Bewußtseinswerdung deutlich genug gegeben. Das Althochdeutsche erscheint dabei gegenüber dem bildungsbestimmenden Latein als die Vätersprache eigener Tradition, die es auf die schriftliche Stufe wie das Latein emporzuziehen gilt. Und nun sind es nur noch weitere Verfestigungsschritte in dieser Richtung, Neunansätze an verschiedenen Überlieferungsorten, die zur eigentlichen volkssprachlichen Literatur führen. Vor allem Otfrids von Weißenburg ausdrücklich begründete Bibeldichtung in fränkisch-deutscher Sprache (I, 1 *Cur scriptor hunc librum theotisce dictaverit*):

Otfrid I, 1, 123—126

> Nu fréwen sih es álle,   so wer so wóla wolle,
> joh so wér si hold in múate   Fránkono thíote,
> Thaz wir Kríste sungun   in únsera zungun,
> joh wír ouh thaz gilébetun,   in frénkisgon nan lóbotun!

Sodann Notkers von St. Gallen autobiographisches Briefzeugnis gegen 1015 in seinem Schreiben an Bischof Hugo II. von Sitten (998—1017) aus einer Brüsseler Handschrift (Bibliothèque Royale Nr. 10615—10729, pag. 58r, 11./12. Jh.), wo Notker das Einzigartige seines Beginnens betont *(ausus sum rem paene inusitatam)* und weiter ausführt, es gehe ihm nicht um eine Übersetzung allein, sondern um Übersetzung und Erklärung *(ut latine scripta in nostram conatus sim vertere et . . . elucidare)* — gemeint ist dabei die Heranziehung der im St. Galler Scriptorium verfügbaren Kommentarwerke, die er ausdrücklich nennt. Für Notker ergibt sich so durch den Gebrauch einer althochdeutschen Übersetzung ein neues, vertieftes Textverständnis aus der Volkssprache heraus. Im Mittelpunkt von Notkers Bemühungen stehen die kirchlichen Schriften. Ihrem Verständnis dienen auch die Schulautoren. Dem gradualistisch theozentrischen Weltbild entspricht die stufenhaft auf das kirchliche Schrifttum bezogene Schullektüre, deren Übersetzung und Auslegung *(Sunt enim ecclesiastici libri et praecipue quidem in scolis legendi)*.

Dergestalt läßt sich die Geschichte des Althochdeutschen in Sprache und Literatur ganz allgemein als Geschichte von Aufbruch und Vertiefung, ja von immer wieder neuer Verfestigung eines volkssprachlichen Bewußtseins begreifen, wie es einerseits durch direkte Zeugnisse, andererseits durch eine zunehmende Verdeutschung bisher lateinischer Texte gewährleistet bleibt. Die immer weiter um sich greifende Vervolkssprachlichung der schriftlichen Quellen — eine der großen Konstanten deutscher Sprachgeschichte bis zur Liturgiereform der katholischen Kirche in den 1960er Jahren — beginnt ausdrücklich genug in althochdeutscher Zeit. Dabei muß die althochdeutsche Volkssprache ihren Weg zur Literatursprache nach der herrschenden Theorie in heilsgeschichtlicher Sicht finden. Deshalb stehen die religiösen Texte im Übersetzungs- und Gestaltungsvorgang voran:

Spätes 8. Jh.	(Bibel-)Glossen und (Bibel-)Glossare erste katechetische Texte
um 800	katechetische und theologische Texte
9. Jh.	Bibelübersetzung und katechetische Literatur Mönchsregel Bibeldichtung Aufzeichnung weiterer Literatur reiche Glossierung Rechtstexte
10. Jh.	ganz allgemein Fortsetzung dieser Verdeutschungsbewegung
Spätes 10. und 11. Jh.	zusätzlich Wissenschaftsprosa im Bereich der sieben freien Künste und der allegorischen Naturkunde Höhepunkte der Psalterverdeutschung und der Hohe- Lied-Paraphrase

Das ist auch der tiefere Grund, warum für das Althochdeutsche Sprache und Literatur zusammenzusehen sind: es ist ein werdendes Ineinandergreifen, das nur in seiner lose verbundenen Gesamtheit voll gewürdigt werden kann.

Volks- oder Vätersprache heißt aber eigentlich dreierlei:

— so wie die Vorfahren gesprochen oder Literarisches vor-
getragen oder gehört haben

— so wie diese, auch gegenwärtige Sprache nach lateinischem Vorbild schreibsprachlich aufgezeichnet und dadurch schriftlich geregelt sein soll

— so wie Volkssprache tatsächlich gesprochen wird.

Damit leiten wir kurz zum Problem der gesprochenen Sprache in althochdeutscher Zeit über. Zunächst darf hier betont
werden, daß alles, was in althochdeutscher Sprache geschrieben
wurde,

(a) entweder zum Vorlesen, für den Vortrag bestimmt ist

(b) oder zur Bewältigung des Lateins verfaßt wurde

(c) oder schließlich eine Zwischenstufe von (a) und (b) im
Sinne der rhythmischen (Schul-)Prosa Notkers des Deutschen und Willirams von Ebersberg oder der dichterischen Interlinearversion etwa der Murbacher Hymnen
darstellt — bis zu einzelnen Zitaten übersetzter prägnan-
ter Bibelstellen

(d) oder schließlich Reflex des Aufrufes oder Anrufes ist, soweit es die nur Bezeichnungsfunktion beanspruchenden
althochdeutschen Namen betrifft.

Damit gelangen wir zu folgender Einteilung der althochdeutschen Sprachdenkmäler (Auswahl) in bezug auf das gesprochene Wort oder das Vorlesen:

(a)	(c)	(b)	(d)
Vortrag/Vorlesen →	Zwischenstufe ←	Bewältigung des	Aufruf/Anruf
	(schulisches	Lateins als	
	Lesen)	Ausgangspunkt	
Zaubersprüche	Notker	Glossen	Namen
Segensformeln	Williram	Interlinearversionen	
Inschriften		interlinearartige	
Hildebrandslied		Texte	
Muspilli		weitere Über-	
Ludwigslied		setzungstexte	
Georgslied			
Otfrid			
geistliche Reimdichtung			
Predigt			

Das darf aber zunächst nur als allgemeiner Hinweis auf die Möglichkeiten sprechsprachlichen Sagens oder einprägsamen Vorlesens gelten. Darüber hinaus kennen wir im Althochdeutschen zwei spezifische Denkmäler eigentlich gesprochener Sprache:

(a) die in diesem Zusammenhang meist genannten Altdeutschen Gespräche (Ahd. Gl. V, 517—524) aus dem 10. Jh., konzipiert als Sammlung von wirklich sprechbaren Sätzen zur gegenseitigen Verständigung, zum täglichen Gebrauch, geschaffen von und für Romanen, ein eigentliches kurzes Konversationsbüchlein. Man vergleiche die Sätze:

51 *Gimer min ros .i. da mihi meum equum*
53 *Gimer min schelt .i. scutum*
56 *Gimer min stap .i. fustum*

(b) die sogenannten Kasseler Glossen des 9. Jhs. aus Fulda (Ahd. Gl. III, 9—13), auch in ihnen einige typische Gesprächssätze

Quis es tu   uuerpistdu
Unde uenis   uuanna quimis
De quale patria pergite [= *pergis?*]   *fona uueliheru lantskeffi sindos*

Dieser letzte Satz kommt inhaltlich auch im Altdeutschen Gesprächsbüchlein vor:

20 *Gueliche lande cumen ger .i. de qua patria*

In diesen beiden kleinen Sammlungen typischer Gebrauchssätze entsprechen die Satzgefüge zweifellos der gesprochenen Sprache des Althochdeutschen. Einfache Fragen und Aufforderungen sind es, für den Verkehr des Reisenden bestimmt, im Gespräche zwischen Herren und Dienern, auf das praktische Leben ausgerichtet, insofern sozusagen zeitlos — man vergleiche die Wendungen

skir min fahs   'Haarschneiden bitte'
skir minan hals   'Ausputzen bitte'
skir minan part   'den Bart stutzen, bitte'

| *firnimis* | 'verstanden?' |
| *ih firnimu* | 'ja, ich verstehe' |

In Richtung Konversationsgrammatik weisen außerdem Aufzeichnungen der auf das notwendigste beschränkten Verbformen für den mündlichen Verkehr.

Darüber hinaus sind unendlich viele Reflexe einer gesprochenen Sprache im Althochdeutschen, die bald da bald dort in den Denkmälern hervortreten, vor allem

(a) in gewissen stehenden Formeln aus der Rede oder Sprechsprache, besonders häufig in kurzen rhetorischen Fragen bei Notker vom Typus *uuîo? uuîo mag? uuîo dánne? Lóse noh mêr. Fóne uuiu ist táʒ?* und viele andere.

(b) in Gebeten, Beichten, Taufgelöbnissen, soweit sie nicht im Formular erstarrt sind

(c) im Anruf der Zauber- und Segenssprüche, die so oft auf eine wirkliche Situation bezogen bleiben:
Lorscher Bienensegen:

| *Kirst, imbi ist hucʒe!* | 'Jesses, das Bienenvolk ist weg!' |

So könnte ein Bauer des 10. Jhs. an der Bergstraße bei der Feststellung des Verlustes tatsächlich gesprochen haben. Auch das balladenhafte Stück Ad equum errehet enthält in seinen Redeteilen Kurzsätze situationsbezogener, direkt gesprochener Sprache:

'*wes, man, gestu?*	'Weshalb, Mann, gehst du zu Fuß?
ʒu neridestu?'	Warum reitest du nicht?'
'*waʒ mag ih riten?*	'Wie kann ich reiten?
min ros ist errehet.'	Mein Roß hat die Rähe.'

Nun ist diese kurze Aufstellung noch keineswegs vollständig, sie soll auch nur den Weg zum Material hin vorläufig markieren. Für eine systematische Erfassung bedarf es der Besinnung auf die Erscheinungsformen gesprochener Sprache nach Quellengruppen oder stilistischer Kategorie, was wir hier nicht weiter ausführen können. Jedenfalls kann man sagen: große Teile der ahd. Überlieferung, auch der Übersetzungstexte und selbst der Glossen, zeigen eine direkte Verankerung in der

gesprochenen Volkssprache, die den großen Generierungs-
hintergrund althochdeutscher Sprachwirklichkeit ausmacht.

Um so weniger erstaunlich ist es, daß in frühmittelhochdeutscher Zeit das Sprachinstrumentarium nun geschaffen
ist, dessen sich eine neue Dichtung vielseitigster Ausrichtung
bedienen kann — selbst unter neuen geistesgeschichtlichen
Ansätzen. Die relativ breit verbürgte, wenn auch erst langsam
erwachsene Volkssprachlichkeit des Althochdeutschen hat es
von der Sprache her in langer Vorschule ermöglicht. Volkssprache ist über die Stammesdialekte hinaus deutsch geworden
und in eine Schriftlichkeit hineingewachsen, die ihre spröden
und gespreizten Züge mehr und mehr abzustreifen vermochte.
Es ist ein doppelseitiger Vorgang in der Geschichte des Althochdeutschen: die Wirkung schreibsprachlicher Neuver-
deutschung in die Volkssprache hinein, besonders was die
zunächst noch schwierigen Glaubens- und Wissenschafts-
begriffe betrifft, und die noch größere, aber bisher meist weniger beachtete Ausstrahlung der Volkssprache in die erste
Schriftwirklichkeit der ältesten deutschen Sprachstufe.

Literaturhinweise zu Kapitel 4

Werner Betz, Karl der Große und die lingua theodisca, in: Karl der
Große. Lebenswerk und Nachleben. Bd. II: Das geistige Leben, hsg. von
Bernhard Bischoff, Düsseldorf 1965, 300—306. — Sr. Raphaela Gasser,
Propter lamentabilem vocem hominis. Zur Theorie der Volkssprache in
althochdeutscher Zeit. Diss. Zürich, Freiburg (Schweiz) 1970. — Klaus
Matzel, Untersuchungen zur Verfasserschaft, Sprache und Herkunft der
althochdeutschen Isidorübersetzungen, Bonn 1970 (= Rheinisches Archiv
75). — Klaus Matzel, Karl der Große und die lingua theodisca, Rheinische
Vierteljahrsblätter 34 (Bonn 1970), 172—189. — Arno Schirokauer,
Germanistische Studien, Hamburg 1957. — Stefan Sonderegger, Reflexe
gesprochener Sprache in der althochdeutschen Literatur, in: Frühmittelalterliche Studien, Bd. 5 (Berlin-New York 1971), 176—192. — Ergänzende
Literaturhinweise in Kapitel 8.

5. Kurzgefaßte Grammatik des Althochdeutschen

Die Grammatik des Althochdeutschen ist keine Einheit. Im
Zeitraum von vier Jahrhunderten sind es die immer wieder
neu einsetzenden Versuche, die älteste deutsche Sprachstufe

verschiedener Dialekte an verschiedenen Orten und zu verschiedenen Zeiten schreibsprachlich einzufangen. Dementsprechend muß eine ahd. Grammatik versuchen, die unterschiedlichen zeiträumlichen Schreibsprachsysteme darzustellen.

5.1. Die althochdeutschen Schreibsysteme

Die im einzelnen recht verschiedenen graphematischen Systeme eines geschriebenen Althochdeutsch gründen auf den folgenden Voraussetzungen:

— ungleiche mundartliche Ausgangspunkte und teilweise Dialektmischung oder Umschrift von Mundart zu Mundart in den ahd. Schreibsprachen
— verschiedene graphematische Adaptionserscheinungen:

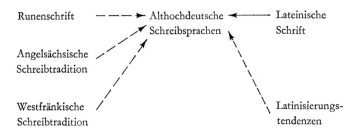

Runenschrift   — — — ► Althochdeutsche ◄——— Lateinische
                    ↗ Schreibsprachen ↖   Schrift

Angelsächsische ↗   ↗   ↖
Schreibtradition ↗ ↗   ↖

Westfränkische ↗   ↖ Latinisierungs-
Schreibtradition   tendenzen

— dynamische sprachgeschichtliche Entwicklung mit verschiedenen durchgreifenden Systemveränderungen im Verlauf von 400 Jahren (frühes 8. bis spätes 11. Jh.)
— verschieden differenzierte phonetische Beobachtungsgabe ahd. Schreiber- oder Verfasserpersönlichkeiten mit ungleichem Systematisierungsvermögen

Grundlegend für die ahd. Orthographie ist die Übernahme des lateinisch-romanischen Alphabetes für die Aufzeichnung der Volkssprache, was zu einer sehr uneinheitlichen Schreibweise geführt hat. Die sprachtragenden Klöster der ahd. Zeit oder einzelne Denkmäler bzw. Schriftsteller sind die Träger verschiedener orthographischer Systeme. Darüber hinaus sind folgende Besonderheiten zu nennen:

(1) Die frühahd. Sprache hat noch Anteil an Runeninschriften aus dem fränkischen, thüringischen, alemannischen und langobardischen Raum des 6.—7. Jhs., vgl. oben Abschnitt 2.6., S. 68.

(2) Von besonderer Bedeutung ist für das ältere Ahd. das Einwirken des angelsächsischen (altenglischen) Schreibgebrauchs: besonders ð für *th*, *dh*, P für *w* (sonst *u*, *uu*), ⌐ für *inti* 'und', ✳ für *ga* (ursprünglich Runenligatur aus χ = *g* und I = i), Akut ′ als Längezeichen.

(3) Häufig begegnet in den Handschriften der ganzen ahd. Zeit eine nur orthographischen Wert besitzende Lautumstellung, die wir als orthographische Metathese bezeichnen wollen: z. B. *th* für *ht* (= χ*t*), *ao* für *oa* < *ō*, *ei* für *ie* < *ē²*, ja selbst mit dazwischenliegenden Lauten (*Egibrhet* 8. Jh. = *Egibreht;* *ghiuuedara halba* = *gihuuedara halba* 9./10. Jh. Glossen Cod. Sangallensis 299 usw.).

Das heißt: im Ringen um eine ahd. Orthographie kann zunächst ein phonetischer Befund *ab* als *ab* oder *ba* geschrieben werden, oder ein phonetischer Befund *abc* als *abc*, *acb*, oder *bac* *(maht: maht, math, mhat)*.

(4) Zur Längenbezeichnung von Vokalen und Konsonanten erscheint oft Doppelschreibung (besonders im älteren Ahd., später nur noch selten), für lange Vokale auch Akzentsetzung (Akut, Zirkumflex).

(5) Abkürzungen sind in ahd. Handschriften selten, dagegen sind Auslassungen in der älteren Glossen- und Interlinearversionenüberlieferung weit verbreitet: das heißt, daß die ahd. Übersetzung oft nur durch Wortanfang, eventuell Wortmitte und Wortende angedeutet wird: *derelinquamur pirum f*[*ar*]*l*[*a*]χ*an* (Glossen Codex Sangallensis 70, spätes 8. Jh.), *dicantur s*[*in* *kiqhue*]*tan* (Benediktinerregel, St. Gallen, frühes 9. Jh.) — die nicht ausgeschriebenen Wortteile in eckiger Klammer ergänzt.

(6) Bei der Schreibung von Glossen wird gelegentlich eine Art Geheimschrift verwendet, wobei jeder Vokal durch den im Alphabet nachfolgenden (oder zweitnachfolgenden) Konsonanten ausgedrückt wird, während die Konsonanten sonst ihren Stellenwert — jedoch z. T. ohne *uu* = *w* — behalten: z. B. *studio flkzzf* [= *flizze*], *modos lfkchk* [= *leichi*] (St. Galler und Einsiedler Boethiusglossen 9./10. Jh.) usw.

(7) Besondere Schwierigkeiten bereiten die Schreibungen der aus der zweiten oder hochdeutschen Lautverschiebung hervorgegangenen Affrikaten *ts*, *pf*, *kχ*, die nicht durchgehend von den lautgeschichtlich parallel entwickelten Spiranten unterschieden werden, wenn auch Ansätze dazu vorhanden sind. Außerdem spielen hier die dialektgeographischen Unterschiede hinein, die im Falle von fremdmundartlichen Vorlagen z. T. gar nicht voll graphematisch angepaßt werden (in die Aufstellung sind nur die wichtigsten Varianten aufgenommen):

Germanisch	Althochdeutsch		
	als Affrikate	als Reibelaut	
		Doppelspirans	vereinfacht
t	z	zz	z
	neben zz, tz	zss, sz, ss	zs, s
p	pf	ff	f
	neben ph, pph, ppf		ph
k	ch (anl., inl.)	ch	h
	cch (inl., ausl.)	neben hh, h	
	cc, ck (inl., ausl.)		

(8) Der Halbvokal *w* erscheint i. d. R. als *uu*, seltener *u*, in Verbindung mit Vokalen meist als *u*: *suuarz*, *suarz*, *uuazzar*, *frouuida* 'Freude' (Notker *fréuueda*, Glossierung zu Notkers Psalter *fróuuida*).

(9) Die entwicklungsgeschichtlich im Verlauf des Ahd. zunehmende Nebensilbenabschwächung wird graphematisch verschieden eingefangen. Folgende Stufen sind zu unterscheiden:

— alte lautgesetzlich entsprechende Vollstufe der Nebensilbenvokalbezeichnung im älteren Ahd.

— sodann mit vereinzelten, aber im 9. Jh. zunehmenden Reduktionsreflexen (*i, e*)

— scheinbare, lautgesetzlich nicht mehr entsprechende Vollbezeichnung der Nebensilbenvokale durch irgendwelche Vollvokale (besonders *a*) neben reduziertem *e* (9./10./11. Jh.), beides als Reflex der zunehmenden Endsilbenabschwächung

— lautgesetzlich-phonetisch differenzierte Beobachtung bei Notker von St. Gallen (Notkers Auslautgesetz) um 1000 je nach Position der Nebensilbenvokale

— vokalharmonisch-melodische Angleichungen der Nebensilbenvokale an ihre vokalische Umgebung bei Otfrid von Weißenburg in der 2. Hälfte des 9. Jhs., mit sprechsprachlichen und versmaßbedingten Elisionen

(10) Die Entwicklung der ahd. Akzentsysteme zeigt folgende Erscheinungsformen

— ungeregelte, vereinzelte Akzentsetzung zur Längenbezeichnung (Akut und zunehmend Zirkumflex), seltener als Betonungsangabe, in der Glossenüberlieferung und spurenweise in den Denkmälern, in einzelnen Scriptorien, z. B. St. Gallen, jedoch deutlich zunehmend

— damit verbunden gelegentliche satzphonetische Hervorhebungsakzente (Tatianübersetzung, um 830) und phonetische Differenzierungsakzente (*uú* = *w*, erste Diphthongelemente mit Akut u. ä. ebenda)

— weitgehend geregelte rhythmische Akzentuierung bei Otfrid von Weißenburg zur Sicherstellung des vierhebigen Versablaufes der Kurzzeile

— phonetische Akzentuierung (betonte Kürze, Länge, Nebenton, Diphthongbetonung, satzphonetische Besonderheiten) in strenger Regelung bei Notker von St. Gallen und bei Williram von Ebersberg

— mehr oder weniger geregelte, aber weit verbreitete phonetische Akzentuierung im Spätahd. überhaupt (z. B. teilweise im Physiologus usw.)

(11) Eine geregelte Interpunktion im Sinne satzphonetischer Kolonhervorhebung ist erst spätahd. bei Notker von St. Gallen und Williram von Ebersberg durchgeführt.

5.2. Die althochdeutschen Lautsysteme

Da in die ahd. Überlieferungszeit vom 8. bis 11. Jh. zeitlich gestaffelt eine Reihe durchgreifender lautlicher Veränderungen fallen, weit mehr als in den späteren Sprachstufen des Deutschen, kann man nicht von einem einheitlichen Lautsystem des Ahd. sprechen — weder zeitlich noch räumlich. Das macht das Ahd. so differenziert und so schwierig. Da das Langobardische nur fragmentarisch überliefert ist, kann es hier nur am äußersten Rand mit berücksichtigt werden.

5.2.1. Haupterscheinungen der ahd. Lautgeschichte

Nach ihrer zeitlichen Staffelung wird die ahd. Lautgeschichte von den folgenden Hauptveränderungen getragen, die untereinander in systembezogenem Zusammenhang stehen:

Vokalismus

7./8. Jh. frühahd. Monophthongierung
    germ. *ai* > *ē* vor germ. *h, r, w*
    germ. *au* > *ō* vor germ. *h* und allen Dentalen

8./9. Jh. ahd. Diphthongierung
    germ. *ē²* > *ea, ia*, spätahd. *ie*
    germ. *ō* > *oa, ua* (alem.), *uo* (fränk. und gesamtahd. seit 900)

2. Hälfte 8. Jh. ff. Primärumlaut *a* > *e* durch *i, ī, j* der Folgesilbe

9./10. Jh. normalahd. Vorsilbenangleichung
(*a-/u-*Typus → *e-/i-*Typus → *e-*Typus)

8./10. Jh. Kontaktassimilationen in Diphthongen
germ. *eu* > *iu* bzw. *eo, io* je nach Vokal der Folgesilbe
oder Zwischenkonsonanz (8. Jh.)
germ. *ai* > *ei, au* > *ou* soweit nicht monophthongiert
(8./9. Jh.)
ahd. *io* > *ie* (9./10. Jh.)

(8./9.-)10./11. Jh. gemeinahd. Nebensilbenabschwächung

(9.-)10./11. Jh. Spuren des Sekundärumlautes vor *i, ī, j* der Folgesilbe

10./11. Jh. Notkers Auslautgesetz im Sinne einer differenzierten Nebensilbenvokalregelung Vollton/Schwachton je
nach Position

11. Jh. Übergang von *iu* > *ū* (geschrieben *iu*)

(10.-)11./12. Jh. deutsche Akzentschwächung

(b) Konsonantismus

5./6. Jh. *t*-Verschiebung ⎫
6./7. Jh. *p*-Verschiebung ⎬ Tenuesverschiebung
7./8. Jh. *k*-Verschiebung ⎭

8./9. Jh. Medienverschiebung
d > *t, g* > *k, c, b* > *p*

8./9. Jh. frühahd. Spirantenschwächung

frühes 9. Jh. anlautend *hl-, hn-, hr-, hw-* > *l-, n-, r-, w-*

9./10. Jh. alemannische Extremverschiebung
(*k* > *ch,* Spuren von *pf* > *f*)

10./11. Jh. Notkers Anlautgesetz als satzphonetische Regelung von hartem und weichem Anlaut bei den Verschlußlauten *d* (< *th*)/*t, b/p, g/k* und teilweise *v/f*

11. Jh. spätahd. Verschlußlautschwächung

Die Wirkungsweisen dieser Lautveränderungen werden im folgenden kurz im einzelnen, aber stets im Hinblick auf eine zeitlich-räumliche Übersicht, erläutert.

5.2.2. Zum Vokalismus im einzelnen

(1) Das Vokalsystem der Hauptsilben des Ahd. zeigt folgenden Entwicklungsgang:

(a) Kurzvokale

germanisch	a	e	i	[o]	u	*o* sekundär < *u* vor *a, e, o* der Folgesilbe
vorahd. frühahd.	a	e	i	o	u	
1. vor 750	a		ë	i	o	u	
2. nach 750	a	e	ë	i	o	u	*e* = Primärumlaut < *a* vor *i, ī, j* der Folgesilbe
normalahd.	a	e	ë	i	o	u	
spätahd.	a (ä)	e	ë	i	o (ö)	u (ü)	Spuren weiterer Umlaute (Sekundärumlaute), erst allmählich bezeichnet bzw. phonemisiert
mhd.	a	ä	e	ë	i	o	ö	u	ü	

(*ë* bedeutet kurzes, offenes *e* = germanisch *e*)

Das Kurzvokalsystem des Ahd. wird durch die Umlautwirkung von *i, ī, j* der Folgesilben (Nebensilben) verändert, was gegenüber dem Frühgermanischen eine Erweiterung im Bestand der Vokalphoneme bedeutet. Die Umlautwirkung auf kurzes *a* > *e* wird — außer bei sogenannter umlauthindernder Konsonanz nach dem Stammvokal — seit der 2. Hälfte des 8. Jhs. durch *e* (selten *ei, ae, ę, ai*) bezeichnet und führt zu einem neuen Phonem (geschlossenes kurzes *e*).

Die Umlautwirkung auf *a* bei umlauthindernder Konsonanz (fast gesamtahd. *ht, hs*, oberdt. *l* + Kons., oft auch *r* + Kons.,

hh/ch < germ. *k*, oft auch germ. *h*) und bei schwerer Ablei-
tungssilbe (ahd. *hagzissa* f. 'Hexe') bzw. auf die übrigen Kurz-
und Langvokale und Diphthonge geht zwar in ahd. Zeit zurück, ist aber schwächer und wird erst nach und nach, vor
allem spätahd., aber keineswegs durchgehend bezeichnet. Die
zunächst noch unbezeichneten Umlautallophone [ä], [ö], [ü]
erfahren erst im Verlauf der ahd. Zeit die Phonemisierung
im System, nachdem die auslösende i-Haltigkeit der Folgesilben (Endsilben) reduziert bzw. verklungen ist. Erst seit dem
12. Jh. kommt es zur allgemeinen Bezeichnung des Sekundärumlautes. Wir erhalten damit folgende Relationen:

— Primärumlaut, z. B.

  gast m. 'Gast', Pl. *gesti* < *gasti*
  lamb n. 'Lamm', Pl. *lembir* < *lambir*
  faran 'fahren', Ind. 1.—3. Sg. *faru, feris, ferit*

— (teilweise) Umlauthinderung, z. B.

  maht f. 'Macht', Pl. *mahti* (Otfrid *mehti*)
  haltan 'halten', 1.—3. Sg. Ind. fränk. *haltu, heltis, heltit*, obd. *haltu, haltis,*
  haltit
  alem. *starchī*, 'Stärke' neben *sterchī*

— Sekundärumlaut, z. B.

  828 *in villa Puillacha* = ON *Bülach* (Schweiz) < gallorom. *Pulliacum*
  spätahd. *muillen*, normalahd. *mullen* < *muljan* 'zermalmen'
  spätahd. *gûita* = normalahd. *guotī* f., mhd. *güete* f. 'Güte'

Was die Vertretung von *ë* (< germ. *e*) angeht, ist an den
schon im Germanischen vorhandenen Wechsel mit *i* vor *i, ī, j*
der Folgesilbe und vor *n/m* + Kons. zu erinnern, wozu im
Ahd. (und Altsächs.) noch der Übergang *ë* > *i* vor *u* der Folgesilbe tritt, doch nicht ausnahmslos (z. B. ahd. *fëhu, fihu* n. 'Vieh';
gëban 'geben', *gibu* 'ich gebe'; *sibun* 'sieben').

Was die Vertretung von *i* angeht, ist an germ. *wiraʒ* > ahd.
wër 'Mann' zu erinnern.

Damit ergeben sich folgende stellungsbedingte Relationen
in den Hauptsilben:

Relationsgruppen	Germanisch	Althochdeutsch
a/Umlaut	*a* ohne Einschränkung	*a* vor allen Vokalen außer *i, ī, j*, sowie vor der Ableitung Null (ø)
		e vor *i, ī, j* (außer bei Umlauthinderung und schwerer Ableitungssilbe, vgl. oben S. 145)
e/i	*e* vor *a/e/o/u*-Haltigkeit der Folgesilbe	*ē* vor (ursprünglicher) *a/e/o*-Haltigkeit der Folgesilbe
	i vor *i*-Haltigkeit der Folgesilbe und vor *n/m* + Konsonant	*i* vor (ursprünglicher) *i/u*-Haltigkeit der Folgesilbe und vor *n/m* + Konsonant
o/u	*o* erst spätgemeingermanisch vor *a/e/o*-Haltigkeit der Folgesilbe, außer vor *n/m* + Kons.	*o* vor *a/e/o*-Haltigkeit der Folgesilbe, außer vor *n/m* + Konsonant
	u vor *i/u*-Haltigkeit der Folgesilbe, sowie vor *n/m* + Konsonant in allen Fällen	*u* vor *i/u*-Haltigkeit der Folgesilbe, sowie vor *n/m* + Konsonant in allen Fällen

Das Althochdeutsche ist die einzige, d. h. erste und letzte Sprachstufe des Deutschen, die ein dergestalt vollständiges und noch produktives Ineinandergreifen von Endsilbenvokal- und Hauptsilbenkurzvokalsystem zeigt: ein durchaus germanisches Sprachprinzip in noch weiterer Differenzierung seiner Relationsbedingungen. Auf diesem Prinzip beruhen die folgenden Vokalwechsel in (vergleichbaren) Paradigmen oder etymologisch verwandten Wortfamilien, die vereinzelt bis ins Neuhochdeutsche nachleben:

a/Umlaut: ahd. *gagan, gagen* 'gegen, entgegen'
            ingegini, ingegin 'entgegen, gegenüber'

    ahd. *man* m. 'Mann, Mensch', *men(n)isco* m. 'Mensch'

    ahd. *wahhēn, wahhōn* 'wachen, erwachen'
        wecken 'wecken, wach machen' < *wakjan*

10*

ē/i: ahd. *wërk, wërch* n. 'Werk, Tat' < **werkam, wërkōn* 'handeln, tun', *wirken* 'wirken, tun, vollbringen' < *werkjan*

ahd. *fël*, Gen. *fëlles* n. 'Haut' < **fellam, fillin* Adj. 'aus Fell'

ahd. *mëlkan* 'melken', *miluh* f. 'Milch' < **melukō* 'Gemolkenes'

ahd. *zëhan* 'zehn' neben *sibun* 'sieben', beide mit ursprachlichem *e* (vgl. lat. *decem, septem*)

o/u: ahd. *wolf* m. 'Wolf' < **wulfaz, wulpa* f. 'Wölfin' < **wulbjō*

ahd. *girunnan, gibuntan, funtan* 'geronnen, gebunden, gefunden' gegenüber *giworfan, giholfan* 'geworfen, geholfen'

Ausnahmslos wirkt dieses Relationsprinzip in den Fällen *ë/i* und *o/u* freilich im Ahd. nicht mehr, vor allem nicht bei jüngeren Ableitungen (*ërdîn* neben älterem *irdîn* 'aus Erde') — aber es gibt auch alte Ausnahmen (*ërnust* m. 'Ernst', *ëbur* m. 'Eber'). Außerdem wird paradigmatisch oft ausgeglichen (*brët* n. 'Brett', Plural frühahd. *pritir*, später *brëtir*).

(b) Langvokale und Diphthonge

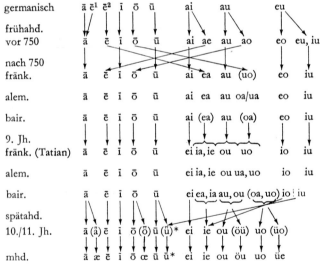

* geschrieben iu

Das sprachgeschichtlich mehrfach ineinandergreifende System der Langvokale und Diphthonge wird in ahd. Zeit durch komplementäre Monophthongierungen und Diphthongierungen, durch Kontaktassimilationen und Sekundärumlautwirkungen, ferner durch Ausgleichsbewegungen in Richtung fränkischer Lautung umgestaltet. Eine ungleiche Verteilung in den verschiedenen Mundarten liegt über die Tabelle hinaus bei der Vertretung von germ. *eu* vor, wo wir folgende Verhältnisse treffen:

fränkisch   *eo, io*   vor (geschwundenem) *a, e, o* der Folgesilbe

           iu   in den übrigen Fällen (*i, u* der Folgesilbe)

oberdeutsch   *eo, io*   vor (geschwundenem) *a, e, o* der Folgesilbe, aber nur wenn dentale Konsonanten oder germ. *h* dazwischenstehen

           iu   in den übrigen Fällen (also auch vor *a, e, o* der Folgesilbe, wenn Labial oder Guttural als Zwischenkonsonanz auftritt).

Nach diesem sogenannten altoberdeutschen Gesetz für germ. *eu*, das erst seit dem 10. Jh. zugunsten der fränkischen Regel an Wirksamkeit verliert, erhalten wir z. B. die folgenden Unterschiede:

fränk. *liogan*,   obd. *liugan* < germ. *leugan* 'lügen'
fränk. *tiof*,   obd. *tiuf* < germ. *deupa-* 'tief'
fränk. *sioh*,   obd. *siuh* < germ. *seuka-* 'krank'

Frühahd. Monophthongierung (7./8. Jh.) und Diphthongierung (8./9. Jh.) bilden eine zweifache Symmetrie ihres Entwicklungsvorganges, der sich zeitlich überlappt, indem die entwicklungsgeschichtlich vorausgehende Monophthongierung durch die Diphthongierung sozusagen eingeholt wird, mit einer deutlichen bairischen Verspätung, aber ohne Erfassung des Langobardischen in Monophthongierung und Diphthongierung:

| germ. *au* > ahd. *ō* (vor germ. *h* und allen Dentalen, also ahd. *d, t, ʒ, s, n, r, l*) | Monophthongierung unter gewissen kombinatorischen Bedingungen = Phonemspaltung (*au → ou/ō* sowie *ai → ei/ē*) | germ. *ai* > ahd. *ē* (vor germ. *h, r,* |
| germ. *ō* > ahd *uo* (←- *oa, ua*) | Diphthongierung spontan, in allen Fällen (außer späte Lehnwörter mit *ē* > *ī*) = Phonemerweiterung (neue Falldiphthonge *uo, ia*) | germ. *ē²* > ahd. *ia* (→ *ie*) (über *ē* > > *ia*, später *ie,* in Lehnwörtern lat. *ē*) |

Beispiele

germ. *hauhaʒ (got. *hauhs*) > ahd. *hōh* 'hoch'	germ. *aihtiʒ f. (g *aihts*) > ahd. *ēht* f. 'Besitz'
germ. *dauþuʒ m. (got. *daupus*) > ahd. *tōd* m. 'Tod'	germ. *sairaʒ m., *sairam n. (got. *sa* > ahd. *sēr* m. n. 'Schmerz'
germ. *hauzjan (got. *hausjan*) > ahd. *hōr(r)en* 'hören'	germ. *hlaiwaʒ m. *hlaiwam n. (got. *hlaiw* n.) > ahd. *h* 'Grabhügel'
germ. *skaunjaz (got. *skauns/-eis*) > ahd. *scōni* 'schön'	
germ. *brōþar m. > ahd. *bruoder* m. 'Bruder'	germ. *hēr > ahd *hear, hiar, hier,* 'hie
germ. *sōkjan > ahd. *suohhen* 'suchen'	germ. *mēzdō f. > *mēta, meata, miata,* f. 'Lohn, Miete'
germ. *fōtuʒ m. > ahd. *fuoʒ* m. 'Fuß'	lat. *brēve* > ahd. *b* *brief* 'Brief, Urkun Schriftstück'

Die beiden großen vokalischen Veränderungen des Ahd. gehen vor allem vom Fränkischen aus, mit frühen Zeugnissen

auch im Alemannischen, aber mit erst relativ später durchgehender Erfassung des Bairischen in der Diphthongierung
— unter Ausschluß des Langobardischen —, die sich wie folgt
darstellt:

	Fränkisch		Alemannisch		Bairisch		Langobardisch
m 750	ē	ō/uo	ē	ō/oa	ē	ō	ē ō
m 800	ē/ea	uo/(ua)	ē/ea/ia/ie	ua	ē/ie	ō/oa/(ua)	ē ō
m 850	ia/ie	uo/(ue)	ia/ie	ua/uo	ie	ō/oa/uo	ē ō
m 900	ie	uo	ie	uo	ie	uo	
0. Jh.	ie	uo/(ue)	ie	uo/(ue)	ie	uo/(ue)	

Die Sonderstellung des Langobardischen im Vokalismus
heißt: Langobardisch ist Ahd. ohne Monophthongierung und
Diphthongierung, also vokalisch archaisches Ahd. Nach
durchgeführter Monophthongierung und Diphthongierung
verfügt das Ahd. über folgendes vokalisches Phonemsystem
der Haupttonsilben:

urzvokale /a/ /e/ /ę/ /i/ /o/ /u/   (mit Allophonen *ä, ö, ü,* vor [urpsrüng-
lichem] *i, ī, j* der Folgesilbe)

ngvokale /ā/ /ē/ /ī/ /ō/ /ū/   (mit Allophonen *ǟ, ȫ, ǖ,* vor [ursprüng-
lichem] *i, ī, j* der Folgesilbe)

phthonge /iu/ /io/ /ia/ /ei/ /ou/ /uo/ (mit Allophonen *iü, öu, üo* vor [ur-
sprünglichem] *i, ī, j* der Folgesilbe)

Der Übergang von *iu > ü* fällt in spätahd. Zeit: er ist bei
Notker von St. Gallen sicher faßbar. Spätahd. fallen außerdem
io > ie (Basis germ. *eu*) und *ia > ie* (Basis germ. *ē²*) zusammen.
Für das Spätahd. Notkers von St. Gallen sieht das Phonemsystem dann so aus:

9 Kurzvokale /a/ /ä/ /e/ /ę/ /i/ /o/ /ö/ /u/ /ü/   (ohne Bezeichnung
von *ä, ö, ü*)

8 Langvokale /ā/ /ǟ/ /ē/ /ī/ /ō/ /ȫ/ /ū/ /ǖ/   (ohne Bezeichnung
von *ǟ, ȫ*)

6 Diphthonge /ie/ /ei/ /ou/ /öu/ /uo/ /üo/   (ohne Bezeichnung
von *öu, üo*)

(2) Das Gefüge der vielfältigen Nebensilbenvokale des Germanischen (Vokale der Vorsilben oder Präfixe, der Mittel- und Endsilben) erfährt im Verlauf der ahd. Zeit eine zunehmende Abschwächung, in deren Gefolge *e* oder der Reduktionslaut *ə* (geschrieben *e*) zum häufigsten Selbstlaut der Nebensilben wird. Diese Abschwächung reicht in verschiedenen Etappen und Vorgängen vom 8. bis ins 11. Jh. und ist unter dem Einfluß des starken exspiratorischen oder dynamischen Akzentes des Ahd. zu sehen, den Georg Baesecke den Hauptbeweger der ahd. Sprachgeschichte genannt hat. Im Südgermanischen, d. h. auch im Ahd., haben sich außerdem vor *l*, *r*, *n*, *m* der Endsilben im Auslaut neue Sproßvokale entwickelt, die ahd. als *a* erscheinen und schon bald auf alle flektierten Formen und Ableitungen der Grundwörter übertragen wurden: *fogal* < **fugl*, älter germ. **fuglaz* m. 'Vogel', Gen. *fogales; ahhar* < **akr*, älter germ. **akraz* m. 'Acker', Gen. *ackres*, später auch Nom. *ackar*, Gen. *ackares; zeihhan* < **taikn*, älter germ. *taiknam* n. 'Zeichen', Gen. älter *zeihnes*, später (9. Jh.) *zeichanes*. Über die Darstellung in den Handbüchern zum Ahd. hinaus sind folgende Schichten der Nebensilbenabschwächung zu sehen:

(a) frühe Nebensilbenabschwächungen in Sprechformen, pro- und enklitischen Wörtern und Namen seit dem 8. Jh. Für die Erkenntnis dieser Vorgänge ist das Namenmaterial der Vorakte (Voraufzeichnungen) der älteren St. Galler Urkunden seit 750 von großem Wert, zeigt sich doch in diesen volkssprachlichen Sprechformen bereits der Beginn der ahd. Nebensilbenabschwächung deutlich: 797 *Erchenhart* (für *Erchanhart*), 804 *Gundhere* (für *Gundheri*) usw. Dazu treten Appellativbelege aus verschiedenen Quellen, z. B. St. Galler Paternoster Ende 8. Jh. *sosa* < **sōsō*, *uzzer* < *ūzzar; se* enklitisch für *sie* Pers. Pron. mask. Pl. in verschiedenen Quellen des 9. Jhs.; *ini* < *inan* 'ihn' Lex Salica-Übersetzung Anfang 9. Jh. usw.

(b) normalahd. Vorsilbenangleichung. Die Entwicklung geht hier schematisch dargestellt in der folgenden Weise

vor sich, wobei allerdings einige Mundartunterschiede
dazutreten:

8. (9.) Jh.	9./10. Jh.	10./11. Jh.
volltoniger Typus →	*i*-Typus (z. T. schon *e*-Typus) → *e*-Typus	
fur-, for-, far-	*fir-*	*fer-*
ga-	*gi-*	*ge-*, *g-* (vor *l*, *n*)
ant-	*int-*	*ent-*

(c) Nebensilbenangleichung in verschiedener Richtung.
Auch diese Erscheinung ist seit dem 8. Jh. faßbar und
ist im 9. Jh. verbreitet. Die Angleichung der Nebensilbenvokale geht in Richtung der starktonigen Haupt-
silbenvokale, z. T. satzphonetisch über die Wortgrenze
hinaus und ist das graphische Indiz für eine weiter um
sich greifende allgemeine Endsilbenabschwächung.

(d) Allgemeine, spätahd. Nebensilbenabschwächung, z. T.
Nebensilbenvokalschwund, besonders seit dem 10. Jh.

(e) Gesetzmäßige Regelung der Endsilbenvokalverhältnisse
bei Notker von St. Gallen (um 1000). Notker regelt
wie folgt:

— im absoluten Auslaut bleiben die Vokale erhalten,
doch wird *-i* > *-e*, *-u* > *-o* (z. B. Praes. Ind. von
faran 'fahren', *faro, ferest, feret, farēn, farent, farent* für
älteres *faru, feris, ferit, farēm, faret, farant*)

— alle kurzen gedeckten Endsilbenvokale werden zu *e*,
alle langen bleiben erhalten.

(f) Was die Mittelsilben angeht, ist folgendes festzuhalten:
Erhaltung der schweren, d. h. langen oder durch mehr-
fache Konsonanz gedeckten Mittelsilbenvokale (*habēta*
'ich/er hatte' usw., *mennisco* m. 'Mensch'); Erhaltung
aber z. T. Angleichung und später Abschwächung der
Fugenvokale nach kurzsilbigen ersten Kompositionsgliedern (*bētahūs*, später *bētohūs* 'Bethaus'), Ausstoßung nach
lang- und mehrsilbigen ersten Kompositionsgliedern
(*gasthūs* n. 'Herberge', *himilfleugendi* m. 'das unter dem
Himmel Fliegende, Vogelschar'; mit Kompositionsvo-

kal noch gotisch *himin-a-kunds* Adj. 'von himmlischer Abkunft, himmelsentstammt', zu gotisch *himins* m. 'Himmel').

(3) Für das gesamte ahd. Vokalsystem ist der Unterschied von Kürze und Länge phonemisch, d. h. bedeutungsdifferenzierend. Man vergleiche die Beispiele mit den folgenden Oppositionsverhältnissen:

a/ā *waga* f. 'Wiege' / *wāga* f. 'Waage'

ë/ē *hëra* 'hierher' / *hēra* f. 'Ehrfurcht'
  bëro m. 'Bär' / *bēro* Gen. Pl. von *bēr* m. 'Eber'

i/ī *wisa* f. 'Wiese' / *wīsa* f. 'Weise, Art, Maß'
  bita f. 'Anbetung' / *bīta* f. 'das Warten, die Erwartung'

o/ō *loh* n. 'Loch' / *lōh* m. 'Niederholz, Gebüsch, lichter Wald'

u/ū *sume* mask. Pl. von *sum* 'einige' / *sūme* 1./3. Sg. Opt. Praes. von (*fir-*)
  sūmen '(ver-)säumen'

Dies trifft für alle Vokale im Sinne einer morphophonematischen Regelung auch auf die Endsilben zu, wo dadurch verschiedene Flexionsformen geschieden werden können:

a/ā *gëba* f. 'Gabe' / Pl. *gëbā*
  kuninginna Gen. und Akk. Sg. zu *kuningin* 'Königin' / Pl. *kuninginnā*

e/ē *suochen* Inf. 'suchen' / *suochēn* 3. Pl. Opt. Praes.
  spätahd. (Notker) *râten* Inf. 'raten' / *râtên* Imp. und 1./3. Pl. Opt. Praes.
  spätahd. (Notker) *râtest* 2. Sg. Ind. zu *râten* 'raten' / *râtêst* 2. Sg. Opt.

i/ī obd. *hôhin* Gen. Dat. Sg. schwache Form zu *hôh* 'hoch' / *hôhīn* Dat. Pl.
  (selten auch alle Sg.-Formen) von *hôhī* f. 'Höhe'

o/ō fränk. *hanon* Akk. Sg. und Nom. Akk. Pl. von *hano* 'Hahn' / *hanōn* Dat. Pl.

u/ū obd. (-fränk.) *blintun* Akk. Sg. Mask. und Nom. Akk. Pl. Mask. Neutr. / *blintūn* Gen. Dat. Akk. Sg. Fem. und Nom. Akk. Pl. Fem. des schwachen Adj. 'blind'

Im Normalmhd. sind diese Unterschiede bei den Endsilben zufolge der Vokalschwächung im Nebenton > *e* aufgehoben. Das Phonemsystem der Nebensilbenvokale sieht im Ahd. so aus:

<blockquote>
Kurzvokale /a/ /e/ /i/ /o/ /u/

Langvokale /ā/ /ē/ /ī/ /ō/ /ū/

Diphthonge /iu/
</blockquote>

Als solches hält es sich, trotz Gewichtsverschiebungen zugunsten von /e/ — z. T. bereits Reduktionslaut ə — durch die ganze ahd. Zeit, wobei lediglich iu spätahd. den diphthongischen Charakter verliert und zu ü̂ wird, und bei Notker der grundsätzliche Unterschied zwischen absolutem und durch Konsonant gedecktem Auslaut dazutritt.

5.2.3. Zum Konsonantismus im einzelnen

5.2.31. Übersicht über das Konsonantensystem

Gegenüber dem germanischen Konsonantenbestand erfährt das ahd. Konsonantensystem eine Reihe von grundlegenden Veränderungen, wie folgende Übersicht zeigt (links spätgerm., rechts bzw. unverändert ahd.; in runden Klammern = nur teilweise Veränderungen):

erm.	Tenues	Mediae	Spiranten		Nasale Liquide	Halb- vokale
			Stimmlos	Stimmhaft		
le	p > pf, ff, f	b (> p)	f (teils > v)	ƀ (> b)	m	w
le	t > z, ȝȝ, ȝ	d (> t)	þ [= th]	d (> d, t)	n	
			(> d) s	z > r	l, r	
e	k > (kh, kχ)ch	g (> k, c)	χ > h	g > g	ŋ	j
velare kw[qu] > k(ch)	gw > g		χw > h	gw > w		

Das stimmhafte ältere germanische đ ist schon vorahd. (südgermanisch) zu d entwickelt worden, woraus ahd. t (mit Ausnahmen, vgl. unten) resultierte.

Das keine Affrikaten und nur wenige Geminaten umfassende germ. Konsonantengefüge erscheint im Ahd. dadurch völlig neu strukturiert, mundartlich aber stark verschieden, was die Vertretung der aus der Lautverschiebung hervorgegangenen Laute betrifft (vgl. unten S. 156 ff.):

Ahd.	Tenues	Mediae	Affrikaten	Spiranten		Liquide Nasale	Halbvok.
				Stimmlos	Stimmhaft		
Labiale	p	b	pf	f	(v)	m	w
Dentale	t	d	z	(th), ʒ, s	—	n l, r	
Velare	k	g	ck (ch, cch)	h, hh, ch	—	ŋ (ng)	j

Dazu treten eine Reihe von Geminaten, die aus der sogenannten westgermanischen (südgermanischen) Konsonantengemination vor *j*, teilweise vor *r*, *l*, *w*, *n*, *m* hervorgegangen
sind (ahd. *willo* 'Wille' < germ. **wiljan*, ahd. *bitten* 'bitten'
< germ. **biðjan*, ahd. *snottar* 'klug' < germ. **snutra-* usw.).
Germ. *h* ist ahd. im Silbenanlaut und im Inlaut zwischen
Vokalen zum Hauchlaut geworden, im Anlaut in den Gruppen
hl, *hn*, *hr*, *hw* seit dem frühen 9. Jh. dagegen geschwunden
(*hlēo* m. 'Grabhügel' > *lēo*, *hnigan* 'neigen' > *nīgan*, *hrēo* n.
'Leichnam' > *rēo*, *hwīʒ* 'weiß' > *wīʒ*). In- und auslautendes *hw*
wurde zu *h* (germ. *sehwan*, got. *saíƕan*, ahd. *sēhan* 'sehen'),
stimmhaftes *gw* im In- und Auslaut aber zu *w* (ahd. *giliwan*
Part. 'geliehen' < **galigwanaʒ*). Auslautendes *-w* wurde zu *o*
vokalisiert (*garo* 'bereit' < **garw*, älter **garwa*, flektiert aber
garwēr Nom. mask. Sg. starke Form; *kneo* n. < **knew*[*am*]
'Knie', Gen. *knewes; sēo* m. 'See' < **saiw*[*-aʒ*], Gen. *sēwes*).

5.2.32. Die hochdeutsche Lautverschiebung

Innerhalb der konsonantischen Merkmale des Ahd. steht
die zweite oder hochdeutsche Lautverschiebung nach ihrem
zeitlichen Auftreten und ihrer Wirkungsweise voran. Die Erscheinung erfaßt, wenn auch mit ungleichem fränkischem Anteil, das gesamte Ahd. Es handelt sich dabei um eine übermund-
artliche, allgemeine Entwicklungstendenz, die gewisse Parallelen sogar außerhalb des Ahd. hat. Dabei sind zu unterscheiden:

(a) Tenuesverschiebung:

Verschiebung von *p*, *t*, *k* (außer in den Gruppen *sp*, *st*, *sk*, *ht*, *ft*, *tr*.) Dabei werden im ganzen ahd. Gebiet (außer mittelfränkisch die Pronomina *thit*, *that*, *it*, *wat*, *allat*) germ. *t*, *p*, *k* inlautend zwischen Vokalen und auslautend nach Vokal zu den Doppelspiranten *ʒʒ*, *ff*, *hh (ch)* verschoben, im Auslaut sowie nach Langvokal oder Diphthong auch im Inlaut oft zu *ʒ*, *f*, *h* vereinfacht. Im einzelnen (die zeitliche Staffelung kann nur erschlossen werden):

5./6. Jh.ff. *t* > *ʒʒ*, *ʒ* germ. **etan* > ahd. *ēʒʒan* 'essen'

germ. **lētan* > ahd. *lāʒan* 'lassen'

germ. **hwata* > ahd. *(h)waʒ* (mfrk. *wat*) 'was'

6./7. Jh.ff. *p* > *ff*, *f* germ. **opana* > ahd. *offan* 'offen'

germ. **slēpan* > ahd. *slāfan* 'schlafen'

germ. **skipa* > ahd. *skif* 'Schiff'

7./8. Jh. *k* > *hh*, *h* germ. **makōn* > ahd. *mahhōn* 'machen'

germ. **taikn-* > ahd. *zeihhan* 'Zeichen'

germ. **ik* > ahd. *ih* 'ich'

Nach ihrer mundartlichen Ausbreitung komplizierter sind die Verschiebungsverhältnisse von *t*, *p*, *k* im Anlaut, im In- und Auslaut nach Konsonant *(l, r, m, n)* und bei vorahd. Verdoppelung *(tt, pp, kk)*:

5./6. Jh.ff. *t* > *z* im ganzen ahd. Gebiet, mit Einschluß des Langobardischen

germ. **taikn-* > ahd. *zeihhan* n. 'Zeichen' (mit neuem Sproßvokal in der Endsilbe)

germ. **holta-* > ahd. *holz* n. 'Holz'

germ. **hertōn-* > ahd. *hērza* n. 'Herz'

germ. *sitjan* > vorahd. **sittjan* > ahd. *sizzen* 'sitzen'

germ. **satjan* > vorahd. **sattjan* > ahd. *sezzen* 'setzen' (mit Primärumlaut)

6./7. Jh. ff. *p* > *pf* (alemannisch teilweise > *f*) in folgender Aus-
dehnung (wobei zusätzlich *pf* in einigen Wörtern
nach *l*, *r* > *f* weiterentwickelt ist, z.B. *hëlfan*, *wër-
ᶠan*, *dorf*):

	p-	pp	mp	lp	rp
germ.	*plegan 'pflegen'	*apla- 'Apfel'	*kampa- 'Kampf'	*gelpa- 'übermütig'	*scarpa- 'scharf'
mittel-fränk.	plëgan	appul	kamp	gelp	scarp
rheinfränk.	plëgan	appul	kamp	gelpf, gelp	scarpf, scarp
südrhein-fränk.	plëgan	apful	kampf (selten mp)	gelpf	scarpf
ostfränk.	pflëgan	apful	kampf	gelpf	scarpf
bair.	pflëg/kan	apful	champf, -f	gelpf, -f	scarpf
alem.	(p)flëg/kan	apful, afful	champf, -f	gelpf, -f	scarpf

Darüber hinaus zeigt freilich auch das Mittelfränkische einzelne Verschiebungsfälle, die ins 7. Jh. zurückreichen (Lex
Ribuaria *staffulus regis* < *stapula-*), wie R. Schützeichel ge-
zeigt hat.

7./8. Jh.   *k* > *kχ* *(ch, cch, ck)*, im Oberdeutschen, alemannisch
teils > *χ(ch)* weiter verschoben. Das Fränkische hat an
dieser Verschiebung sozusagen nicht teil:

germ. *korna- 'Korn', fränk. *korn*, obd. *chorn*

germ. *folka- 'Volk', fränk. *folk*, obd. *folch*

germ. *werka- 'Werk', fränk. *wërk*, obd. *wërch*

germ. *wakra- 'wacker', fränk. *wakkar*, obd. *wackar* (mit Gemination *k* > *kk* vor *r*)

germ. *queman 'kommen', fränk. *quëman*, obd. *chwëman*, alem.
spätahd. *chomen*

germ. *quekka- 'lebendig', fränk. *quëc*, obd. *chwëk*, *-ch*, alem.
chëck, *-ch*

Damit erhalten wir folgende Gesamtübersicht über die
Tenuesverschiebung im Ahd.:

Tenuesverschiebung

	←——— t ———→				←——————— p ——————→						←——— k ———→			
	t-	-tt(-)	-Kons.+t -t-	-t	p-	-pp(-)	mp	lp	rp	-p(-)	k-	kk -Kons.+k -k(-)		k
											k-	kk	-Kons.+k -k(-)	k
südgerm.-vorahd.	t	tt	t	t	p	pp	mp	lp	rp	p	k	kk	k	k
asächs.	t	tt	t	t	p	pp	mp	lp	rp	p	k	kk	k	k
mittelfrk.	z	ȝȝ	ȝȝ	ȝ/t	p	pp	mp	lp	rp	f(f)	k	kk	k	ch
rheinfrk.	z	ȝȝ	ȝȝ	ȝ	p	pp	mp	lp/lpf	rp/rpf	f(f)	k	kk	k	ch
südrheinfrk.	z	ȝȝ	ȝȝ	ȝ	p	pf	mpf	lpf	rpf	f(f)	k	kk	k	ch
ostfrk.	z	ȝȝ	ȝȝ	ȝ	p	pf	mpf	lpf	rpf	f(f)	k	kk	k	ch
bair.	z	ȝȝ	ȝȝ	ȝ	pf	pf	mf	lf	rf	f(f)	kȝ	kȝ	kȝ	ch
alem.	z	ȝȝ	ȝȝ	ȝ	pf	pf/ff	mf	lf	rf	f(f)	ch	kk	ch	ch
langob.	z	s(s)	s(s)	s	p	p(p)	mpf	lpf	rpf	pf/f(f)	k	kk	k/kȝ	ch

Systematisiert und nach den berücksichtigten Positionen der betreffenden Laute in der Aufstellung oben ergibt sich folgende Staffelung der Tenuesverschiebung im Ahd.:

Verschiebungs-lage	Sprache/ Mundart	Verschiebung in Positionen	Nichtverschie-bung in Positio-nen
keine Ver-schiebung	Altsächsisch	0	15
stark reduzierte Verschiebung	Mittelfränkisch	6 + 1 teilweise	8 + 1 teilweise
teilweise Verschiebung	Rheinfränkisch Südrheinfränkisch Ostfränkisch	7 + 2 teilweise 11 12	6 + 2 teilweise 4 3
volle Verschie-bung	Bairisch	15	0
volle Verschie-bung mit Extrem-werten	Alemannisch	15	0
teilweise Verschiebung	Langobardisch	9 + 2 teilweise	4 + 2 teilweise

(b) Medienverschiebung:

Verschiebung von *d, b, g* > *t, p, k (c)* seit dem 8. Jh. Dieser Teil der Verschiebung hat seinen deutlichen Schwerpunkt im Oberdeutschen, doch ergibt sich auch hier eine gewisse Staffelung bis ins Fränkische. Am wei-testen verbreitet ist die Verschiebung *d* > *t*:

germ.	*dohter	*faðar	*binðan	*biðjan
	'Tochter'	'Vater'	'binden'	'bitten'
mittelfränk.	dohter	fader	bindan	bidden
rheinfränk.	dohter	fader	bindan	bitten
südrheinfränk.	dohter	fater	bintan	bitten
ostfränk.	tohter	fater	bintan	bitten
bair.	tohter	fater	p/bintan	p/bitten
alem.	tohter	fater	p/bintan	p/bitten

Sozusagen nur auf das Oberdeutsche (mit breiter Vertretung im Bairischen) beschränkt ist die Verschiebung von *b* > *p* (z. B. mittelfränk. *bodo, lëvēn, sëlvo, lembir, sibba, gaf;* sonst fränkisch *bodo/boto, lëbēn, sëlbo, lembir, sibba, sippa, gab;* oberdeutsch zumeist *lëpēn, sëlpo, lempir, sippa, gap* 'Bote, leben, selb[st], Lämmer, Sippe, gab'). Selbst oberdeutsch nicht durchgehend ist die Verschiebung *g* > *k* (z. B. fränk. *biogan,* obd. *piugan, piukan* 'biegen'; fränk. *gëban,* obd. *këban, këpan* 'geben'; fränk. *huggen,* obd. *hucken, -an* 'denken'). Inlautende *p* sind bair. häufig, aber auch alem. verbreitet. Die Medienverschiebung wird im späteren Ahd. weniger deutlich faßbar als im 8./9. Jh. Spätalemannisch wird inl. *nt* > *nd* erweicht (Notker). Doch ist auch Notkers Anlautgesetz (um 1000) durchaus auf dem Hintergrund der Medienverschiebung zu sehen, sozusagen als phonetische Stilisierung der *b* > *p*- und *g* > *k*-Verschiebung in der gesprochenen Sprache: Im Anlaut (auch zweiter Kompositionsglieder) wechseln *b—p* (= normalahd. *b*), *g—k* (= normalahd. *g*), *d—t* (= normalahd. *th*, *d* < germ. *þ*) so, daß *p, k, t* am Anfang eines Satzes oder Satzteiles stehen, ferner im Satz nach stimmlosen Lauten; *b, g, d* nach stimmhaften Lauten (= Vokale und *l, r, m, n*). Fest ist dabei freilich das auch teilfränkisch verschobene *t-* < *d-* (etwa *tag* 'Tag'). Damit erhalten wir folgende Gesamtübersicht über die Medienverschiebung im Ahd. — sie zeigt ein weniger einheitliches Bild in den einzelnen Mundarten als die Tenuesverschiebung —:

Medienverschiebung

	d →				b →				g →			
	d-	-d(-)	Kons.+d	-dd-	b-	-ƀ(-)	-mb(-)	-ƀƀ-	g-	-g(-)	-ng(-)	-gg-
südgerm.-vorahd.	d-	ð,-d	ð,d	dd	b-	ƀ,-f	mb	bb	g-	g,-g	ng	gg
asächs.	d	ð,-d	ð,d	dd	b	ƀ,-f	mb	bb	g	g,-g	ng	gg
mittelfrk.	d	d,-t	d	dd	b	v,-f	mb	bb	g	g	ng	gg
rheinfrk.	d	d,-t	d	tt	b	b	mb	bb/pp	g	g	ng	gg
südrheinfrk.	d	t	t	tt	b	b	mb	bb	g	g	ng	gg
ostfrk.	t	t	t	tt	b	b	mb	bb/pp	g	g	ng	gg
bair.	t	t	t	tt	p	p	mp	pp	g/k	g/k	ng/nk	ck
alem.	t	t	t	tt	b/p	b/p	mb/mp	pp	g/k	g/k	ng/nk	ck
langob.	d/(t)	d	d		b/p	b/p		bb/p	g/c	g/c	g/c	gg/cc

(c) Eine Übersicht über die Gesamtwirkung der hochdeutschen Lautverschiebung zeigt den folgenden Befund

Tenuesverschiebung	Sprache/Mundart	Medienverschiebung
keine	Altsächsisch	keine
stark reduziert	Mittelfränkisch	vereinzelt (-d > -t)
teilweise Verschiebung	Rheinfränkisch Südrheinfränkisch Ostfränkisch	stark reduziert teilweise Verschiebung
voll voll extrem	Bairisch Alemannisch	voll extrem voll eingeschränkt
teilweise	Langobardisch	teilweise

Ausgangspunkt der hochdeutschen Lautverschiebung ist das
Alemannische für die Tenuesverschiebung, das Bairische für
die Medienverschiebung: die oberdeutsche Lautverschiebungs-
kernlandschaft strahlt nach Norden und Süden aus. Mit der
Lautverschiebung wird die dialektgeographische Staffelung
der hochdeutschen Mundarten im Konsonantismus begründet,
die man in den Rheinlanden als rheinischen Fächer (= sprachgeographische Nord-Süd-Staffelung mit zunehmender Lautverschiebung) bezeichnet.

(d) Vergleich zwischen der germanischen und hochdeutschen
Lautverschiebung

Die zweite oder hochdeutsche Lautverschiebung, welche das Deutsche seit ahd. Zeit in seinem Lautsystem so
sehr von den übrigen germanischen Sprachen hat weg-
rücken lassen, ist im Grunde nichts anderes als die Wiederholung des gleichen Veränderungsprinzips Tenues
→ Spiranten (bzw. zusätzlich Affrikaten in der zweiten

Ausgangslaute		Germanische Lautverschiebung	Geltungsbereich
Verschlußlaute und behauchte Verschlußlaute	Tenues	idg. p, t, k, q^u / ḱ $\longrightarrow$ germ. $\left\{\begin{array}{l} \text{f, þ, χ, χw} \\ \hline \text{ƀ, đ, g, gw } (\rightarrow \text{b, d, g, gw}) \end{array}\right.$ (sog. grammatischer Wechsel)	volle Durchführung in allen germanischen Sprachen
	Tenues aspiratae	idg. ph, th, kh, q^uh / ḱh $\longrightarrow$ germ.	
	Mediae	idg. b, d, g, g^u / ǵ $\longrightarrow$ germ. p, t, k, kw	
	Mediae aspiratae	idg. bh, dh, gh, g^{u}h / ǵh $\longrightarrow$ germ. ƀ, đ, g, gw ($\rightarrow$ b, d, g, gw)	
Kombinationen mit Verschlußlauten		idg. pt/pth, kt/kth / ḱt/ḱth $\longrightarrow$ germ. ft, χt (ht)	keine Verschiebung
		idg. sp/sph, st/sth, sk/skh / sḱ/sḱh $\longrightarrow$ germ. sp, st, sk	

ḱ, ǵ bezeichnen palatale Verschlußlaute des Indogermanischen   ƀ, đ, g = stimmhafte ... Reibelaute

Ausgangslaute		Hochdeutsche Lautverschiebung	Geltungsbereich
Verschlußlaute	Tenues	p, t, k, kw ⟶ f(f), ȝ(ȝ), χ(χ)[ch], χw[chw]; pf, tz, kχ[ck], kχw[qu]	landschaftlich gestaffelte Durchführung im Althochdeutschen
	Mediae	b, d, g, gw ⟶ p, t, k, kw	
Kombinationen mit Verschlußlauten		ft, ht, sp, st, sk, tr — unverändert	keine Verschiebung

Lautverschiebung) und Mediae → Tenues, wie es schon
in der gegen tausend Jahre vorausgehenden ersten oder
germanischen Lautverschiebung im Übergang Indogermanisch (-Alteuropäisch) zum Germanischen wirksam
war, übrigens mit fast gleichen Ausnahmen. Man vergleiche die beiden Aufstellungen (S. 164/165) miteinander.

Dazu etwa die Beispiele:

	1. Lautverschiebung	2. Lautverschiebung
idg. *bhrātēr lat. frāter	> germ. *brōþar got. brōþar	> ahd. bruodar, obd. pruodar 'Bruder' (mit þ > d)
idg. *aǵros lat. ager griech. ἀγρός	> germ. *akraz̧ got. akrs anord. akr	> vorahd. *akar > ahd. ahhar 'Acker' (neben ackar < *akkar mit Gemination vor r)
idg. *gʷenā griech. γυνή	> germ. *ku̯enō got. qinō altengl. cwene	> ahd. quёna, obd. (alem.) chёna 'Frau'

So können als typologische Übereinstimmungen zwischen
erster (germanischer) und zweiter (hochdeutscher) Lautverschiebung genannt werden:

— gleiches Grundprinzip Tenues ⟶ Reibelauten (und Affrikaten)
                                Medien ⟶ Tenues
— fast gleiche Ausnahmefälle *(sp, st, sk)*
— spontane Lautvorgänge, mit kombinatorischen Einschränkungen
oder Differenzierungen
— Doppelprodukt bei der Tenuesverschiebung (1. LV: akzentbedingt;
2. LV: positions- und geminatenbedingt)

Auf die Nachwirkungen des Doppelproduktes der Tenuesverschiebung innerhalb der ersten oder germanischen Lautverschiebung durch den Akzent (sog. grammatischer Wechsel) kommen wir im folgenden Abschnitt 5.2.33. kurz zu sprechen.

Sprachtypologisch bedeutet die zweite oder hochdeutsche Lautverschiebung den Übergang zu einem grundsätzlich neuen tragenden Oppositionsverhältnis des deutschen Konsonantismus Verschlußlaut/Reibelaut bzw. Affrikate, der den älteren hauptsächlichen oppositiven Gegensatz stimmhaft/stimmlos des Germanischen — übrigens zusammen mit Neuregelung und beginnendem Ausgleich des grammatischen Wechsels (vgl. unten Ziffer 5.2.33.) — ablöst.

5.2.33. Der grammatische Wechsel

Grammatischer Wechsel heißt Doppelheit von stimmlosen neben stimmhaften Reibelauten im Germanischen bzw. ihren späteren Entsprechungen in den alt- (oder neu-) germanischen Einzelsprachen, nämlich

— im gleichen Wort in den verschiedenen Zeitstufen oder Kategorien der starken Verben

— in verschiedenen Wörtern oder Ableitungen der gleichen Wurzel

— oder losgelöst von weiteren synchronischen Anknüpfungspunkten im Vergleich mit dem sprachhistorischen, vorgermanischen Ausgangspunkt oder mit Parallelformen in anderen germanischen Sprachen.

Somit erscheint der grammatische Wechsel als flexivisches, wortbildungsgebundenes oder sogar absolutes Prinzip im Sinne der altgermanischen Reibelautintensität zwischen Geräusch (stimmlos) und Sonorität (stimmhaft).

Der sprachgeschichtliche Ursprung dieser ur- und altgermanisch zunächst voll wirksamen Erscheinung liegt in den ältesten, aus dem Indogermanischen nachwirkenden Akzentverhältnissen: je nach unmittelbar vorausgehendem oder nachfolgendem bzw. weiter als unmittelbar vorlaufendem Hauptton erscheinen stimmlose oder stimmhafte Varianten der Lautverschiebungsergebnisse idg. *p, t, k/k̂, ku̯* > germ. *f/ƀ, þ/ð, χ/g, χu̯/gu̯*, denen sich das außerhalb der Lautverschiebung stehende *s/z* (= stimmhaftes *s*) anschließt:

1. Anlaut (auch nach Präfixen und in zweiten Kompositionsgliedern) = stimmlose Variante germ. *f-, *þ-, *χ-* (später > *h-),
χw- (später *hw*, einzelsprachlich *w-*), *s-*

idg. **pǝtér-* 'Vater' (vgl. griech. πατήρ) > germ. **faþár > *faðár*
> **fáðar* (Anlaut stl. *f-*, Inlaut sth. *ð*, vgl. unten Ziff. 2.2.)
> ahd. *fater*

idg. **treíes* 'drei' (vgl. lat. *trēs*) > germ. *þrĩs, -z* > ahd. *drī*

idg. **ḱerd-, ḱr̥d-* 'Herz' (vgl. griech. καρδία) > germ. **χertōn,
hertōn, got. *hairtō* n., ahd. *hërza* n. (mit 2. LV *-rt- > -rz-*)

idg. **seqʷ-* 'folgen' (vgl. lat. *sequi*) > germ. **seχw-,* Inf. **seχwanan,*
got. *sailvan,* ahd. *sëhan* 'sehen'

2. Inlaut und Auslaut

2.1. nach unmittelbar vorausgehendem Hauptton = stimmlose Variante germ. *⊥f, ⊥þ, ⊥χ* (später *-h*), *⊥χw* (*-hw*, einzelsprachlich *⊥h*), *⊥s*

idg. **pénqʷe* 'fünf' (vgl. lat. *quinque*, griech. πέντε), **pempe* > germ.
got. ahd. *fimf*

idg. **bhrátēr* 'Bruder' (vgl. lat. *fráter*) > germ. **brôþar* (got.
brôþar) > ahd. *bruoder* (mit *d < th, þ*)

idg. **déḱm̥, déḱom* 'zehn' (vgl. lat. *decem*) > germ. **teχum, -am,* got.
taíhun, ahd. *zëhan* (mit 2. LV *t- > z-*)

idg. **leiqʷ-* 'lassen' (vgl. griech. λείπω) > germ. Inf. **līχwanan*
> ahd. *līhan* 'leihen'

2.2. nach *nicht* unmittelbar vorausgehendem Hauptton, also
bei *vorvoraus*gehendem oder *nach*folgendem Hauptton = stimmhafte Variante germ. *(⊥)—ƀ⊥, (⊥)—ð⊥, (⊥)—g⊥, (⊥)—gw⊥*
(einzelsprachlich *g* oder *w*), *(⊥)—z⊥*

idg. **septṃ́* 'sieben' (vgl. lat. *septem*) > **sepṃ́* > germ. *sibúm > sibun* > ahd. *sibun,* altsächs. *sibun*

idg. **koitús* 'Bild, Gestalt' > germ. **χaiðúz > háiduz* (got. *haidus*)
> ahd. *heit* m. 'Stand, Rang' (mit *ð > d > t*)

idg. **anká-* 'Biegung, Bug' > germ. *anχá- > angá-, ánga-:* got.
halsagga m. [= *-ng-*] 'Nacken', ahd. *angul* m. 'Angel'

idg. *seq^u_l, soq^u_l 'sagen' > germ. $sa\chi w_l$ > $sag w$-, $ság w$-: ahd. $sag\bar{e}n$ 'sagen'

idg. *$liq^u on\acute{o}s$ Part. Praet. 'gelassen' > germ. $li\chi wan\acute{a}\chi$ > $ligwan\acute{a}\chi$ > $ligwana\chi$ > ahd. gi-$liwan$ 'geliehen'

idg. *$\acute{a}jos$ 'Erz' > germ. $\acute{a}io\chi$, got. $ai\chi$ n., ahd. $\bar{e}r$ n. 'Erz'

Diese nach seinem Entdecker Karl Verner (1876) auch als Vernersches Gesetz bezeichnete Regel besagt demnach, daß die aus der ersten oder germanischen Lautverschiebung hervorgegangenen stimmlosen Reibelaute f, $\not{p}$, χ, χw sowie s in stimmhafter Umgebung, d. h. im In- und Auslaut, dann zu ihren stimmhaften Entsprechungen weiterentwickelt worden sind, wenn ihnen der ursprüngliche, d. h. indogermanische (und zunächst noch frühurgermanische) Hauptton nicht unmittelbar vorausging. Dergestalt erhalten wir die folgende Chronologie:

— indogermanisch freier Wortakzent, zunächst noch ins Germanische nachwirkend
— erste oder germanische Lautverschiebung
— Verners Gesetz (f, $\not{p}$, χ, χw, s > b, $\eth$, g, $g w$, χ unter den oben genannten Bedingungen), damit Begründung des grammatischen Wechsels zwischen stimmlosen und stimmhaften Reibelauten
— germanisches Akzentgesetz (sog. Erst- oder Stammsilbenbetonung)

Nun zeigen aber die verschiedenen altgermanischen — und erst recht neugermanischen — Sprachen nur noch reduzierte Nachwirkungen dieses alten Grundgesetzes eines grammatischen Wechsels. Im Althochdeutschen stellen sich die Verhältnisse so dar:

Ursprüngliches Verhältnis im Germanischen	Neue Verhältnisse im Althochdeutschen		
(1) f — b	normalahd.	f/v — b	
	bair./alem.	f — p	(Medienverschiebung)
	Sonderfall	f — p	(b vor j: wolf/wulp(e)a < *wulbjō 'Wolf, Wölfin')
	durch Ausgleich	f/v — f/v	
		b — b bzw. p — p (selten)	

Ursprüngliches Verhältnis im Germanischen	Neue Verhältnisse im Althochdeutschen		
(2) þ — ð	frühahd.	th — t	
	später	d — t	
	durch ⎱ Ausgleich ⎰	d — d t — t	(selten)
(3) χ — g	normalahd.	h — g	
	bair./alem.	h — k	(Medienverschiebung)
	durch ⎱ Ausgleich ⎰	h — h g — g	(selten)
(3a) nχ (> χ) — ng	normalahd.	h — ng	(durch Ausgleich selten h — g)
	bair./alem.	h — nk	(Medienverschiebung)
	durch Ausgleich	ng — ng	(erst nachahd.)
(4) χw — gw	normalahd.	h — w	
	durch Ausgleich	h — h	
(5) s — z	gemeinahd.	s — r	
	durch ⎱ Ausgleich ⎰	s — s r — r	(erst nachahd.)

Opposition stimmhafter/stimmloser Reibelaut	neue Oppositionsverhältnisse weicher/harter Verschlußlaut, Reibe- oder Hauchlaut/Verschlußlaut, Hauchlaut/w, Reibelaut/r, die oft durch Ausgleich beseitigt werden

Diese Verhältnisse spielen bei den starken Verben im Germ. und Ahd. noch eine große Rolle, weil die Stammformen folgende ursprüngliche Betonungsverhältnisse im ältesten Germanischen (entsprechend dem Indogermanischen) zeigten:

Infinitiv und Praesensstamm	Stammsilbenbetonung = stimmlose Reibelaute

Praeteritum Singular   Stammsilbenbetonung = stimmlose Reibelaute

Praeteritum Plural   Endbetonung   = stimmhafte Reibelaute
(und Konj. Praet.)

Partizip des Praeteritums   Endbetonung   = stimmhafte Reibelaute

Ältest germ. *wérþō   'ich werde', ahd. *wirdu* } ahd. $d <$ germ. *þ*
     wárþa   'ich wurde', ahd. *ward* }

     wurdumí   'wir wurden' ahd. *wurtum* } ahd. *t* $<$ germ. *d*
     wurdanáȝ   'geworden', ahd. *giwortan* }

Dementsprechend stehen ahd. z. B. noch mit grammatischem Wechsel:

ahd. f/b: *heffen* 'heben', Praes. 3. Sg. *hevit*, Praet. 1. Pl. *huobum*, Part.
           Praet. *(ir-)haban*

ahd. h/g: *ziohan* 'ziehen', Praet. 1. Sg. *zōh*, Praet. 1. Pl. *zugum*, Part.
           Praet. *gizogan*

ahd. h/ng: *fāhan* ($<$ *fanχan*) 'fangen', Praet. 1. Sg. *fiang* (aus Pl.), Praet.
           1. Pl. *fiangum*, Part. Praet. *gifangan*

ahd. h/w: *lîhan* ($<$ *lînχwan*) 'leihen', Praet. 1. Sg. *lēh*, Praet. 1. Pl.
           liwum, Part. Praet. *giliwan*

ahd. s/r: *kiosan* 'wählen', Praet. 1. Sg. *kōs*, Praet. 1. Pl. *kurum*, Part.
           Praet. *gikoran*

(vgl. unten im Abschnitt 5.3.74 Flexion, starke Verben)

5.2.34. Weitere konsonantische Veränderungen

Neben der hochdeutschen Lautverschiebung sind für die
Geschichte des ahd. Konsonantismus zu nennen: die frühahd.
Spirantenschwächung von germ. *þ (th)* $>$ *ð* $>$ *d*, von den
harten *f, ȝ, s, h* zu den entsprechenden weichen Lauten; die
spätahd. Verschlußlautschwächung, besonders im Fränkischen
(z. B. Williram von Ebersberg, 2. Hälfte 11. Jh. *gnēht* m.
'Knecht', *granuh* m. 'Kranich'). Eine gestaffelte Entwicklungsgeschichte zeigt der Übergang von *þ (th)* zu *d*, der sich mit
Beginn im Bairischen und Alemannischen von Halbjahrhundert zu Halbjahrhundert weiter nach Nordwesten und Süden
verbreitet, wie nachfolgende Aufstellung zeigen mag (Beispiele etwa *ther, dher, der* 'der, dieser, welcher', *fëld, fëldh, fëld,
fëlt* n. 'Feld'):

	um 750	2. Hälfte 8. Jh.	1. Hälfte 9. Jh.	2. Hälfte 9. Jh.	10. Jh.	10./11. Jh.
Altsächsisch			th (d)	d (th)	th	th
Mittelfränkisch	th	th	th	th	th	d
Rheinfränkisch	th	th	th	th	d	d
Südrheinfränkisch	th	th	th	th-, -d-, -d	d	d
Ostfränkisch	th	th	th-, -d-, -d	d	d	d
Bairisch	d (th)	d	d	d	d	d/(t)
Alemannisch	th	d (th)	d	d	d	d/t
Langobardisch	th	th, (t)	t, (th)	t	t	t

Die Schreibung *th* ist keineswegs alleinherrschend: im älteren Ahd. erscheinen *dh* (z. B. Isidor) und *đ* (z. B. Lex Salica-Übersetzung) noch häufig. Im Weißenburger Katechismus gilt anlautend *th*, inlautend *dh*.

Die Geminate germ. *þþ* entwickelt sich im Ahd. über *dd* meist zu *tt*: z. B. ahd. *smitta* f. 'Schmiede(werkstatt)' < *smiþþja* < *smiþjōn* (mit südgermanischer Gemination vor *j*). Bei ahd. *ëddo* 'oder' frühes 9. Jh. (älter *ëtho*, *ëdho*), vgl. gotisch *aíþþau*, ist jedoch früh proklitische Schwächung zu allgemein ahd. *ëdo*, *odo* eingetreten.

5.3. Die althochdeutschen Formensysteme

5.3.1. Allgemeine Vorbemerkungen

Was die Flexionsformen betrifft, durchziehen zwei Grundtendenzen die ahd. Sprachgeschichte: einerseits der langsame Abbau des vielfältigen synthetischen Formenbaus des Germanischen, anderseits die Ausbildung neuer analytischer Verbalumschreibungen für Passiv, Futur, Perfekt und Plusquamperfekt. Bei allen Vereinfachungen oder Reduktionen gegenüber dem Germanischen bleibt aber doch der Befund eines äußerst differenzierten morphologischen Formenbaus in folgender Hinsicht, besonders wenn man ihn mit dem zeitlich folgenden des Mittelhochdeutschen vergleicht:

— Vielzahl von Flexionsmorphemen, nach Wortarten, Stämmen (Subst., Adj., Pron.) oder Verbalklassen verschieden gegliedert, gelegentlich außerdem in mundartlicher Differenzierung

— erst allmähliche Formenvereinfachung im späteren Ahd. als Folge lautlicher wie flexivischer Ausgleichstendenzen

— zunächst noch 5-Kasussystem (Nom., Gen., Dat., Akk. und — nicht in allen Deklinationsklassen — Instrumental), später 4-Kasussystem (ohne Instrumental), wobei Nominativ und Akkusativ jedoch zunehmenden Zusammenfall zeigen, teilweise auch Genitiv/Dativ Singular

— besonders spätahd. Tendenz zur Zweiformigkeit des Verbalplurals aller Formen (Indikativ, Konjunktiv/ Praesens wie Praeteritum der verschiedenen Klassen) seit dem 9. Jh.

Trotzdem darf als Grundprinzip der ahd. Flexion und Morphemstruktur angesprochen werden:

(1) hauptsächliche Flexionsform des Ahd. bleibt die Endungsflexion mit regressiver Steuerung, wenngleich die Flexion im Wortstamm als zusätzliches Prinzip durch den Primärumlaut (a/e-Wechsel) und den kombinatorischen Vokalwechsel (komplementäre Steuerung ë/i und o/u bzw. iu/io, vgl. oben S. 147/149) sowie durch den Ablaut — alle in Verbindung mit der Endungsflexion — teilweise, aber nicht ausschließlich in Erscheinung tritt.

Zum Beispiel:

lamb n. 'Lamm'	*lembir* 'Lämmer'
hilfu 'ich helfe'	*hëlfant* 'sie helfen'
faru 'ich fahre'	*feris* 'du fährst'
faramēs 'wir fahren'	*ferit* 'er fährt'
ziuhu, -is, -it 'ich, du, er zieht'	*ziohamēs, ziohet, ziohant* 'wir, ihr, sie ziehen'

Bestimmter und unbestimmter Artikel beim Substantiv fehlen noch auf weite Strecken, wenn auch, wie beim Subjektspronomen zu Verbalformen, eine Zunahme ihrer Setzung festzustellen bleibt.

(2) Die Morphemstruktur des Ahd. ist vokalisch i. d. R. voll (kurz, lang oder diphthongisch [-*iu*]), rein konsonantische Morpheme sind selten (z. B. *darf-t* 'du darfst', *scal-t* 'du sollst'), die Nullstufe (Morphem-∅) noch wenig verbreitet.

5.3.2. Deklination der Substantive: Übersicht

Je nach Stammbildung gliedern sich die Deklinationsklassen des Ahd. noch fast völlig wie im Germanischen in folgende Gruppen:

Stark (vokalisch)		Schwach (Vokal + n)		Sondergruppen (konsonantisch und Wurzel-Stämme)	
a-Stämme	Maskulina Neutra	an-Stämme	Maskulina Neutra	r-Stämme	Maskulina Feminina
iz-/az- Stämme	Neutra (> a-Stämme)			nt-Stämme	Maskulina
ja-Stämme	Maskulina Neutra	jan-Stämme	Maskulina	n-Stamm (man)	Maskulina
wa-Stämme	Maskulina Neutra			Wurzel- Stämme	Feminina (Neutra)
ō-Stämme	Feminina	ōn-Stämme	Feminina		
jō-Stämme	Feminina	jōn-Stämme	Feminina		
i-Stämme	Maskulina Feminina (Neutra)	in-Stämme	Feminina		
u-Stämme	Maskulina (Feminina) (Neutra)				

Eine Übersicht über die starke oder vokalische Deklination zeigt folgendes Bild:

Stamm	Singular					Plural			
	Nom.	Gen.	Dat.	Akk.	Instr.	Nom.	Gen.	Dat.	Akk.
a-St. 'Tag'	m. tag-ø	-es	-e	-ø	-u, -o	-a	-o	-um, -om / -un, -on	-a
a-St. 'Wort'	n. wort-ø	-es	-e	-ø	-u, -o	-ø	-o	-um, -om / -un, -on	-ø
iʒ-/aʒ-St. 'Lamm'	n. lamb-ø	-es	-e	-ø	-u, -o	lemb-ir	-iro	-irum	-ir
ja-St. 'Hirte'	m. hirt-i	-es	-(i)e	-i	-(i)u, -o	-e, -a	-eo, -io / -o	-im, -in / -um, -on	-e, -a
'Geschlecht'	n. kunn-i	-es	-(i)e	-i	-(i)u, -o	-i	-eo, -io / -o	-im, -in / -um, -on	-i
wa-St. 'Grabhügel'	m. hlē-o	-wes	-we	-o	-o	-wa	-wo	-wum, -wun, -won	-wa
'Schmutz'	n. hor-o	-wes	-we	-o		-o	-wo	-wum, -wun, -won	-o
ō-St. 'Gabe'	f. gëb-a	-a	-u, -o	-a		ā	-ōno	-ōm, -ōn / -on	-ōn, -ā
jō-St. 'Sünde'	f. sunt-e / -ea, -ia / -a	-e / -a	-iu / -u	-e / -ea, -ia / -a		-e / -eā, -iā / -ā	-eōno / -ōno	-eōm / -ōm	-eā, -iā / -ā

Stamm		Singular					Plural			
		Nom.	Gen.	Dat.	Akk.	Instr.	Nom.	Gen.	Dat.	Akk.
'Königin'	f.	kuning-in	-inna	-innu	-inna, -in		-innā	-innōno	-innōm, -ōn	-innō, -innā, -ōn
i-St. 'Gast'	m.	gast-ø	-es	-e	-ø	-u (gest-iu)	gest-i	-eo, -io, -o	-im, -in, -en	-im, -in, -i
'Ausspruch'	n.	quit-i	-es	-e	-i		-i	-io, -o	-im, -in	-io, -i
'Gunst'	f.	anst-ø	enst-i	enst-i	anst-ø	enst-iu	ensti	-eo, -io, -o	-im, -in, -en	-im, -in, -i
u-St. 'Sitte'	m.	sit-u	-es	-e	-u	-iu, -u	-i	-eo, -o	-im, -in	-i
'Hand'	f.	hant-ø	hent-i	hent-i	hant-ø		hent-i	-eo, -io, -o	hant-um, hent-i	hant-um, hent-i
'Vieh'	n.	fih-u	fëh-es, fih-es	fëh-e, fih-e	fih-u		fih-iu, fih-u, fëh-u, -o	fih-o	fih-um	fih-iu, -u, fëh-u, -o

Die konsonantische Deklination (schwache Deklination und Sonderklassen) zeigt folgende Formen (der Instrumental ist hier nicht belegt):

Stamm	Singular				Plural			
	Nom.	Gen.	Dat.	Akk.	Nom.	Gen.	Dat.	Akk.
an-St. 'Hahn' m.	han-o	-en / -in	-en / -in	-on / -un	-on	-ōno	-ōm / -ōn	-on
'Herz' n.	hërz-a	-en / -in	-en / -in	-a	-un, -on	-ōno	-ōm / -ōn	-un
jan-St. 'Wille' m.	will-eo	-en / -in	-en / -in	-en / -iun	-eon / -iun	-eōno	-eōm	-eon / -iun
ōn-St. 'Zunge' f.	zung-a	-ūn	-ūn	-ūn	-ūn	-ōno	-ōm / -ōn	-ūn
īn-St. 'Höhe' f.	hōh-ī (-īn)	-i (-in)	-i (-in)	-i (-in)	-i (-in)	-ino	-im / -in	-i (-in)
r-St. 'Vater' m.	fater-ø	-ø / -es	-ø / -e	-ø	-a	-o	-um, -un, -on	-a
'Mutter' f.	muoter-ø	-ø	-ø	-ø	-ø, -a	-o	-um, -un, -on	-ø, -a
nt-St. 'Freund' m.	friunt-ø	-es	-e	-ø	-ø, -a	-o	-um, -un, -on	-ø, -a
n-St. 'Mann' m.	man-ø	-ø / -nes	-ø / -ne	-ø	-ø	-no	-num, -nun / -nom, -non	-ø
Wz-St. 'Nacht' f.	naht-ø	-ø	-ø	-ø	-ø	-o	-um, -un, -on	-ø

Grundsätzlich sind in der Substantivdeklination drei Morphemtypen zu unterscheiden:

(a) Stamm + Suffix ø: z. B. Nom. Akk. Sg. *tag* m. 'Tag', *anst* f. 'Gunst'; Nom. Akk. Sg./Pl. *wort* n. 'Wort'; Nom. Gen. Dat. Akk. Sg. und Nom. Akk. Pl. *man* m. 'Mann', *naht* f. 'Nacht'. Dieser ursprünglich je nach Stämmen z. T. im ganzen Sg. und Nom. Akk. Pl. m./f. verbreitete Morphemtypus wird im Verlauf des Ahd. mehr und mehr auf Nom. Akk. Sg. der Maskulina und auf Nom. Akk. Sg./Pl. der Neutra eingeschränkt

(b) Stamm + Kasuszeichen. Hier treten im Verlauf des Ahd. gewisse Reduktionen der Kasusmorpheme (Ausgleichsbewegungen unter den verschiedenen Stämmen) ein

(c) umgelauteter Stamm + (ursprünglich *i*-haltiges) Kasuszeichen. Dieser durch den *i*-Umlaut möglich gewordene neue wurzelmorphematische Typus (*gast* m. 'Gast', Pl. *gesti, gesteo* usw.) wird im Verlauf der deutschen Sprachgeschichte für die Opposition Sg./Pl. von großer Bedeutung, während die umgelauteten Singularformen schon im Ahd. und Mhd. nach und nach zurücktreten.

Der Instrumental ist nur im Singular der starken Substantive, und auch hier nicht voll, belegt und beschränkt sich — von Restformen abgesehen — auf die Quellen des 8./9. Jh.

5.3.3. Die substantivischen Deklinationsklassen im einzelnen

a-Stämme: Hauptklasse der Maskulina (z. B. *tag* 'Tag') und Neutra (z. B. *wort* 'Wort')

Die mask. Form des Akk. Sg. *-an, -en* (seit dem 9. Jh.) beschränkt sich auf Personennamen und vereinzelte Personenbezeichnungen (z. B. *truhtīnan* zu *truhtīn* m. 'Herr'). Langsilbige Wörter auf *-ar, -al, -an* (später *-er, -el, -en*) zeigen den Übergang von bildungsvokallosen obliquen Formen zu solchen mit Bildungsvokal seit dem 9. Jh. (*fingar* m. 'Finger', G. *fingres* > *fingares*, D. *fingre* > *fingare* usw.; *zeichan* n. 'Zeichen', G. *zeihnes*

	Älteste Form		Normalform		Sonderformen		Spätahd. (Notker)	
Sg. N.	tag m.	wort n.	tag m.	wort n.	Sg. N.		tág m.	wórt n.
G.	tages	wortes	tages	wortes	G.	bair. auch -as	táges	wórtes
D.	tage	worte	tage	worte	D.	bair. auch -a	táge	wórte
A.	tag	wort	tag	wort	A.	mask. -an, -en	tág	wórt
I.	tagu	wortu	tago	worto				
Pl. N.	taga	wort	taga	wort	Pl. N.	alem. -â m.	tágâ	wórt
G.	tago	worto	tago	worto			tágo	wórto
D.	tagum, -om	wortum, -om	tagun	wortun	D.	fränk. -on	tágen	wórten
A.	taga	wort	taga	wort	A.	alem. -â m.	tágâ	wórt

12*

> *zeichanes*, D. *zeihne* > *zeichane*, Notker *zeichene* usw.). Zu den
a-Stämmen gehören auch die Diminutive auf *-īn*, *-līn* wie
kindilīn n. 'Kindlein', *magatīn* n. 'Mädchen', jedoch mit obd.
Sonderformen i. d. R. Sg./Pl. N. A. *-ī* (statt selten und fränkisch *-īn*, aber oblique Kasus *-īnes*, *-īne* usw.), außerdem alem.
Pl. N. A. *-iu* (*chindiliu* Pl. 'Kindlein').

> *iz-/az-*Stämme: Neutra, besonders Tierbezeichnungen, z. B.
> *lamb* 'Lamm', *(h)rind* 'Rind', *kalb* 'Kalb', *blat*
> 'Blatt'.

	Älteste Form	Normalform	Sonderformen	Spätahd. (Notker)
Sg. N.	lamb	lamb		rínt
G.	lembires, lambires	lambes		ríndes
D.	lembire, lambire	lambe		rínde
A.	lamb	lamb		rínt
I.	lembiru, lambiru	lambo		
Pl. N.	lembir	lembir	spätahd. lamb	rínder
G.	lembiro	lembiro		ríndero
D.	lembirum, -om	lembirun		rínderen
A.	lembir	lembir	spätahd. lamb	rínder

Die ursprünglich konsonantischen *iz-/az-* (idg. *es-/os-*)
Stämme haben sich in den germ. Sprachen mehr und mehr den
a-Stämmen angeschlossen, deren Pluralbildung dadurch um den
zunächst nur neutralen Typus auf *-ir* bereichert wird. Dieser
Pluraltypus wird ahd. auch auf alte neutrale *a*-Stämme übertragen: *hūs* n. 'Haus', Pl. *hūs* neben *hūsir*, Notker *hiuser; fëld*
n. 'Feld', Pl. *fëld* neben *fildir, fëldir*, Notker *feld; holz* n. 'Holz',
Pl. *holz* neben *hulzir, holzir*.

ja-Stämme: Maskulina (z. B. *hirti* m. 'Hirt') und Neutra (z. B. *kunni* n. 'Geschlecht')

		Älteste Form		Normalform		Spätahd. (Notker)	
Sg.	N.	hirti m.	kunni n.	hirti m.	kunni n.	hírte m.	chúnne n.
	G.	hirtes	kunnes	hirtes	kunnes	hírtes	chúnnes
	D.	hirtie	kunnie	hirte	kunne	hírte	chúnne
	A.	hirti	kunni	hirti	kunni	hírte	chúnne
	I.	hirtiu	kunniu	hirto	kunno		
Pl.	N.	hirte	kunni	hirta	kunni	hírtâ	chúnne
	G.	hirteo, -io	kunneo, -io	hirto	kunno	hírto	chúnno
	D.	hirtum, -im	kunnim, -um	hirtun, -on, -in	kunnin, -un, -on	hírten	chúnnen
	A.	hirte	kunni	hirta	kunni	hírtâ	chúnne

Die Entwicklungstendenz geht in Richtung Normalisierung nach den *a*-Stämmen, wobei im Dat. Pl. *i*-Formen daneben stehen, besonders im Fränkischen überwiegend, bei den Neutra auch oberdeutsch. Bei den Mask. sind in dieser Klasse die Ableitungen auf *-āri, -ari, -eri* (< Lehnsuffix lat. *ārius*) reich vertreten, z. B. *buochāri* 'Schriftgelehrter', *scrībāri* 'Schreiber', *suanāri* 'Richter', alem. in den obliquen Formen z. T. mit *rr* vor ursprünglichem *i* (Gen. *suanārres* usw.). Umgelautete Nebenformen zeigen ahd. *hewi, houwi* n. 'Heu', Gen. *hewes, houwes* usw., *gewi, gouwi* n. 'Gau, Gegend', Gen. *gewes, gouwes* (Grundformen **hawjam* > ahd. *hewi*, Gen. **hawjes* > *hawwjes* > *houwes*, von da aus Ausgleich nach beiden Richtungen).

wa-Stämme: Maskulina, Neutra, eigentlich *a*-Stämme, mit stammbildendem *w*, im Ahd. eine kleine Gruppe, z. B. *hlēo* m. (< **hlaiwaz*) 'Grabhügel', *sēo, sē* m. (< **saiwaz*) 'See', *horo* n. (< **horwam*) 'Kot, Schmutz'

		Älteste Form		Normalform		Spätahd. (Notker)	
Sg.	N.	hlēo m.	horo n.	lēo, lē m.	horo n.	sê m.	hóro n.
	G.	hlēwes	horwes	lēwes	horawes	sêwes	hórowes, -ewes
	D.	hlēwe	horwe	lēwe	horawe	sêwe	hórowe, hórewe
	A.	hlēo	horo	lē	horo	sê	hóro
Pl.	N.	hlēwa	horo	lēwa	horo	sêwâ	hóro
	G.	hlēwo	horwo	lēwo	horawo	sêwo	hórowo, -ewo
	D.	hlēwum	horwum	lēwun, -on	horawun, -on	sêwen	hórowen, -ewen
	A.	hlēwa	horo	lēwa	horo	sêwâ	hóro

ō-Stämme: Hauptklasse der starken Feminina, z. B. *gëba* ʻGabe', *samanunga* ʻSammlung, Versammlung', *buoʒ(ʒa)* ʻBuße, Strafe'

		Älteste Form			Normalform		Spätahd. (Notker)
Sg.	N.	gëba	samanung	buoʒ	gëba samanunga buoʒʒa		géba
	G.	gëba	samanunga	buoʒ	gëba, selten -u, -o		gébo
	D.	gëbu	samanungu	buoʒ	gëbu, später -o, selten -a		gébo
	A.	gëba	samanunga	buoʒ	gëba		géba
Pl.	N.	gëbā			gëbā, alem. selten -o		gébâ
	G.	gëbōno			gëbōno, -ono, -eno		gébôn
	D.	gëbōm			gëbōn, -on, selten -un		gébôn
	A.	gëbā			gëbā, alem. selten -o		gébâ

Indeklinable Kurzformen im Sg. finden sich bei *buoʒ* ʻBuße, Strafe', *stunt* ʻStunde', *wīs* ʻArt, Weise', *(h)wīl* ʻWeile, Stunde, Zeit', *halb* ʻSeite' in formelhaften und adverbialen Wendungen (sonst i. d. R. *buoʒʒa* usw.), ferner bei *warb* ʻmal' (vgl. S. 200).

jō-Stämme: Feminina, eigentlich mit *j* erweiterte *ō*-Stämme,
z. B. *sunta* 'Sünde', *kuningin* 'Königin'

		Älteste Form	Normalform	Sonderformen	Spätahd. (Notker)
Sg.	N.	sunte, suntea, -ia	sunta	kuningin	súnda
	G.	sunte, suntea, -ia	sunta	kuninginna	súndo
	D.	suntíu	suntu	kuninginnu	súndo
	A.	sunte, suntea, -ia	sunta	kuninginna, -in	súnda
Pl	N.	sunte, sunteā, -iā	suntā	kuninginnā	súndâ
	G.	sunteōno, -iōno	suntōno	kuninginnōno	súndôn
	D.	sunteōm, -iōm	suntōn	kuninginnōn	súndôn
	A.	sunte, sunteā, -iā	suntā	kuninginnā	súndâ

movierte Feminina auf *-in*, später auch N. Sg. *-inna*, ferner einige Fremdwörter auf *-in* (*chetin* 'Kette')

Das stammbildende *j* bewirkte süd- oder westgermanische Gemination (*sippea*, *sippa* 'Sippe', *brucka* 'Brücke'), sowie Sekundärumlaut, der erst im Mhd. bezeichnet wird (ahd. *muckea*, *mucka*, 'Mücke', mhd. *mücke*).

i-Stämme: Maskulina, Feminina, Neutra (vereinzelt), z. B. *gast* m. 'Gast', *anst* f. 'Gunst', *stat* f. 'Ort, Stätte'.

		Älteste Form		Normalform		Spätahd. (Notker)	
Sg.	N.	gast m.	anst f.	gast m.	anst f.	gást m.	stát f.
	G.	gastes	ansti, ensti	gastes	ensti	gástes	stéte
	D.	gaste	ansti, ensti	gaste	ensti	gáste	stéte
	A.	gast	anst	gast	anst	gást	stát
	I.	gastiu, gestiu	anstiu, enstiu	gastu, -o			

		Älteste Form		Normalform		Spätahd. (Notker)	
Pl.	N.	gasti, gesti	ansti, ensti	gesti	ensti	géste	stéte
	G.	gasteo, gesteo, -io	ansteo, ensteo, -io	gesto	ensto	gésto	stéto
	D.	gastim, gestim	anstim, enstim	gestin	enstin	gésten	stéten
	A.	gasti, gesti	ansti, ensti	gesti	ensti	géste	stéte

Neutra treten germ. und ahd. nur vereinzelt auf: ahd. *meri* n. (auch m.) 'Meer' (mit Dat. Sg. auch *meri*), *bini* n. 'Biene', *quiti, quĕti* n. (auch m.) 'Ausspruch'.

Die *u*-Klasse ist im Ahd. im Zerfall und gleicht sich mehr und mehr den *i*- und *a*-Stämmen an.

u-Stämme: Maskulina, (Feminina), (Neutra), z. B. *fridu* m. 'Friede', *situ* m. 'Sitte', *hant* f. 'Hand', *filu* n. 'Menge, Vielheit' (indeklinabel), *fēhu, fihu* n. 'Vieh'

		Älteste Form		Normalform			Spätahd. (Notker)		
Sg.	N.	fridu m., filu n.	situ m.	hant f.	fihu n.	síto m.	hant f.	fého n.	
	G.	fridō	sites	henti	fēhes	sítes	hende	féhes	
	D.	fridiu	site	henti	fēhe	síte	hende	féhe	
	A.	fridu	situ	hant	fihu	síto	hant	fého	
	I.	fridiu	situ						
Pl.	N.	fihiu n.	siti	henti	fihu	síte	hende	fého	
	G.	siteo m.	sito	hento	fēho	síto	hando	fého	
	D.	hantum f.	sitin	hantun	fēhun	síten	handen	féhen	
	A.	situ m. fihiu n.	siti	henti	fihu	síte	hende	fého	

mit Augleich
nach den *i*-St.

an-Stämme: Maskulina und Neutra, z. B. *hano* m. 'Hahn', *boto*
m. 'Bote', *hërʒa* n. 'Herz'. Die einzelnen Kasusformen zeigen einen starken dialektgeographischen Unterschied zwischen Fränkisch und Oberdeutsch.

		Fränkisch		Oberdeutsch		Spätahd. (Notker)	
Sg.	N.	hano m.	hërza n.	hano m.	hërza n.	bóto m.	hérza n.
	G.	hanen	hërzen	hanin	hërzin	bóten	hérzen
	D.	hanen	hërzen	hanin	hërzin	bóten	hérzen
	A.	hanon	hërza	hanun	hërza	bóten	hérza
Pl.	N.	hanon	hërzun	hanun	hërzun	bóten	hérzen
	G.	hanōno	hërzōno	hanōno	hërzōno	bótôn	hérzôn
	D.	hanōm,	hërzōm,	hanōm,	hërzōm,	bótôn	hérzôn
		-n	-n	-n	-n		
	A.	hanon	hërzun	hanun	hërzun	bóten	hérzen

jan-Stämme: Maskulina, werden ahd. nur noch vereinzelt
sichtbar, da sie ihr *j* meist früh verloren haben,
z. T. unter Gemination des vorausgehenden
Konsonanten: *willeo, willio* 'Wille' < **wiljan*,
G. D. *willen, -in*, A. *willeon, -ion, -iun* usw.; *arbeo,*
erbeo, erbo 'Erbe'; *scephio, scepfo* 'Schöpfer'
< **skapian;* aber *ferio* 'Fährmann, Ferge' < **far-*
jan mit festem *j* in der Flexion.

ōn-Stämme: Feminina, z. B. *ʒunga* 'Zunge, Sprache', *kirihha*
(Notker *chîlicha*) 'Kirche', *diorna* (älter *thiorna*)
'Mädchen, Jungfrau'

		Durchgehende Normalform	Sonder-formen		Spätahd. (Notker)	
Sg.	N.	zunga	diorna		zúnga	díerna
	G.	zungūn	diornūn	(fränk. -on)	zúngûn	díernûn
	D.	zungūn	diornūn	(fränk. -on)	zúngûn	díernûn
	A.	zungūn	diornūn	(fränk. -on)	zúngûn	díernûn

	Durchgehende Normalform		Sonder- formen	Spätahd. (Notker)	
Pl. N.	zungūn	diornūn	(fränk. -on)	zúngâ	díernûn
G.	zungōno	diornōno		zúngôn	díernôn
D.	zungōm, -ōn	diornōm, -ōn		zúngôn	díernôn
A.	zungūn	diornūn	(fränk. -on)	zúngâ	díernûn
				im Pl. teils Ausgleich nach den ō-St.	

Nebenformen nach der starken ō-Klasse finden sich seit dem 9. Jh., besonders aber im Plural bei Notker (*zúnga* siehe oben, *chîlicha*, pl. *chîlichâ*).

jōn-Stämme: Feminina, werden ahd. nur noch vereinzelt sicht-bar, da sie sich, meist unter Schwund des *j*, ganz den ō-Stämmen angeschlossen haben, z. T. unter Gemination des vorausgehenden Konsonanten vor ursprünglichem *j*: *huorra, huora* f. 'Hure', *mucca, mugga* 'Mücke', *zeinna* 'Korb', aber noch *winia* 'Freundin', *kevia* f. 'Käfig', Lehnwort aus lat. *cavea* (auch stark als *jō*-St.) mit festem *j* in der Flexion.

īn-Stämme: Feminina, besonders Adjektivabstrakta (z. B. *hōhī* f. 'Höhe', *tiufī* 'Tiefe'), Partizipialabstrakta (z. B. *irstantanī* 'Auferstehung'), Verbalabstrakta (z. B. *toufī* 'Taufe', *urlōsī* 'Erlösung')

	Normalform	Sonderformen		Spätahd. (Notker)
Sg. N.	hōhī, toufī	frühahd. hōhin, maneghiu 'Menge'		hóhî
G.	hōhī, toufī	hōhin (Nebenform		hóhî
D.	hōhī, toufī	hōhin < ī + u, nur N.		hóhî
A.	hōhī, toufī	hōhin Sg., selten A. Sg.)		hóhî

	Normalform	Sonderformen	Spätahd. (Notker)
Pl. N.	hōhī	hōhin	hóhinâ
G.	hōhino		hóhinôn
D.	hōhim, -īn	obd. -inōm, -īnum	hóhinôn
A.	hōhī	hōhin	hóhinâ
			(mit Kürzung von ō vor *h*)

r-Stämme: Maskulina und Feminina der Verwandtschaftsbezeichnungen *fater* m. 'Vater', *muoter* f. 'Mutter', *bruoder* m. 'Bruder', *swëster* f. 'Schwester', *tohter* f. 'Tochter'. Dazu stellen sich vereinzelt auch *swëhur*, spätahd. *swër* m. 'Schwiegervater', *swigar*, *swīgar* f. 'Schwiegermutter', *swāgur* m. 'Schwager', die i. a. ahd. als *a*-Stämme flektieren.

Älteste Form		Normalform		Spätahd.		
				Notker		Glossierun
N. fater m.	muoter f.	fater m.	muoter f.	fáter	mùoter	
G. fater	muoter	fater, fateres	muoter	fáter	mùoter	fateres
D. fater	muoter	fater, fatere	muoter	fáter	mùoter	fatere
A. fater	muoter	fater	muoter	fáter	mùoter	
N. bruoder	muoter	fatera, bruoder	muoter	brúoderâ	tóhterâ, -í	
G. bruodero	muotero	fatero	muotero	brúodero	tóhterôn	
D. bruoderum	muoterum	faterun, -on	muoterun, -on	brúoderen	tóhterôn	
A. bruoder	muoter	fatera, bruoder	muoter	brúoderâ	tóhterâ	

nt-Stämme: Maskulina, ursprünglich substantivierte Partizipia
Praesentis (Partizipialstämme), z. B. *friunt*
'Freund', *fiant* 'Feind'

		Ältere Form	jüngere Form	Spätahd. (Notker)	
Sg.	N.	friunt	friunt	fríunt	fîent
	G.	[friunt]	friuntes	fríundes	fîendes
	D.	friunt	friunte	fríunde	fîende
	A.	friunt	friunt	fríunt	fîent
Pl.	N.	friunt, fíant	friunta, -ā (alem.)	fríunt	fîendâ
	G.	friunto	friunto	fríundo	fîendo
	D.	friuntum, -un, -on	friuntun, -on	fríunden	fîenden
	A.	friunt	friunta, -ā (alem.)	fríunt	fîendâ

Die meisten *nt*-Stämme haben sich ahd. den mask. *a*-Stäm-
men angeglichen, z. B. *hëlfant* 'Helfer', *wīgant* 'Kämpfer',
heilant 'Erlöser, Heiland'.

n-Stamm: germ. **man*, ahd. *man* 'Mann, Mensch'

		Ursprüngliche Form	Normalform	Spätahd. (Notker)
Sg.	N.	man	man	mán
	G.	man	mannes	mánnes
	D.	man	manne	mánne
	A.	man	man (selten mannan)	mán
Pl.	N.	man	man	mán
	G.	manno	manno	mánno
	D.	mannum, -om	mannun, -on	mánnen
	A.	man	man	mán

Die vielen Komposita mit *man* flektieren i. a. nach der Nor-
malform, spätahd. im 11. Jh. (ohne bei Notker) auch mit Pl.
nach den *a*-Stämmen *(dienistmanna)*. Ahd. *gomman* 'Ehemann'
(Notker *gomen*) zeigt z. T. frühe Abschwächung des *a* im zweiten Kompositionsglied (G. Sg. *gommanes* neben *gommenes* usw.)
und Pluralformen im N. und A. auf *-a (gommana)* seit frühahd.
Zeit. Das Wort ist eine verdeutlichende Zusammensetzung aus
gomo n. 'Mann' (vgl. gotisch *guma*) und *man* m. 'Mann, Mensch'.

Wurzel-Stämme: Feminina, z. B. *naht* 'Nacht', *kuo, chuo, chua* 'Kuh', *itis* 'Frau, Jungfrau'

	Normalform	Sonderformen	Spätahd. (Notker)
Sg. N.	naht, chuo		náht
G.	naht	nahti, Adverb nahtes	náht, Adv. náhtes
D.	naht, itis	nahti, -e	náht, náhte
A.	naht		náht
Pl. N.	naht, chua	idisi, chuai	[náhte]
G.	nahto, chuo		náhto
D.	nahtun, -on	nahtim, -in	náhten
A.	naht		náhte

Die im Ahd. nur noch in Resten belegte Klasse befindet sich im Übertritt zu den *i*-Stämmen, so daß wir meist Doppelformen vorfinden, etwa bei *burg* 'Stadt, Burg', *brust* 'Brust'.

Doppelgeschlecht zeigt sich bei *buoh* 'Buch':

buoh Sg. neutral, selten mask., G. *buoches*, D. *buoche*
feminin G. *buachi* (Otfrid)
Pl. feminin N. A. *buah, buoh* (Otfrid, Tatian) 'heilige Schrift'
neutral *diu búoh* (Notker)

5.3.4. Adjektivische Deklination

Die Verhältnisse bei den Adjektiven zeigen die germanische Doppelheit starke/schwache Deklination (= unbestimmte/bestimmte Vorstellung), wobei das starke Adj. im Nom. Sg. aller Geschlechter und im Akk. Sg. n. eine längere, sog. flektierte und eine kürzere, sog. unflektierte (eigentlich echt nominale) Form aufweist, die vor allem im prädikativen Gebrauch, aber auch attributiv vorkommt. Prädikativ kommen unflektierte Formen ferner im Akk. m., f. und im Nom. Pl. aller Geschlechter vor. Was die Kasusformen betrifft, kommen bei den starken Adj. neben den substantivischen auch pronominale Deklinationsformen vor. Die Stammbildung ist dabei wesentlich vereinfacht gegenüber den Substantiven bzw. den alten Verhältnissen im Germanischen. Im Ahd. sind noch unterscheidbar:

Starke Deklination	Schwache Deklination
a/ō-Stämme	*an/ōn*-Stämme
ja/jō-Stämme	(frühahd. *jan/jōn*-Stämme)
wa/wō-Stämme	*wan/wōn*-Stämme

Die starke Adjektivdeklination zeigt das folgende Formensystem:

	a/ō-St.			ja/jō-St.			wa/wō-St.		
	m.	n.	f.	m.	n.	f.	m.	n.	f.
Sing.									
Nom. unflekt.	blint	blint	blint	māri	māri	māri	garo	garo	garo
flekt.	blintēr	blintaʒ	blint(i)u	mārēr	māraʒ	mār(i)u	gar(a)wēr	gar(a)waʒ	gar(a)w(i)u
Gen.	blintes	blintes	blintera	māres	māres	mārera	gar(a)wes	gar(a)wes	gar(a)wera
Dat.	blintemu, -o	blintemu, -o	blinteru, -o	māremu, -o	māremu, -o	māreru, -o	gar(a)wemu, -o	gar(a)wemu, -o	gar(a)weru, -o
Akk. unflekt.	blint	blint	blint	māri	māri	māri	garo	garo	garo
flekt.	blintan	blintaʒ	blinta	māran	māraʒ	mār(i)a	gar(a)wan	gar(a)waʒ	gar(a)wa
Instr.	blintu, -o	blintu, -o	—	mār(i)u, -o	mār(i)u, -o	—	gar(a)wu, -o	gar(a)wu, -o	—
Plural									
Nom. unflekt.	blint	blint	blint	māri	māri	māri	garo	garo	garo
flekt.	blinte	blint(i)u	blinto	māre	mār(i)u	māro	gar(a)we	gar(a)w(i)u	gar(a)wo
Gen.	blintero	blintero	blintero	mārero	mārero	mārero	gar(a)wero	gar(a)wero	gar(a)wero
Dat.	blintēm, -n	blintēm, -n	blintēm, -n	mārēm, -n	mārēm, -n	mārēm, -n	gar(a)wēm, -n	gar(a)wēm, -n	gar(a)wēm, -n
Akk.	blinte	blint(i)u	blinto	māre	mār(i)u	māro	gar(a)we	gar(a)w(i)u	gar(a)wo

Bei Notker von St. Gallen fallen im Nom. Akk. Pl. die mask. und fem. Formen zusammen: *blinde*.

Das schwache Adjektiv folgt in der Flexion ganz den Substantiven (*-an*/*-ōn*-St.), auch die schwachen Formen der *ja*- und *wa*-Adjektive (*māri* 'berühmt', schwache Form *māro* m., *māra* n., *māra* f., älter z. T. noch *māreo* usw.; *gar(a)wo* m., *gar(a)wa* f., *gar(a)wa* n. 'bereit'). In spätahd. Zeit ergeben sich bei Notker von St. Gallen bereits einige Veränderungen vereinfachender Tendenz, die den langsamen Übergang zum Mittelhochdeutschen vorbereiten:

	Ahd. Normalflexion			Notker (um 1000)		
	m.	n.	f.	m.	n.	f.
Sg.						
Nom.	blinto	blinta	blinta	blíndo	blínda	blínda
Gen.	blinten, -in	blinten, -in	blintūn		blínden	blíndûn
Dat.	blinten, -in	blinten, -in	blintūn		blínden	blíndûn
Akk.	blinton, -un	blinta	blintūn	blínden	blínda	blíndûn
Pl.						
Nom.	blinton, -un	blintun, -on	blintūn		blínden	
Gen.		blintōno	blintōno		blíndôn	
Dat.		blintōm, -ōn	blintōm, -ōn		blíndên	
Akk.	blinton, -un	blintun, -on	blintūn		blínden	

Die Partizipia flektieren im Ahd. wie folgt:

	Partizipium Praesentis		Partizipium Praeteriti	
	Stark	Schwach	Stark	Schwach
	unflektiert als *ja*/*jō*-St. (*nēmanti* 'nehmend', *salbōnti* 'salbend') flektiert als *a*/*ō*-St. (mit *ja*/*jō*-Reflexen)	*an*/*ōn*-St.	*a*/*ō*-St.	*an*/*ōn*-St.
Mask.	nëmantēr usw.	nëmanto usw.	ginomanēr usw.	ginomano usw.
Fem.	nëmantiu usw.	nëmanta usw.	ginomaniu usw	ginomana usw.
Neutra	nëmantaʒ usw.	nëmanta usw.	ginomanaʒ usw.	ginomana usw.

Steigerung der Adjektiva

Komparativ und Superlativ zeigen im Ahd. je suffixbedingte Doppelformen mit schwachen Deklinationsformen, von einzelnen wenigen starken Formen abgesehen. Zu den schwachen Formen vgl. oben S. 191. Der Komparativ wird mit den beiden Suffixen -ir- und -ōr-, der Superlativ mit den beiden Suffixen -ist- und -ōst- gebildet:

	Einfache Adjektiva	Mehrsilbige Adjektiva, mit Ableitungssuffixen gebildete und zusammengesetzte Adjektiva
Komparativ	-ir- oder -ōr-	-ōr-
Superlativ	-ist- oder -ōst-	-ōst-

z. B.

	Einfache Adjektiva			Mehrsilbige Adjektiva		
	mask.	fem.	neutr.	mask.	fem.	neutr.
Komparativ (Sg. N.)	rëhtiro / rëhtōro	rëhtira / rëhtōra	rëhtira / rëhtōra	sāligōro / managfaltōro	sāligōra / managfaltōra	sāligōra / managfaltōra
Superlativ (Sg. N.)	rëhtisto / rëhtōsto	rëhtista / rëhtōsta	rëhtista / rëhtōsta	sāligōsto / managfaltōsto	sāligōsta / managfaltōsta	sāligōsta / managfaltōsta

zu den Adjektiven *rëht* 'recht, gerecht, gut, richtig', *sālig* 'glücklich, gesegnet', *manag* 'viel(fältig), mannigfach, mannigfaltig'

Die Suffixe *-ir-* (Komparativ) und *-ist-* (Superlativ) bewirken Primärumlaut *a > e*, soweit nicht Umlauthinderung durch *l-* und *r-*Verbindungen (besonders oberdeutsch) vorliegt: *alt* 'alt', fränk. *eltiro* neben *altiro*, obd. *altiro* 'älter'; fränk. *eltisto*, obd. *altisto* 'ältester'.

Unregelmäßige Steigerung zeigen:

Adjektiv (Positiv)	Komparativ	Superlativ
guot 'gut'	*beʒʒiro*	*beʒʒisto*
ubil 'böse, schlecht'	*wirsiro*	*wirsisto*
mihhil 'groß'	*mēro*	*meisto*
	mēriro, mērōro (alem.)	
luzzil 'klein'	*minniro*	*minnisto*
[*laʒ* 'träge']		*leʒʒisto* 'der letzte' (mit isolierter Bedeutung)

Von Adverbien oder Präpositionen sind die folgenden Steigerungsformen abgeleitet:

Adverb/Präposition (Positiv)	Komparativ	Superlativ
after 'nach'	*aftro, aftaro, aftero* obd. auch *aftrōro* 'der spätere, hintere'	*aftrōsto, afterōsto* *aftristo* 'der hinterste, späteste'
ēr 'vorher'	*ēriro* 'der frühere' Notker *ērro*	*ēristo* 'der erste' Notker auch *ēresto*
enti 'früher'		*entrōsto* 'der letzte'
fora, furi 'vor'	*furiro* 'der frühere, vornehmere'	*furisto* 'der vorderste, vornehmste'
furdir 'vorwärts'	*fordro, fordaro, fordoro, fordero* obd. auch *fordrōro, fordarōro* 'der vordere'	*fordarōsto* 'der vorderste'
hintar 'hinter'	*hintaro* 'der hintere' obd. auch *hintarōro*	*hintarōsto* 'der hinterste'
inne 'innerhalb'	*innaro* 'der innere' obd. auch *innarōro*	*innarōsto* 'der innerste'

Adverb/Präposition (Positiv)	Komparativ	Superlativ
oba 'oben'	obaro, oboro 'der obere', obd. auch obarōro	obarōsto 'der oberste'
sîd 'später' (Notker)	sîdero 'der spätere'	
untar 'unten'	untaro 'der untere' obd. auch untarōro	untarōsto 'der unterste'
ūʒ, ūʒar 'außen'	ūʒaro 'der äußere'	ūʒarōsto 'äußerster'

Die Steigerungsformen *nidarōro* 'der niederere', *nidarōsto* 'der niederste' gehören zum Adj. *nidari* (unflekt.), *nidarēr* (flekt.) 'niedrig', Ableitung von *nidar* 'unten'.

Adjektivadverbien

Die regelmäßige Adverbialendung von Adjektiven im Ahd. geht auf *-o* aus:

	Adjektiv	Adverb
a-St.	rëht 'gerecht, gut usw.'	rëhto
	ubil 'böse'	ubilo
	mahtīg 'mächtig'	mahtigo
ja-St.	engi 'eng'	ango ⎫
	festi 'fest'	fasto ⎬ ohne Primärumlaut
	fruoi 'früh'	fruo ⎭
wa-St.	garo, garawēr 'bereit'	garwo, garawo neben garo
Part. Adj.	gëbanti, -ēr 'gebend'	gëbanto, Notker gébendo
	ilōnti, -ēr 'eilend'	ilōnto
	giholan 'verborgen' (zu hëlan)	giholano, Isidor chiholono

Daneben erscheint die ursprünglich nur den Adj. auf *-līh* zukommende Endung *-līcho* zunehmend als Adverbialendung: z. B. *gitriulīcho* 'getreu(lich)' zu *gitriuwi* 'getreu'.

Zu *guot* 'gut, gerecht, fromm' heißt das Adv. *wola*, älter *wēla*, selten *wala*. Ahd. *baʒ* 'besser, mehr, weiter' ist isoliertes Adv.

(dazu der Komparativ *beʒʒiro* 'besser', siehe oben S. 193).
Außerdem erscheinen erstarrte Kasusformen der Adj. als Adverbien, besonders:

Sg. G. neutr. st. *nalles* 'durchaus nicht' < *ni alles*, zu *al* 'all, jeder'
　　　　　　　　　gāhes 'plötzlich', zu *gāhi* 'schnell, jäh'

　　　　　sw. *béʒeren* (Notker) 'besser' (< *beʒʒiren*, zu *baʒ* 'besser')
　　　　　　　　einin alem. 'allein', zu *ein(o)*, *ein(a)* '(der) ein(e)'

Sg. A. mask. sw. *follon* 'völlig', zu *fol* 'voll'

　　　fem. sw. *follūn* 'völlig', *gāhūn* 'eilig'

　　　neutr. st. *al* 'vollständig', *lutʒil* 'wenig', *ginuog* 'hinreichend'

Pl. D.　　st. *emmiʒīgēn* 'immerwährend, unaufhörlich'
　　　　　　luʒīgēm, -n 'allmählich'

Erstarrte neutrale Akk. Sg. sind die Adverbien der Steige-
rungsgrade von Adjektiven:

Adv. Komparativ: nur *-ōr* (nicht auch *-ir* im Adv.)

　　　z. B.

　　　langōr 'länger', zu *lang*, Komparativ *lengiro*, *langōro*
　　　(h)reinōr 'reiner', zu *(h)reini*, Komparativ *(h)reiniro*

Adv. Superlativ: *-ist* neben *-ōst*

　　　z. B.

　　　lengist, *langōst* zu *lang*, Superlativ *lengisto*, *langōsto*
　　　oft mit *ʒi*, älter auch *aʒ* 'zu' verbunden *(ʒi ērist, aʒ ērist*
　　　'zuerst', *ʒi jungist* 'zuletzt', aber auch als erstarrte adjek-
　　　tivische Kasusformen wie *ʒi jungistin)*.

Kurzformen des Komparativs zeigen *baʒ* Adv. 'besser', *halt*
'mehr', *ēr* 'früher', *mēr* (auch *mēra*) 'mehr', *min* 'weniger', *sīd*
'später', *wirs* 'schlechter', dazu mit neuer Steigerung die Kom-
parative *beʒʒir*, *ērōr*, *minnera* (Notker), *sīdōr*.

5.3.5. Deklination der Zahlwörter

Die Kardinalzahlen zeigen im Ahd. eine sehr gestaffelte
Flexionsweise:

(1) volle Flexion, stark und schwach: *ein* 'ein'

	Stark			Schwach		
	m.	f.	n.	m.	f.	n.
Sg. N.	ein/ein ēr	ein/ein(i)u	ein/eina ʒ	eino	eina	eina
G.	eines	einera	eines	einen, -in	einūn	einen, -i
D.	einemu, -o	eineru, -o	einemu, -o	einen, -in	einūn	einen, -i
A.	einan	eina	ein/eina ʒ	einon, -un	einūn	eina

Pl. vereinzelt, z. B. N. *eino ziti* f. 'gewisse Zeiten',
D. *in einēn buachon* (Otfrid) 'in gewissen Büchern'

vereinzelt, z. B. *wir einon* 'wir allein'
ferner starker Instr.
Sg. n. ein -u, -o, spätahd. -e

Verwendung: stark bei unbestimmter Vorstellung, Anfänge des unbestimmten Artikels

schwach nach bestimmtem Art und in der Bedeutung von 'alle

(2) volle Flexion, nur stark: die Zahlwörter 'zwei', 'drei' und das Kollektivum 'beide'

Das Zahlwort 'zwei' und das Kollektivum 'beide'

	Ältere Normalform			Spätahd.		
	m.	f.	n.	m.	f.	n.
N.	zwēne	zwā	zwei	zwēne	zwō	zwei
G.	zweio (älter zweiio), zweiero			zweiero, zweio		
D.	zweim, zwein (selten zwēm, zwēn)			zwein		
A.	zwēne	zwā	zwei	zwēne	zwō	zwei
	erstes Kompositionsglied: zwi-			zwei-, zweio-, zwi-		
N.	beide/bēde	beido/bēdo	beidiu/bēdiu	beide	beide	beidiu (selten -ē
G.	beidero/bēdero		beidero	beidero	beidero	
D.	beidēm, -n/bēdēm, -n		beidēn	beidēn	beidēn	
A.	beide/bēde	beido/bēdo	beidiu/bēdiu	beide	beide	beidiu

as Zahlwort 'drei'

| | Ältere Form | | | Spätere Entwicklung | |
m.	f.	n.	m.	f.	n.
drī	drīo	driu	drī, drīe	drī, drīe	driu
drīo	drīo	drīo		drīo, drīero	
drim, -n	drim, -n	drim, -n		drin	
drī	drīo	driu	drī, drīe	drī, drīe	driu
erstes Kompositionsglied: dri-				dri-, drī-, drīo-	

(3) teilweise Flexion bei Nachstellung hinter dem Substantiv
und in substantivischer Verwendung, aber keine Flexion bei
adjektivischer Stellung vor dem Substantiv: die Zahlen 4—19

| Unflektiert | Flektiert (wie *i*-St.) | | |
	m.	f.	n.
4 feor, fior, fiar, fier (Notker)	N. fiori	*fiori	fioriu, -u
5 fimf, finf, funf	G.	fior(e)o	
6 sëhs	D.	fiorim, -in	
7 sibun, siben (Notker)	A. fiori	fiori	fioriu, -u
8 ahto	Besonderheiten: ahtowi m. f.		
9 niun (selten niwan)	ahtowiu n.		
10 zëhan, zëhen, zên (Notker)			
11 einlif			
12 zwelif			
13 drîzëhan, drîzên (Notker)			
14 fiorzëhan	mit Flexion nur im zweiten		
15 finfzëhan	Kompositionsglied -*lif*, -*zëhan* wie		
16 sëhszëhan, séhszên (Notker)	oben		
17 *sibunzëhan			
18 ahtozëhan, áhtozên (Notker)			
19 niunzëhan, níunzên (Notker)			

(4) keine Flexion weisen i. d. R. die indeklinablen Bildungen
auf -*zug* (-*zog*, -*zig*, -*zeg*) und die auf einzelne Zahlen zwischen
70 und 100 beschränkten -*zo* für die Zehnereinheiten auf:

20	zweinzug		Notker	zuéinzeg
30	dri3(3)ug			
40	fiorzug		Notker	fierzeg
50	finfzug		Notker	fúnfzeg
60	sëhszug			
70	sibunzug	sibunzo	Notker	síbenzeg
80	ahtozug	ahtozo	spätahd.	ahzoch, ahzeg
90	niunzug	(niunzo)		
100	zëhanzug	zëhanzo	Notker	zênzeg

(5) Substantive mit entsprechender Flexion sind die Zahl-bezeichnungen *hunt* n. pl. 'hundert', z. B. *ein hunt* (neben *zëhanzug*) '100', *zwei hunt* '200', *thriu hunt* '300' sowie *thūsunt*, *dūsunt*, spätahd. auch *tūsent*, Notker *dûsent* f. '1000' (Kons.- oder *ō*-St., Pl. -ø oder -*a*) bzw. n. (Dat. Pl. -*un*, -*on*, selten -*in*).

(6) Die Zwischenzahlen werden ahd. durch Aneinanderrei-hung, durch Verbindung mit 'und' *(inti, unde)* oder dichterisch durch Multiplikation ausgedrückt:

Aneinanderreihung:	*zwei hunt funfzig* '250' (Gl. Notkers Psalter)
Verbindung mit 'und':	*zëhanzo endi feorzuc* '140' (Isidor)
	drizog inti ahto jār '38' (Tatian)
	jāro … fiarzug inti sëhsu '46' (Otfrid)
Multiplikation:	*zwiro* ('zweimal') *sëhs jāro* '12' (Otfrid)
	einlif stuntōn ('mal') *sibini* '77' (Otfrid)
Kombination:	*zwelif stunt* ('mal') *cênzeg und ahtozêniu* '1218' (Notker)

(7) Der gezählte Gegenstand erscheint bei größeren Zahlen i. d. R. vor- oder nachgestellt im Genitiv (Genitivus partiti-vus), z. B. Hildebrandslied *ih wallōta sumaro inti wintro sehstig* (altsächs. Zahlform) *ur lante* 'ich zog 60 Sommer und Winter (= 30 Jahre) außerhalb meines Heimatlandes umher'; Tatian *unzan fioru inti ahtuzug jaro* 'bis 84 Jahre'. Doch sind auch An-sätze zu adjektivischem Gebrauch festzustellen: Otfrid Dat. Pl. *finf thūsonton mannon* '5000 Mann'.

Ordinalzahlen

1. *ēristo* m., *ērista* f., *ērista* n. 'der erste', mit schwacher Dekli-nation (Superlativ zu *ēr* 'früher'), Notker auch *éresto* neben *éristo* usw.

furisto m., *furista* f., *furista* n. 'der erste', mit schwacher Deklination (Superlativ zu *furi* 'vor'), Notker *fúrsto* usw.

2. *ander/anderēr* m., *ander/anderiu* f., *ander/anderaʒ* n. 'der zweite', mit starker Deklination; bei Notker auch schwach *der ándero, diu ándera, daʒ ándera.*

Nun ausschließlich schwach (wir führen nur noch die mask. Form N. Sg. an):

3. drittio (älter), dritto
4. feordo (älter), fiordo, Notker fierdo
5. fimfto, finfto
6. sëhsto, vereinzelt sëhto
7. sibunto, Notker síbendo
8. ahtodo, ahtōdo
9. niunto, Notker níundo
10. zëhanto, Notker zêndo
11. einlifto
12. zwelifto
13. drittozëhanto, Notker dríttezêndo
14. fiordozëhanto, Notker fierdozêndo, fierzêndo
15. finftazëhanto, Notker fínftozêndo, funfzêndo
16. sëhstozëhanto, Notker séhszêndo
17. sibuntozëhanto
18. ahtozëhanto
19. niuntazëhanto
20. zweinzugōsto
30. driʒugōsto, Notker drízegôsto
40. fiorzugōsto
50. finfzugōsto
60. sëhszugōsto, Notker séhzigosto
70. sibunzugōsto, Notker síbenzegosto
80. ahtozugōsto
90. niunzugōsto
100. zëhanzugōsto, Notker zênzegosto

Zwischenzahlen werden durch asyndetische Verbindung (ohne 'und') ausgedrückt, z. B. *niunzugōsto fiordo* '94'.

Weitere Zahlarten

Distributiva: starke Deklination (wir geben die mask. Form N. Pl. an)

einluzze	'einzelne'
zwiske	'zu zweien' (unflektiert *zwiski* Sg. auch 'zweifach')
driske	'zu dreien' (unflektiert *driski* Sg. auch 'dreifach')
feoriske	'zu vieren'

Multiplikativa: starke und schwache Deklination

einfalt	'einfach', spätahd. auch *einfaltīg* usw.
zwifalt	'zweifach'
drifalt	'dreifach'

usw. (*fiorfalt, finffalt, sēhsfalt, sibunfalt, zēhanzugfalt* 'hundertfach')
Außerdem *einlih, zwilih, drilih* usw.

Bruchzahlen

— mit Adj. *halb*: *ander halb* 1½
              dritde halp 2½
— mit Subst. *teil* m. n.: *der halbo teil*   ½
                 der dritto teil   ⅓
                 daz feorda teil   ¼
                 der ahtodo teil   ⅛

Zahladverbien

'einmal':	*eines*, spätahd. *einêst* (Notker), *einist*
'zweimal':	*zwiro*, auch *zwiror, zwiron, zwiront*, Notker *zuirort, zuirônt*
'dreimal':	*driror*, häufiger *driostunt* (*stunta, stunt* f. 'Stunde, Zeit, Mal'), *thrīa stuntā* (Otfrid)
'viermal':	*fiorstunt*
'siebenmal':	*sibunstunt*, auch *sibun stundôm* (Isidor)
'zehnmal':	*zēhenstunt*, Notker *zênstunt*
usw.	

Vereinzelt kommen auch Bildungen mit *warb* (zu *hwarba, warba* f. 'Umdrehung'), z. B. *sibun warb* (Tatian), und mit *spurt* m. 'Rennbahn, Mal', z. B. *drim spurtim* (Mondseer Fragm.), vor. *māl* erscheint im 10. Jh. vereinzelt.

Ordinale Zahladverbien erscheinen selten: *andera stunt* 'zum zweiten(mal)', *drittiūn/thrittūn stunt* 'zum dritten(mal)'.

5.3.6. Deklination der Pronomina

Personalpronomina: 1. und 2. Person und Reflexivpronomen

		1. Person	2. Person	Reflexiv
Sg.	N. ih, enkl. -h		thū, dū, du, tū	
	G. mīn		thīn, dīn	sīn, (ira)
	D. mir, (selten mi)		thir, dir, (selten di)	(imu, iru/imo, iro)
	A. mih		thih, dih	sih
Dual	G. unkēr (zweio) (isolierte Form bei Otfrid)			
Pl.	N. wir		ir	
	G. unsēr		iuwēr	(iro)
	D. uns		iu, (selten ëu)	(im)
	A. unsih		iuwih, spätahd. iuh sih (selten ëuwih)	

Im Plural werden Dativ und Akkusativ spätahd. z. T. ausgeglichen: Dat. für Akk. und Akk. für Dat.

Frühahd. erscheint noch eine betonte Form *ihhā*, *ihchā* 'egomet'.

Personalpronomen der 3. Person 'er, sie, es'

	m.	f.	n.
Sg.N. ër, fränk. auch hër, hē	siu, sī, si	iʒ
G. sīn	ira; iru, -o (aus Dativ)	ës, is, (sīn)
D. imu, imo	iru, iro, selten ira (aus Gen.)	imu, imo
A. inan, in, selten ini	sia, sie, si	iʒ
Pl. N. sie, selten sē, sea, sia	sio, selten sie, sia	siu, selten
G. iro	iro	iro [sie
D. im, in	im, in	im, in
A. sie	sio	sie

Enklitische Formen sind besonders bei Otfrid häufig, aber
kommen auch sonst vor, z. B.: *-nan* < *inan*, *-mo* < *imo*, *-ro*
< *iro*, *-r* < *ër*, *-ʒ* < *iʒ*, *-s* < *ës*, *-n* < *in* bzw. *sa* < *sia*, *se* < *sie*,
so < *sio*.

Bei Notker gilt das folgende spätahd. Paradigma:

		m.	f.	n.
Sg.	N.	ér	sî, si	íz
	G.	sîn	íro	ís, sîn .
	D.	ímo	íro	ímo
	A.	ín	sîa, sîe	íz
Pl.	N.	sîe	sîe	síu
	G.	íro	íro	íro
	D.	ín	ín	ín
	A.	sîe	sîe	sîe

Auch hier begegnen vereinzelte enklitische Formen. Dat.
Pl. *inen* kommt erst im 11. Jh. (Glossierung zu Notkers Psalter)
vor, ist aber auch mhd. noch selten.

Possessivpronomina

Auf der Grundlage der Genitivformen der Personalpronomina entwickeln sich im Ahd. die folgenden Possessivpronomina mit ausschließlich starker Deklination wie die *a*-St. der
Adjektive (vgl. oben S. 190).

	Ausgangsformen	Unflektiert	Flektiert		
			m.	f.	n.
1. Ps. Sg.	ih, Gen. mīn	mīn	mīnēr	mīn(i)u	mīnaʒ
2. Ps. Sg.	dū, Gen. dīn	dīn	dīnēr	dīn(i)u	dīnaʒ
3. Ps. Sg.	Reflexiv Gen. sīn	sīn	sīnēr		sīnaʒ
		nur für Mask. u. Neutr. Sg. gebraucht			
1. Ps. Pl.	wir, Gen. unsēr	unsēr	unserēr	unser(i)u	unseraʒ
		frk. auch unsēr	unsu	unsaʒ	
2. Ps. Pl.	ir, Gen. iuwēr	iuwēr	iuwerēr	iuwer(i)u	iuweraʒ
		frk. auch iuwēr	iuwu	iuwaʒ	

Kein Possessivpronomen ist für Fem. Sg. 3. Ps. (dafür Gen. *ira* f. 'von ihr') und für den ganzen Pl. der 3. Ps. (dafür Gen. *iro* m., f., n. 'von ihnen') gebräuchlich.

Demonstrativpronomina

Das einfache Demonstrativpronomen, aus dem sich der im Ahd. zunehmende bestimmte Artikel bildet, zeigt folgende Flexion:

	Früh- und gemeinahd.			Spätahd. (Notker)		
	m.	f.	n.	m.	f.	n.
Sg. N.	thē, dē, thie; thër, dër	thiu, diu	thaȝ, daȝ, mfrk. that	dér	díu	dáz
G.	thës, dës	thëra, dëra	thës, dës	dés	déro	dés
D.	thëmu, dëmo	thëru, dëro	thëmu, dëmo	démo	déro	démo
A.	thën, dën	dē, thea, dia, die	thaȝ, daȝ, mfrk. that	dén	dìa, dîe	dáz
I.	thiu, diu		thiu, diu			díu
Pl. N.	thē, dē, dea; thie, die	theo, deo; thio, dio; thia	dei; thiu, diu	dîe	dîe	díu
G.	thëro, dëro	thëro, dëro	thëro, dëro	déro	déro	déro
D.	thēm, dēn, dien	thēm, dēn, dien	thēm, dēn, dien	dîen	dîen	dîen
A.	thē, dē, dea; thie, die	theo, deo; thio, dio; thia	dei; thiu, diu	dîe	die	díu

Als Demonstrativpronomen bedeutet *dër, diu, daȝ* 'dieser, diese, dieses', als Artikel 'der, die, das', letzterer bei Notker nur unter bestimmten Bedingungen mit Akzent.

Das zusammengesetzte Demonstrativpronomen 'dieser' zeigt folgende Flexion:

	← Früh- und gemeinahd. →			Spätahd. (Notker)		
	m.	f.	n.	m.	f.	n.
Sg. N.	thëse, dëse, thësēr, dësēr, thërēr	thësiu, dësiu, thisu, deisu	thiz, diz; thit	dísêr (dirro)	dísiu	díz
G.	dësse; thësses, dësses, dëses	thësera, dësera, thërra, thërro	dësse; thësses, dësses, dëses	dísses	dírro	dísses
D.	thësemu, dësemo	thëseru, dësero, thërru, thërro, -a	thësemu, dësemo	díse-mo	dírro	dísemo
A.	thësan, dësan	thësa, dësa, dheasa, thiusa	thiz, diz; thit	dísen	dísa	díz
I.			thës(i)u, dës(i)u, this(i)u, dis(i)u			
Pl. N.	thëse, dëse	thëse, dëso	thës(i)u, dës(i)u, thisu, deis(i)u	díse	díse	dísiu
G.	thësero, dësero, thërero, thërro	thësero, dësero, thërero, thërro	thësero, dësero, thërero, thërro	dírro	dírro	dírro
D.	thësēm, dësēn	thësēm, dësēn	thësēm, dësēn	dísên	dísên	dísên
A.	thëse, dëse	thëso, dëso	thës(i)u, dës(i)u, thisu, deis(i)u	díse	díse	dísiu

Die neutrale Form *diz* hat Affrikate.

Weitere Demonstrativpronomina sind:

— *jenēr, jeniu, jenaʒ*, auch *genēr*, obd. *enēr* 'jener' mit starker Flexion
  (davon Adv. *enōnt* 'jenseits')

— *sēlb* 'selbst' mit starker und schwacher Flexion, bzw. *dēr sēlbo, diu
  sēlba, daʒ sēlba* 'derselbe' (schwach nach best. Art.)

— *dër samo, diu sama, daʒ sama* 'der gleiche', nur frühahd. (Identitäts-
pronomen), mit schwacher Flexion nach Artikel

— *solih, sulih, suslih* 'so beschaffen', mit starker Flexion *solihhēr* usw.,
später *solihēr, solehēr, solhēr, solēr* usw.

Als Relativpronomen figurieren:

— das einfache Demonstrativpronomen *dër, diu, daʒ*

— z. T. mit der Relativpartikel *the, de, thi* kombiniert

— oder in Verbindung mit der Relativpartikel *dar, thar, der, dir* (Tatian
auch *the, de*), die auch an Personalpronomina antreten kann (*ih-der,
ih-dir* 'der ich') oder absolut steht.

Interrogativpronomina

Das einfache Interrogativpronomen zeigt folgende Flexion
im Mask. und Neutr. Sg. (das Fem. wird durch das Mask. ausgedrückt, ein Pl. fehlt i. d. R.):

		m. (und f.)	n.
Sg.	N.	hwër, wër, (Tatian auch *wie*)	hwaʒ, waʒ, mfrk. wat
	G.	hwës, wës	hwës, wës
	D.	hwëmu, wëmo	hwëmu, wëmo
	A.	hwënan, wënan, wén (Notker)	hwaʒ, waʒ, mfrk. wat
	I.		hwē, hwēo, hwio, hiu, wio, wiu 'wie', hwō, hwuo, wuo 'wie'
Pl.	N.	wie (Tatian)	
	D.	fon wēn (Tatian)	

Kontraktionen mit folgenden Personalpronomina oder *ist*
'ist' kommen besonders bei Otfrid vor: *weih < waʒ ih, weist
< waʒ ist.*

Adjektivische Interrogativpronomina mit starker Flexion
sind:

— *hwelih, welih* (unflekt.) bzw. flektiert *(h)welihhēr, (h)welihh(i)u, (h)welih(h)aʒ* 'welcher', später *welʼhēr* usw., spätahd. *welehēr, welhēr*, alem. *weleēr, welēr*, Notker auch *wélēr, wéliu, wéleʒ*

— *hwēdar, wēdar*, Notker *wéder* (unflekt.), bzw. flektiert *wēdarēr* usw. 'welcher von beiden'

— *hweolih, wiolih*, Notker *wélih* (unflekt.), bzw. flektiert *wiolihēr* usw. 'wie beschaffen', frühahd. auch *walih*

— in Verbindung mit *sō* . . . . *sō*, später *sō* . . . .: *sō wēr(sō), sō welih (sō), sō wēdar (sō)*, spätahd. vereinzelt *swēr, swelich* ergibt sich verallgemeinernde Bedeutung 'wer auch immer, welcher auch immer, jeder von beiden'.

Indefinite Pronomina

Pronomina für die Vorstellung 'irgendein' sind ahd.:

— *sum*, flektiert *sumēr, sumiu, sumaʒ*, Pl. *sume* m. 'die einen' und die Ableitung *sumilih*, mit starker Flexion

— *ein*, Zahlwort, flektiert *einēr, einiu, einaʒ* (vgl. oben S. 196)

— *hwēr, wēr* m., *hwaʒ, waʒ* n. (vgl. oben S. 205) in substantivischer Verwendung, *hwelih* (vgl. oben S. 206) in adjektivischer Verwendung mit starker Flexion

— *ēddes-, ēttes-, ēt(t)e-wēr* (substantivisch) bzw. *-lih* (adjektivisch) mit starker Flexion

— *dēh-, thēhein, dechein, thihhein, thohhein, dohein* bzw. *-einīg* in negativen Sätzen (*ni* . . . .), in Fragesätzen und im abhängigen Satz

— vereinzelt *sihwer, sihwelih, sumewelih, einhwelih*

Ein 'anderer' heißt ahd. *ander*, flektiert *anderēr, anderiu, anderaʒ*, mit starker Flexion (*dēr ander* unflekt.), spätahd. auch schwach *der andero*.

'Keiner' heißt ahd. *nihhein, nihein; nohhein, nohein* bzw. *nihheinīg, nohheinīg* bzw. auch *-ing* (Tatian). Ahd. *ni wēdar, ne wēdar, noh wēder, ni wedrisc* heißt 'keiner von beiden'.

Neben seltenem *man* 'man' steht *eoman, ioman* 'jemand' und *neoman, nioman* 'niemand', mit der Flexion des Substantivs *man* 'Mensch, Mann', vgl. oben S. 188.

Für 'etwas, irgend etwas' begegnen ahd.:

— *wiht* n.
— *eowiht, iowiht, iawiht* (Otfrid), *îowíht* neben *îeht* (Notker), Gen. *iowihtes*, Dat. *iowihte*

Demgegenüber bedeutet *neowiht, niowiht, nîouuíht* neben *nîeht* (Notker) 'nichts', Gen. *niowihtes*, Dat. *niowihti, -e*, Instr. *niowihtu*.

Für 'jeder' stehen ahd.:

— *gilîh* mit starker Flexion und Gen. Pl. des Subst.: *manno gilîh* 'jedermann', *kunno gilîhaz* 'jedes Geschlecht'

— *eogilîh, iogilîh* substantivisch und adjektivisch mit starker Flexion

— *hwelîh, welîh* mit starker Flexion und Gen. Pl. des Subst.

— *eogiwelîh, iogiwelîh* substantivisch und adjektivisch mit starker Flexion, spätahd. auch verkürzt zu *eowelîh, iowelîh*

— *al* unflekt., *allēr, alliu, allaz* stark flektiert

— *gihwēdar, giwēdar* und *iogiwēdar*, spätahd. *eowēdar, iowēdar* heißt 'jeder von zweien'.

5.3.7. Konjugation

5.3.71. *Formenbestand und Einteilung der Verben*

Die ahd. Konjugation zeigt folgende synthetische Formen:

Genus Verbi: Aktiv (kein Mediopassiv mehr wie noch im Gotischen)

Tempora: Praesens und Praeteritum

Modi: Indikativ, Optativ; Imperativ Praes.

Numeri: Singular, Plural (keinen Dual mehr wie noch im Gotischen)

Verbalnomina: Infinitiv Praes. (mit Gen./Dat.-Formen [Gerundium]), Part. Praes. und Praet.

Insgesamt zeigt sich im Verlauf der ahd. Zeit ein langsamer, mehr oder weniger durchgehender Verfallsprozeß der Verbalendungen, der neuerdings am Material von Bibelglossen durch

Uwe Förster dargestellt worden ist und der wesentlich durch den Endsilbenverfall mitbestimmt wird und z. T. zur Verwischung alter Unterschiede zwischen starken und schwachen Verben führt. Daneben treten Ausgleichsbewegungen in verschiedener Richtung auf.

Grundsätzlich sind im Ahd. wie im Germ. die beiden großen Verbalgruppen starke Verben und schwache Verben zu unterscheiden, zu denen noch einige Sondergruppen oder Restklassen treten:

Starke Verben	Schwache Verben
— Gliederung nach Ablautklassen	— Gliederung nach Ableitungsklassen
— einheitlicher Infinitiv auf -an (spätahd. -en)	— verschiedene Infinitive je nach Klasse (-ien, -en/-ōn/-ēn)
— einheitliche Morphematik	— nach Klassen verschiedene Morphematik
— Bildung des Praeteritums durch Ablaut, d. h. altererbten spontanen Vokalwechsel, des Part. Praet. durch Ablaut und n-Suffix (ahd. -an, spätahd. -en)	— Bildung des Praeteritums und Part. Praet. durch Dentalsuffix ahd. t (-t-, -it-/-ōt-, -ēt-)
— alte Primärverben ohne wesentliche Neubildungen im Ahd.	— von alten Primärverben, Subst. oder Adj. abgeleitete Verben mit vielen Neubildungen im Ahd. neben einigen alten Primärverben

5.3.72. Die Konjugationsformen der starken Verben

(Wir stützen uns auf die Darstellung in der Ahd. Gr. von Wilhelm Braune—Hans Eggers, Tübingen [13]1975; zu den Praeteritalstämmen vgl. unten S. 213—216.)
Paradigmen: *nëman* 'nehmen', *ziohan* 'ziehen', *faran* 'fahren, gehen', *rātan* 'raten'

		Älteste Form	Normalahd. (Tatian)	Späteres 9. Jh. (Otfrid)	Spätahd. (Notker)
Praes. Ind.	Sg. 1. Ps.	nimu	ziuhu	faru	ráto
	2. Ps.	nimis	ziuhis, (-ist)	ferist, (-is)	rátest
	3. Ps.	nimit	ziuhit	ferit	rátet
	Pl. 1. Ps.	nëmumēs, -amēs, -emēs	ziohemēs, (-ēn)	farēn	rátēn
	2. Ps.	nëmet, (nëmat) [(selten -ēm)]	ziohet	faret	rátent
	3. Ps.	nëmant	ziohent	farent	rátent
Praes. Opt.	Sg. 1. Ps.	nëme	ziohe	fare	ráte
	2. Ps.	nëmēs	ziohēs, (-ēst)	farēs	rátēst
	3. Ps.	nëme	ziohe	fare	ráte
	Pl. 1. Ps.	nëmēm; (selten -amēs, -emēs)	ziohemēs, (-ēn)	farēn	rátēn
	2. Ps.	nëmēt	ziohēt	farēt	rátēnt
	3. Ps.	nëmēn	ziohēn	farēn	rátēn
Imperativ	Sg. 2. Ps.	nim	ziuh	far	rát
	Pl. 1. Ps.	nëmamēs, -emēs; nëmēm	ziohemēs, (-ēn)	faremēs, (-amēs)	rátēn
	2. Ps.	nëmet, (nëmat)	ziohet	faret	rátent

		Älteste Form	Normalahd. (Tatian)	Späteres 9. Jh. (Otfrid)	Spätahd. (Notker)
Infinitiv/		nëman	ziohan, (-en)	faran	râten
Gerundium (Gen., Dat.)		nëmannes, -anne	ziohannes, -anne	farannes, -anne	râtennes, -enne
Part. Praes.		nëmanti, (-enti)	ziohenti, (-anti)	farenti, (-anti)	râtente, -ende
Praet. Ind.	Sg. 1. Ps.	nam	zōh	fuar	riet
	2. Ps.	nāmi	zugi	fuari	riete
	3. Ps.	nam	zōh	fuar	riet
	Pl. 1. Ps.	nāmum; (selten -umēs)	zugumēs, (-un)	fuarun	rieten
	2. Ps.	nāmut	zugut	fuarut	rie-ent
	3. Ps.	nāmun	zugun	fuarun	rieten
Praet. Opt.	Sg. 1. Ps.	nāmi	zugi	fuari	riete
	2. Ps.	nāmis	zugīs, (-īst)	fuaris	rietist
	3. Ps.	nāmi	zugi	fuari	riete
	Pl. 1. Ps.	nāmīm; (selten -imēs)	zugimēs, (-in)	fuarin	rietin
	2. Ps.	nāmit	zugit	fuarit	rietint
	3. Ps.	nāmin	zugin	fuarin	rietin
Part. Praet.		ginoman	gizogan	gifaran	gerâten

5.3.73. Die Konjugationsformen der schwachen Verben

(Wir stützen uns auf die Darstellung in der Ahd. Gr. von Wilhelm Braune—Hans Eggers, Tübingen [13]1975; zu den Praeteritalstämmen vgl. unten S. 211—212 und 218—219.)

Paradigmen: *suochen* 'suchen', *zellen* 'erzählen, sagen', *nerien/ nerren* 'ernähren, retten', *salbōn* 'salben', *habēn* 'haben'

Klasse 1
(jan-/ahd. -[i]en Verben)

es. Ind.	Sg. 1. Ps.	suochu; zellu; neriu (nerigu), nerru	
	2. Ps.	suochis; zelis; neris; — -ist	
	3. Ps.	suochit; zelit; nerit	
	Pl. 1. Ps.	suochemēs; zellemēs; neriemēs; — -amēs, -ēn	
	2. Ps.	suochet; zellet; neriet; nerret, — (-at), Notker -ent	
	3. Ps.	suochent; zellent; nerient, nerrent; — -ant	
es. Opt.	Sg. 1. Ps.	suoche; zelle; nerie (nerige), nerre	
	2. Ps.	suochēs, -ēst etc.	
	3. Ps.	suoche	
	Pl. 1. Ps.	suochēm, -ēn; (-emēs, -amēs)	
	2. Ps.	suochēt, Notker -ênt	
	3. Ps.	suochēn	
perativ	Sg. 2. Ps.	suochi; zeli; neri, Notker -e	
	Pl. 1. Ps.	suochemēs; zellemēs; neriemēs; — -amēs; -ēn	
	2. Ps.	suochet; zellet; neriet, nerret; — (-at), Notker -ent	
nitiv/		suochen; zellen; nerien, nerren; — bes. obd. auch -an	
rundium	(Gen., Dat.)	suochennes, -enne	
t. Praes.		suochenti; zellenti; nerienti, nerrenti; — obd. auch -anti	
et. Ind.	Sg. 1. Ps.	suohta; zalta, zelita; nerita	
	2. Ps.	suohtōs, -ōst	
	3. Ps.	suohta	
	Pl. 1. Ps.	suohtum, -un; (-umēs) alem. suohtōm, -ōn; (-ōmēs)	
	2. Ps.	suohtut alem. suohtōt, (-ōnt)	
	3. Ps.	suohtun alem. suohtōn	
et. Opt.	Sg. 1. Ps.	suohti; zalti, zeliti; neriti; alem. suohtī etc.	
	2. Ps.	suohtīs, -īst	
	3. Ps.	suohti; alem. suohtī	
	Pl. 1. Ps.	suohtīm, -īn; (-īmēs)	
	2. Ps.	suohtīt Notker sûohtînt	
	3. Ps.	suohtīn	
t. Praet.		gisuochit (flekt. -suohtēr); gizelit, -zalt; ginerit	

14*

Klasse 2 (ōn-Verben)		Klasse 3 (ēn-Verben)	
salbōm, -ōn		habēm, -ēn	
salbōs, -ōst		habēs, -ēst	
salbōt		habēt	
salbōmēs; salbōn, -ōēn		habēmēs; habēn, -ēēn	
salbōt, Notker -ònt		habēt, Notker -ênt	
salbōnt		habēnt	

vor allem fränk.	vor allem obd.	vor allem fränk. u. bair.	vor allem alem.
salbo	salbōe	habe	habēe
salbōs(t)	salbōes(t)	habēs(t)	habēēs(t)
salbo	salbōe	habe	habēe
salbōm, -ōn;	— -ōem usw.	habēm, -ēn;	— -ēēm etc.
salbōt [(ōmēs)	— -ōet, Notker	habēt [(-ēmēs)	— -ēēt
salbōn	— -ōen [-oênt	habēn	— -ēēn
salbo		habe	
salbōmēs; salbōn, -ōēn		habēmēs; habēn, -ēēn	
salbōt		habēt	
salbōn		habēn	
salbōnnes, -ōnne		habēnnes, -ēnne	
salbōnti		habēnti	
salbōta		habēta	
[ect. wie suohta]		[etc. wie suohta]	
salbōti; alem. -tī		habēti; alem. -tī	
[etc. wie suohti]		[etc. wie suohti]	
gisalbōt		gihabēt	

5.3.74. Die Klassen der starken Verben

Die starken Verben entsprechen den Klassen im Germanischen, aber ohne Reduplikation. Der Ausdruck des Praeteritums erfolgt ausschließlich durch Ablaut (im Gotischen zudem

Reduplikation allein und Reduplikation + Ablaut). Die Klassen der starken Verben zeigen folgenden Aufbau (die Gliederung nach den Gesichtspunkten F. van Coetsems für das Germanische, gr. W. = grammatischer Wechsel, vgl. dazu oben S. 167—171):

(a) germ. *e*-Gruppe (ursprünglicher Ablaut *e/a*)

Inf./Praes.	Praet. Sg. 1./3. Ps.	Praet. Pl. und 2. Sg.	Part. Praet.
Kl. 1 ī + Kons.	ei/ē	i	i
rītan 'reiten'	reit	ritum	giritan
līdan 'gehen, leiden'	leid	litum	gilitan (gr. W.)
zīhan 'zeihen'	zēh	zigum	gizigan (gr. W.)
līhan 'leihen'	lēh	liwum	giliwan (gr. W.)
Kl. 2 io/iu/ū + Kons.	ou/ō	u/ū	o/ū
liogan, liugan 'lügen'	loug	lugum	gilogan
bliuwan 'schlagen'	blou	blū(w)um	giblū(w)an
biotan 'bieten'	bōt	butum	gibotan
siodan 'sieden'	sōd	sutum	gisottan (gr. W.)
kiosan 'wählen'	kōs	kurum	gikoran (gr. W.)
sūfan 'saufen'	souf	suffum	gisoffan
Kl. 3 i + Nasal + Kons.	a	u	u
ë + Liquid + Kons.	a	u	o
bintan 'binden'	bant	buntum	gibuntan
findan 'finden'	fand	funtum	funtan (gr. W.,
	fant	fundum	fundan [Part. ohne
rinnan 'rinnen, laufen'	rann	runnum	girunnan [gi-)
wërfan 'werfen'	warf	wurfum	giworfan
wërdan 'werden'	ward	wurtum	(gi)wortan (gr.
		wurdum	wordan [W.)

Inf./Praes.	Praet. Sg. 1./3. Ps.	Praet. Pl. und 2. Sg.	Part. Praet.
Sondergruppe: r, l			
vor ë im Stamm a		u	o
brëttan 'ziehen, zücken'	bratt	bruttum	gibrottan
brëstan 'bersten'	brast	brustum (obd. auch brāstum)	gibrostan
flëhtan 'flechten'	flaht	fluhtum	giflohtan
irlëskan 'erlöschen'	irlask	irluskum	irloskan
außerdem:			
fëhtan 'fechten'	faht	fuhtum	gifohtan

Kl. 4 ë + Nasal/Liquid a		ā	o
ë + hh (germ. k)			
stëlan 'stehlen'	stal	stālum	gistolan
quëman 'kommen'	quam	quāmum	giquoman
neben			
cuman, chomen	cham	chāmum	gicoman, gecho-
brëhhan 'brechen'	brah	brāhhum	gibrohhan [men

Kl. 5 ë + Kons. (nicht Nasal oder Liquid) a		ā	ë
i + Doppelkons. (bei ursprüngl. j-Praes.)			
gëban 'geben'	gab	gābum	gigëban
quëdan 'sprechen'	quad	quātum quādum	giquëtan (gr. W.) giquëdan
Notker chéden	chád	châden	chéden, -ten
wësan 'sein'	was	wārum	(Part. fehlt) (gr. W.)
bitten 'bitten'	bat	bātum	gibëtan (Inf. < *bidjan)
sitzen 'sitzen'	saʒ	sāʒum	gisëʒʒan (Inf. < *sitjan)

Inf./Praes.	Praet. Sg. 1./3. Ps.	Praet. Pl. und 2. Sg.	Part. Praet.

Sondergruppe:

ë	ā	ā	ë
ëʒʒan 'essen'	āʒ	āʒum	(Part. fehlt)
frëʒʒan 'fressen'	frāʒ	frāʒum	gifrëʒʒan

(b) germ. *a*-Gruppe (ursprünglicher Ablaut *a/ē²*, *a/ō*, *au/eu*)

Kl. 7	ei + Kons.	ia (> ie)	ia (> ie)	ei
	heiʒan 'heißen'	hiaʒ	hiaʒum	giheiʒan

Kl 7	ou + Kons.	eo (> io, ie)	eo (> io, ie)	ou/ō
	ō (< au) + Kons.			
	loufan 'laufen'	leof	leofum	giloufan
	stōʒan 'stoßen'	steoʒ	steoʒum	gistōʒan

Kl. 7	a + Nasal + Kons.	ia (> ie)	ia (> ie)	a
	a + Liquid + Kons.			
	ā + h (< *anχ)			
	spannan 'spannen'	spian	spianum	gispannan (nn > n nach Langvokal)
	gangan 'gehen'	giang	giangum	gigangan
	haltan 'halten'	hialt	hialtum	gihaltan
	fāhan 'fangen'	fiang	fiangum	gifangan (Inf. < *faŋχan)
	außerdem:			
	erien 'pflügen'	iar	iarum	giaran
	erren	(uor)		(Inf. < *arjan)

Kl. 6	a + Nasal/Liquid	uo	uo	a (bzw. o in swerien)
	a + einf. Kons. bzw. hs, sk			
	a/e + Doppelkons.			

Inf./Praes.	Praet. Sg. 1./3. Ps.	Praet. Pl. und 2. Sg.	Part. Praet.
spanan 'verlocken'	spuon	spuonum	gispanan
faran 'fahren'	fuor	fuorum	gifaran
wahsan 'wachsen'	wuohs	wuohsum	giwahsan
waskan 'waschen'	wuosk	wuoskum	giwaskan
stantan 'stehen'	stuont	stuontum	gistantan
selten:	stuot, stuat	stuotum	
heffen 'heben'	huob	huobum	gihaban (gr. W.) (Inf. < *hafjan)
skepfen 'erschaffen'	skuof	skuofum	giskaffan (Inf. < *skapjan)
swerien 'schwören'	swuor	swuorum	gisworan (Inf. < *swarjan)

(c) germ. Langvokalgruppe (ursprünglicher Ablaut $\bar{o}/\bar{e}^2$, $\bar{e}^1/\bar{e}^2$)

Kl. 7	uo (< ō) + Kons.	eo (> io, ie)	eo (> io, ie)	uo
	wuofan 'schreien'	weof	weofum	giwuofan
	(h)ruofan 'rufen'	(h)reof	(h)reofum	gi(h)ruofan
Kl. 7	ā + Kons. (ā < ē¹)	ia (> ie)	ia (> ie)	ā
	rātan 'raten'	riat	riatum	girātan
	lāʒan 'lassen'	liaʒ	liaʒum	gilāʒan

5.3.75. Die Klassen der schwachen Verben

Bei den schwachen Verben werden Praeteritum und Part. Praet. durch ein Dentalsuffix gebildet. Hier ist das ursprüngliche Vierklassensystem des Germanischen im Ahd. zu einem Dreiklassensystem vereinfacht, wobei die Infinitive folgenden Ausgang haben:

	Kl. 1	Kl. 2	Kl. 3	Kl. 4
Germ.	-jan	-ōn	-ēn	-nan
Ahd.	-ien, -en	-ōn	-ēn	—
	Kausativa:	Denominativa:	Inchoativa:	Intransitive Inchoativa:

setzen 'setzen' (< **satjan*, zu ahd. *sitzen* 'sitzen') Praet. *sazta*	*salbōn* 'salben' Praet. *salbōta*	*fūlēn* 'faulen' zu *fūl* 'faul'	(im Ahd. in die Kl. 3 übergetreten)
Faktitiva: *heilen* 'heilen' (< **hailjan*, zu ahd. *heil* 'gesund, unversehrt') Praet. *heilita*	Deverbativa: (meist Intensiva) *sprangōn* 'sprudeln' (zu *springan*), Praet. *sprangōta*	Durativa: *wërēn* 'währen' (zu *wësan* 'sein') *habēn* 'haben', Praet. *habēta*	

Primäre Verben:

suochen < **sōkjan* 'suchen' Praet. *suohta*

Man vergleiche etwa das Verhältnis der vom Stamm *waka-* 'wach' (Adj.) abgeleiteten Verben im Ahd.:

Klasse 1: *wecken* < **wakjan* 'wecken'
Klasse 2: *wahhōn* < **wakōn* 'wachen, bewachen'
Klasse 3: *wahhēn* < **wakēn* 'wach sein'
ursprüngliche Klasse 4: *wahhēn* (Kl. 3), germ. *waknan* (Kl. 4) 'erwachen'

Durch die Vertretung von ursprünglichen Wurzelverben, ursprünglich kurzsilbigen (z. T. ahd. durch j-Gemination langsilbig gewordenen) und ursprünglich lang- und mehrsilbigen Verben in der Klasse 1 ergibt sich für diese Klasse folgende synchronische Einteilung im Ahd. (wir geben immer die Formen Inf./Praes.-Stamm, Praet. 1. Sg., Part. Praet.):

(1) apophonisch, ohne Bindevokal	(2) nicht apophonisch, ohne Bindevokal	(3) nicht apophonisch, mit Bindevokal
zellen 'sagen, erzählen', zalta, gizalt	hōren 'hören', hōrta, gihōrit	← zellen, zelita, gizelit
decken, dechan 'decken', dahta, dacta, gideckit; fl.-dahtēr, -dactēr	teilen 'teilen', teilta, giteilit	frummen 'fördern', frumita, gifrumit
	tuomen 'richten', tuomta, gituomit	dennen 'dehnen', denita, gidenit
	wānen 'meinen', wānta, giwānit	knussen 'zerstoßen', knusita, giknusit
	lōsen 'lösen', lōsta, gilōsit	leggen, obd. leckan 'legen', legita, gilegit
	ougen 'zeigen',	
retten 'retten', ratta, giretit; fl.-rattēr	ougta, oucta, giougit →	← retten, retita, giretit
	suochen 'suchen', suohta, gisuochit	
sezzen 'setzen', sazta, gisezzit; fl.-saztēr	scutten 'schütteln' scutta, giscutit; fl.-scuttēr, -scutitēr	← scutten, scutita, giscutit
stepfen 'schreiten', stafta, gistepfit; fl.-stafftēr	wīhen 'heilen, weihen', wīhta, giwīhit	intswebben 'einschläfern', intswebita, intswebit
stellen 'stellen', stalta, gistellit	blīden 'erfreuen', blīdta, giblīdit	knupfen 'knüpfen', knufta, giknupfit; fl.-knupftēr
merren 'hindern', marta, gimerrit	leiten 'führen, leiten', leitta, (leita), gileitit	frewen, frouwen, 'freuen', frewita, frouwita, gifrewit, -frouwit
	weizen 'zeigen', weizta, giweizit	
brennen 'brennen', branta, gibrennit	gilouben 'glauben', giloubta, (-loupta), giloubit	
hengen 'gestatten', hangta, hancta, gihengit	roufen 'raufen', roufta, giroufit	
trenken 'tränken', trancta, gitrenkit	hīwen (hīen, hīgen) 'heiraten', hīta, gihīwit, gihīt	
	kussen 'küssen', kusta, gikussit	
	zucken, 'zücken' zucta, gizuckit	
	kunden 'künden', kundta, kunta, gikundit	

(1) apophonisch, ohne Bindevokal	(2) nicht apophonisch, ohne Bindevokal	(3) nicht apophonisch, mit Bindevokal
sterken 'stärken', starcta, gisterkit		
werten 'verletzen', warta, giwertit	dursten 'dürsten', dursta, gidurstit	
wenten 'wenden', wanta, giwentit	āhten 'verfolgen', āhta, giāhtit	
festen 'befestigen', fasta, gifestit	krumben 'krümmen', krumbta, krumpta, gikrumbit	
heften 'heften', hafta, giheftit	angusten 'ängstigen', angusta, giangustit	← angusten, angustita, giangustit
welzen (obd. walzen) 'wälzen', walzta, giwelzit	heilazen 'grüßen', heilezta, giheilizit	← heilazen, heilizita, giheilizit
refsen 'tadeln', rafsta, girefsit	mahalen 'geloben', mahalta, gimahalit	
dempfen 'dämpfen', dampfta, gidempfit	nid(a)ren 'erniedrigen', nidarta, ginid(a)rit	
	bouch(a)nen 'Zeichen geben',	← bouch(a)nen, bouhnita,
Sondergruppe:	bouchanta, gibouch(i)nit	gibouch(i)nit
denken 'denken', dāhta, gidāht	gar(a)wen 'bereiten', garota, gigar(a)wit	
bringan 'bringen', brāhta, gibrāht	Verba pura:	
fur(i)hten 'sich fürchten', for(a)hta, gifor(a)ht	sāen, (sāhen) 'säen', sāta, gisāit	
wurken, wurchen 'wirken', wor(a)hta, giwor(a)ht	mōen, muoen, mūen, muon, (muohen) 'mühen', muota, gimuoit, -mūit	
	Sonderfall:	
	dunken 'dünken', dūhta, gidūht	

Spätahd. (und fränkisch im Tatian) werden die ursprünglichen Geminaten im Inf./Praes.-St. vereinfacht: *zelen, frumen, denen, hugen.* Die lang- und mehrsilbigen behalten ihre Geminaten auch in der 2./3. Sg. Praes. Ind., während die ursprünglich kurzsilbigen sie dort vereinfachen:

	stellen (mit germ. *ll* < *stalljan)	*zellen* (< *taljan)
Praes. Ind. Sg. 1.	stellu	zellu
2.	stellis	zelis
3.	stellit	zelit
Pl. 1.	stellemēs	zellemēs
	usw.	usw.

Das flektierte Part. Praet. wird bei den Verben ohne Bindevokal im Praet. ebenfalls ohne Bindevokal gebildet, im Gegensatz zur unflektierten Form:

setzen: flekt. *gisaztēr*   unflekt. *gisezzit*

hōren: flekt. *gihōrtēr*   unflekt. *gihōrit*

gar(a)wen: flekt. *gigarotēr*   (Praet. *garota*), unflekt. *gigar(a)wit*

Zur Klasse 2 der schwachen Verben, die im Ahd. besonders reich vertreten ist, gehören sehr viele abgeleitete Verben, z. B.

thionōn, dionōn 'dienen'	*enteōn, entōn* 'endigen'
thankōn, dankōn 'danken'	*minneōn, minnōn* 'lieben'
machōn 'machen'	*irreōn, irrōn* 'irren'
korōn 'prüfen'	*sūfteōn, sūftōn* 'seufzen'
samanōn 'versammeln'	*sunteōn* 'sündigen'
offanōn 'öffnen'	*rediōn, redōn* 'reden'
rīchison 'herrschen'	= Ableitungen von nominalen
managfaltōn 'vervielfältigen'	*ja/jō*-Stämmen mit frühahd.
michilisōn 'verherrlichen'	Inf. *-eōn*, später *-ōn*

Die Klasse 3 der schwachen Verben ist im Ahd. etwas weniger reich vertreten. Dazu gehören etwa:

folgēn 'folgen'   *klēbēn* 'kleben'
harēn 'rufen'   *darbēn* 'darben'
lernēn, alem. *lirnēn* 'lernen'   *sorgēn* 'sorgen'
frāgēn 'fragen'   *mornēn* 'trauern'
thagēn, dagēn 'schweigen'   *hangēn* 'hängen'

Von Adj. sind gebildet:

naʒʒēn 'naß werden'   *fūlēn* 'faulen'
altēn 'alt werden'   *trunkanēn* 'trunken werden'
rīfēn 'reif werden'

Gelegentlich schwanken die Bildungen zwischen Kl. 2 und 3. Zu *sagēn* 'sagen', *habēn* 'haben' und *lëbēn* 'leben' begegnen auch Praes.- und Praet.-Formen nach der Klasse 1:

2. Sg. Praes. Ind. *segis, hebis, libis* neben *sagēs, habēs, lëbēs*
3. Sg. Praes. Ind. *segit, hebit, libit* neben *saget, habēt, lëbēt*

Praet. auch *segita, hebita, libita* usw.

Spätahd. lautet die Praes.-Flexion von *habēn*:

	Indikativ	Optativ
Sg. 1.	habo	habe
2.	habest, hâst	habeiest
3.	habet, hebet, hât	habe
Pl. 1.	habên	habên
2.	habent	habênt
3.	habent, hânt	habên

5.3.76. Verbale Sonderklassen

Als Reste besonderer Verbalbildungen sind im Ahd. vorhanden:

— die Praeteritopraesentia, alte Perfektstämme mit den Vokalstufen des Praeteritums der starken Verben in praesentischer Bedeutung und einem neu gebildeten schwachen Praeteritum mit Dentalsuffix

— das Verbum substantivum 'sein'

— das Verbum 'tun', ahd. *tuon* < germ. **dōn*

— die Kurzformen *gān/gēn* 'gehen' (neben *gangan* stv.), *stān/stēn* 'stehen' (neben *stantan* stv.)

— das Verbum 'wollen', ahd. *wellen, wollen*

Die letzten vier Gruppen sind ursprüngliche Verben auf idg. *-mi* im Praesens Ind. 1. Sg., frühahd. *-m*, gemeinahd. *-n*.

Als Praeteritopraesentia kommen ahd. vor:

Ablautklasse	Infinitiv	Starke Formen (Praesens, Part.)	Schwache Formen (Praeteritum)
1 'wissen'	wiʒʒan	Sg. weiʒ, weist, weiʒ	wissa, wista
		Pl. wiʒʒum, -ut, -un	(mehr obd.)
		Opt. wiʒʒi, -īs(t) usw.	wёssa, wёsta
		Part. wiʒʒanti,	(mehr fränk.)
		giwiʒʒan	
1 'haben, besitzen'		nur Pl. eigum, eigamēs, eigut, eigun (heigun) Opt. eigi, eigīs(t) usw.	
2 'es hilft, es nützt'		unpers. 3. Sg. toug 3. Pl. tugun Part. Praes. toganti	3. Sg. tohta
3 'gönnen'	unnan	1. Sg. an Pl. unnum, -ut, -un Opt. unni, -īs(t) usw.	onda
	gi-unnan (spätahd. gunnen)	1. Sg. gan Pl. gunnum usw.	gionda, gionsta
3 'verstehen, können'	kunnan	Sg. kan, kanst, kan Pl. kunnum, -ut, -un Opt. kunni, -īs(t) usw. Part. Praes. kunnanti	konda, konsta
3 'bedürfen, nötig haben'	durfan	Sg. darf, darft, darf Pl. durftum, -ut, -un Opt. durfti	dorfta

Ablautklasse	Infinitiv	Starke Formen (Praesens, Part.)	Schwache Formen (Praeteritum)
	bi-durfan	Sg. bidarf usw.	
3 'wagen'	*gi-turran	Sg. gitar, gitarst, gitar Pl. giturrum, -ut, -un	gitorsta

4 'sollen, werden'	scolan
	spätahd. suln
		Sg. scal, scalt, scal
		   spätahd. sol, sol(s)t,
		   sol
		Pl. sculum, -ut, -un
		   spätahd. sulen, su-
		   lent, sulen, sulnt,
		   suln
		Opt. sculi, -īs(t) usw.
		   spätahd. sule, -īst
		   usw.
		Part. Praes. scolanti,
		   sculanti
			scolta
			spätahd. solta

4 'es genügt'		nur unpers. 3. S. ga-nah, gi-nah	

5 'können, vermögen'	magan
	mugan
		Sg. mag, maht, mag
		Pl. magum, -ut, -un
		   (älter)
		   mugum, -ut, -un
		   (jünger)
		Opt. megi, -īst usw.
		   (älter)
		   mugi, -īst usw.
		   (jünger)
		Part. Praes. maganti
		   muganti
			mahta (älter und
			   obd.)
			mohta (jünger
			   und fränk.)

6 'Gelegenheit haben, mögen' (= nhd. 'müssen')	*muoʒan	Sg. muoʒ, muost, muoʒ Pl. muoʒum, -ut, -un Opt. muoʒi, -īs(t) usw.	muosa spätahd. muosta

Das Verbum substantivum

Von den beiden idg. Stämmen *es- und *bheu- werden die folgenden Praes. Ind. und Opt. Formen gebildet:

	Indikativ		Optativ
		Spätahd.	
Sg. 1. Ps.	bim	bin	sī
2. Ps.	bist (selten bis)	bist	sīs, sīst
3. Ps.	ist	ist	sī
Pl. 1. Ps.	birum, birun (selten birumēs)	biren, birn	sīm, sīn (sīmēs)
2. Ps.	birut	birent, birnt	sīt, Notker sīnt
3. Ps.	sint (selten sindun, sintun)	sint	sīn
Imperativ 2. Pl.	wis, bis 'sei' wëset, sīt	bis (Notker uuis) Notker uuesent, sīnt	
Infinitiv	älter wësan, jünger sīn (Gerundium ze sinne Notker)		

Die übrigen Formen sind von *wësan* stv. Kl. 5 abgeleitet, also z. B. Praet. Ind. Sg. *was, wāri, was,* Pl. *wārum, wārut, wārun.* Von *wësan* kann auch ein Opt. Praes. gebildet werden (*wëse, -ēs[t]* usw.); er bedeutet 'geschehen, existieren'.

Ahd. *tuon* 'tun'

Die Flexion des Praesens zeigt folgendes Bild:

	älteste Form	frühalem.	normalahd. (Tatian)	9. Jh. 2. Hälfte (Otfrid)	spätahd. (Notker)
Ind. Sg. 1. tōm		tuam	tuon	duan	tuon
2. tōs		—	tuos, tuost (tūis)	duas(t), duis(t)	tuost
3. tōt		tuat	tuot	duat, duit	tuot
Pl. 1. tōmēs		tuamēs	tuomēs, tuon	duen	tûen, tuoên
2. tōt		tuat	tuot	duet	tuont
3. tōnt		tuant	tuont	duent, (duant)	tuont
Opt. Sg. 1. tō		tūe	tuo, (tuoe, tuoa, tue)	due	tûe, tuoe
2. tōs		tūēs	tues	duest	tûêst, tuoêst
3. tō		tūe	tuo, (tuoe, tuoa, tue)	due	tûe, tuoe
Pl. 1. tōm		—	—	duen	tûen, tuoên
2. tōt		tūēt	tuot	—	tûênt, tuoênt
3. tōn		tūēn	tuon	—	tûen, tuoên
Imp. Sg. 2. tō		tua	tuo	dua	tuo
Pl. 1. tōmēs		tuamēs	tuomēs	duemēs	
2. tōt		tuat	tuot	duet, (duat)	tuont
Infinitiv tōn		tuan	tuon	duan	tûon (tûen)
Gerundium Dat. tōnne		tuanne	tuonne	duanne	tuonne (tûenne)
Partizip tōnti		tuanti	tuonti, (tūanti)	—	tuonte, tuonde (tûende)

Das Praeteritum lautet mit ursprünglicher Reduplikation:

	Normalform		spätahd. (Notker)	
	Indikativ	Optativ	Indikativ	Optativ
Sg. 1. Ps.	tĕta	tāti	téta	tâte
2. Ps.	tāti	tātīs(t)	tâte	tâtîst
3. Ps.	tĕta	tāti	téta	tâte
Pl. 1. Ps.	tātum	tātīm	tâten	tâtîn
2. Ps.	tātut	tātīt	tâtent	tâtînt
3. Ps.	tātun	tātīn	tâten	tâtîn
Partizip	gitān		getân	

Die Kurzverben ahd. *gān/gēn* 'gehen' und *stān/stēn* 'stehen'.
Neben den vollen Formen *gangan* stv. Kl. 7 'gehen' und
stantan stv. Kl. 6 'stehen' kommen ahd. im Praes. Kurzformen
vor, wobei die *a*-Formen vor allem im Alem. und Frühbair.
(vereinzelt auch im Fränk.), die *ē*-Formen im Fränk. und Bair.
gelten. Die Formen von *gān/gēn* (dazu entsprechend *stān/stēn*)
lauten:

		Normalformen		Sonderformen
Indikativ	Sg. 1. Ps.	gām, gān	gēm, gēn	
	2. Ps.	gās, gāst	gēs, gēst	geist (Otfrid)
	3. Ps.	gāt	gēt	geit (Otfrid)
	Pl. 1. Ps.	gāmēs, gān	gēn	
	2. Ps.	gāt	gēt	gânt (Notker)
	3. Ps.	gānt	gēnt	
				alemannisch aber:
Optativ	Sg. 1. Ps.		gē	gange
	2. Ps.		gēs, gēst	gangēs
	3 Ps.		gē	gange
	Pl. 1. Ps.		gēn	gangēm, -ēn
	2. Ps.		gēt	gangēt
	3. Ps.		gēn	gangēn
Imperativ	Sg. 2. Ps.	gang		
	Pl. 1. Ps.	gāmēs	gēmēs, gēn	
	2. Ps.	gāt	gēt	gânt (Notker)
Partizip Praesens		gānti	gēnti	gâende
				gânde
Infinitiv		gān	gēn	
Gerundium		gānnes, -e	gēnnes, -e	

Spätahd. erscheint außerdem eine Kurzform des Ind. Praet. Sg. 1. 3. Ps. *gie, gíe* 'ging' für *gieng*, älter *giang*, und in Analogie dazu *lān* für *lāʒan* 'lassen' stv. 6, *lie* für *lieʒ*.

Das Verbum ahd. *wellen, wollen* 'wollen'

Die sprachgeschichtlich ursprünglich als optativische Formen des Indikativs zu verstehenden Formen mit zusätzlichem neuem Optativ lauten:

	Indikativ Normalform	Sonderformen	Optativ
Sg. 1. Ps.	willu	wille, willo, wile, wil	welle, frk. wolle
2. Ps.	wili	spätahd. wile, selten wilis auch wil thu, wilt	wellēs(t)
3. Ps.	wili	willi, wille, wilit	welle
Pl. 1. Ps.	wellemēs	frk. wollemēs, wollēn, Notker wéllên	wellēm
2. Ps.	wellet	frk. wollet, Notker wéllent	wellēt (Notker -ênt)
3. Ps.	wellant	frk. wollent, Notker wéllên	wellēn

Die *e*-Formen sind lautgeschichtlich geschlossenes Umlauts-*e*. Das Praeteritum lautet frühahd. *wëlta*, gemeinahd. *wolta*, Opt. *wolti, -ī* (normale schwache Flexion).

5.3.77. Umschriebene Zeitformen

Von besonderer Bedeutung für das Ahd. sind die umschriebenen oder zusammengesetzten Zeitformen, die sog. analytischen oder periphrastischen Verbalformen, die eine weite Ausbreitung, besonders in den Übersetzungstexten, erfahren. Fast vollständig belegt ist das Formensystem der Passivumschreibung, welches sich nach Zustandspassiv (Umschreibung mit *wēsan* 'sein' + Part. Praet.) und Vorgangspassiv (Umschreibung mit *wērdan* 'werden' + Part. Praet.) gliedert, z. B.:

		Zustand stationales Passiv	
	Praes.		Praet.
Ind.	*bim gisentit* 'ich bin gesandt' usw.		*was gisentit* 'ich war gesandt' usw.
Opt.	*si irfullit* '[daß] es erfüllt sei'		*wari irfullit* '[daß] es erfüllt wäre'

		Vorgang aktionales Passiv	
	Praes.		Praet.
Ind.	*wirdu gitoufit* 'ich werde getauft' usw.		*ward giboran* 'ich wurde geboren' usw.
Opt.	*werde irfullit* '[daß] es erfüllt werde'		*wurdi irfullit* '[daß] es erfüllt würde'

Daneben ist eine Reihe von Aktivumschreibungen vorhanden, die zumeist Versuche zur Wiedergabe von zusammengesetzten Zeitformen des Lateinischen sind. Verbreitet ist im Ahd. die Futurumschreibung mit *skulan* + Infinitiv (vgl. Otfrid I, 5, 23 *thu scalt beran* 'du wirst gebären'); doch kann für das Futurum auch die einfache Praesensform stehen (Tatian 3, 4 *gibiris sun* 'du wirst einen Sohn gebären'). Der Vorgang einer Differenzierung der alten, weitgespannten germanischen Zeitformen Praesens (allgemein, nach H. Brinkmann 'Tempus der Bewußtseinsnähe'; auch für den Ausdruck des Futurums verwendet) und Praeteritum (vergangen, nach H. Brinkmann 'Tempus der Bewußtseinsferne') vollzieht sich erst langsam und reicht weit über die ahd. Zeit hinaus.

5.4. Zur althochdeutschen Wortbildung

Die ahd. Wortbildung zeigt das germanisch-indogermanische Prinzip von Zusammensetzung, Präfigierung und Ableitung (Suffigierung), nicht selten miteinander verbunden, aber mit unterschiedlicher Vertretung im nominalen und verbalen Bereich:

Nominale und pronominale Wortbildung

— Präfigierung   — Präfigierung + Suffigierung

— Komposition   — Präfigierung + Komposition

— Suffigierung   — Komposition + Suffigierung

Verbale Wortbildung

— Präfigierung   — Präfigierung + Suffigierung

— Suffigierung

— Komposition (selten)

5.4.1. Nominale und verbale Zusammensetzung

Je nach vokalischer oder konsonantischer Stammbildung erscheinen im Ahd. wie im Germ. die verschiedenen Substantiv- und Adjektivklassen, die wir im Abschnitt 5.3., S. 174/189 behandelt haben. Wir vermitteln hier lediglich eine Übersicht über die wichtigsten Wortbildungsarten über die Flexionsklassen hinaus.

Die Komposition der Substantive und Adjektive zeigt im Ahd. die formalen Typen

Eigentliche Komposition		Uneigentliche Komposition oder genitivische Komposition
(Nebeneinanderstellung von Bestimmungswort + Grundwort)		(Bestimmungswort im Genitiv Sg. oder Pl. + Grundwort)

mit Fugenvokal (d. h. mit erhaltenem Fugenvokal)	ohne Fugenvokal (d. h. mit geschwundenem oder nicht mehr verwendetem Fugenvokal)	
tag-a-stërro, tag-o-stërno m. 'Morgenstern'	*ambaht-man* m. 'Beamter'	*tages-stërno* 'Morgenstern'
slag-i-fëdara f. 'Schlagfeder'	*got-spel* n. 'Evangelium'	*sunnūn-tag* 'Sonntag'
spur-i-halz 'lahm, eig. spurgelähmt'	*got-for(a)ht* 'gottesfürchtig'	*sternen-fart* 'Lauf der Sterne' (keine Adjektive)

Der Fugenvokal entsprach ursprünglich dem Stammbildungsvokal, außer bei den mit *j* + Vokal gebildeten Stämmen, wo *e* erscheint. Bei den genitivischen Komposita, die ahd. noch zurücktreten, bleibt die Entscheidung oft schwierig, ob bereits ein Kompositum oder erst eine freie genitivische Fügung vorliegt. Außerdem lassen sich bei den starken Femininen die beiden Bildungen ahd. kaum mehr unterscheiden, da die Fugenvokale, wo sie nach kurzsilbiger Stammsilbe noch erhalten sind, unfest geworden sind. Auch ahd. kommen verbale erste Glieder in Nominalkomposita vor, z. B. *scrībsahs* m. 'Schreibgriffel'. Trikomposita, d. h. dreifache Zusammensetzungen, sind ahd. noch selten, nehmen aber spätahd. zu.

Verbale Komposita sind selten, soweit nicht Präpositionen mit Präfixcharakter verwendet werden (vgl. unten S. 232): z. B. spätahd. bei Notker *hámirslágôn* swv. 'mit dem Hammer schlagen', *mûotspílen* swv. 'freudig reden', *mûotsprángôn* swv. 'frohlocken', oder im 9. Jh. bei Otfrid *fuaʒfallōn* 'zu Füßen fallen, anbeten'.

Als primäre Nominalpräfixe begegnen vor allem:

ā-   Negativ- und Verstärkungspräfix

     verstärkend: *ā-bulgi* n. 'Zorn, Jähzorn' (zu *bëlgan* stv. 'zürnen')
                   ā-bulgi, ā-bulgīg 'zornig, neidisch'

     negativ: *ā-maht* f. 'Ohnmacht'
                ā-teili 'unteilhaftig'

un-   Negativpräfix

     un-ēra f. 'Schande, Unrecht'
     un-festi 'unbeständig, schwach'

uo-   Negativ- und Iterativpräfix

     uo-wahst (neben *ā-wahst*) m. 'Unkraut'
     uo-mād (neben *ā-mād*) f. 'Wiedermahd, Emd'

ʒur-   Negativpräfix

     ʒur-triuwi, -e 'treulos'
     ʒur-wāri 'verdächtig'

Nominal und verbal ist das Verstärkungs- und Wiederholungspräfix *ita-, it-*: *it-māli* 'festlich, feierlich', *ita-wiʒ, it(i)-wiʒ* m., *ituwīʒʒī, it(i)-wīʒī* f. 'Schande, Spott, Schmach', *it-bëran* 'wiedergebären'.

Daneben erscheinen in verschiedenen Formen je nach nominaler Erstbetonung oder verbaler Stammsilbenbetonung, allerdings mit gegenseitigen Neuableitungen oder Ausgleichungen:

ánt- 'entgegen'   *int-, ent-* 'ent(gegen)'

    antlāʒ m., *antlāʒida* f. 'Vergebung'   *int-lāʒan* 'loslassen, nachgeben'
    antsegida f. 'Rechtfertigung'   *int-sagēn* 'freisprechen, sich lossagen'

bí-, bî- 'bei' (betont)		*bi-, be-* (unbetont)
	bibot n. 'Auftrag, Gebot'	*be-gān, bi-gēn* 'begehen'
	bitherbi, -derbi 'nützlich, tüchtig' (= nhd. *bieder*)	*bi-fallan* 'befallen, zu Fall kommen'
	bisprāh(h)a f., *bisprāhhida* f. 'Verleumdung'	*bi-sprëhhan* 'verleumden, tadeln'
ûr-	ursprünglich 'los von, außerhalb, weit'	*ar-, ur-, ir-, er-* 'er-'
	ur-loub, -lub m., n. 'Erlaubnis, Billigung'	*ir-louben* 'erlauben'
	ur-māri 'berühmt, berüchtigt'	*ir-mār(r)en* 'bekannt machen, verherrlichen'
	ur-teil m., n., *ur-teilī* f., *ur-teilida* f. 'Gericht, Urteil'	*ir-teilen* 'richten, urteilen'
		za-, zi-, ze- 'zer-' und Komp. *ze-ir-* 'zer-'
		zi-faran 'zergehen, vergehen'

Den Charakter fester Nominalpräfixe, aber z. T. unfester, d. h. trennbarer Verbalpräfixe können die Präpositionen und verschiedene Adverbien annehmen, z. B. *ab(a)-* 'ab', *ana-* 'an, auf', *thara-/dara-* 'dorthin', *thuruh-/durh-* 'durch, vollkommen', *fora-/furi-/fore-/fure-* 'vorher, über', *gagan-/gegin-* 'gegen, entgegen', *hera-* 'her, hierher', *hina-* 'hin, weg', *missa-/misse-/missi-* 'unpassend, schlecht', *mite-* 'mit, zusammen', *nāh-* 'nach', *nidar-* 'hinab, nieder', *ubar-* 'über', *ūf-* 'hinauf, auf', *umbi-/umbe-* 'um (herum)', *untar-/under-* 'unter', *ūʒ-* 'aus, hinaus', *widar-* 'wieder, gegen', *zesamine-* 'zusammen', *zuo-* 'zu, hinzu'.

Nominal und verbal ist das unbetonte Präfix *ga-/gi-/ge-*: nominal in der Bedeutung 'zusammen, gemeinsam' (*gi-meino* m. 'Teilhaber, Genosse', *gi-nōʒ* 'Genosse, Gefährte', bei Notker vor *n g-*) oder als Kollektivbezeichnung (*gi-birgi* n. 'Gebirge'), verbal vor allem perfektiv und ingressiv (vgl. Ziff. 5.5.4., S. 242).

5.4.2. Suffixe

Als hauptsächliche, noch produktive Substantivsuffixe kommen vor — von verdunkelten Suffixen aus dem Germ. sehen wir hier ab —:

-ahi n., Kollektivsuffix vor allem bei Baum- und Pflanzennamen, zur Mengenangabe oder 'Ort mit Menge von . . .'

boumahi 'Land mit vielen Bäumen', *eichahi* 'Eichengehölz', *rōrahi* 'Röhricht', *kindahi* 'Kinderschar'

-āri, -ări m., Lehnsuffix aus lat. *-ārius* unter Vermischung mit germ. **variōz* 'Bewohner', zur Bezeichnung von Ortsbewohnernamen, Nomina agentis (besonders Berufsbezeichnungen)

bětalari 'Bettler', *heilari* 'Heiland, Erlöser, Arzt', *swěgalari* 'Pfeifer', *zoubarari* 'Zauberer'
Feminina werden auf *-ăr(r)a* davon gebildet: *lāchinarra* 'Ärztin' (*lāchinari* m.)
Lehnsuffix aus lat. *-arium* n. liegt in den sächlichen Bezeichnungen wie *spīchari* m. 'Speicher' (< *spicarium*), *wīwari* m. 'Weiher' (< *vivarium*) vor.

-āta f. 'Menge von Dingen, Ergebnis einer Tätigkeit'
miscellāta 'Gemisch', *bliuwāta* 'das Schlagen'

-i n., kombiniert mit Präfix *ga-/gi-/ge-*, Kollektivbezeichnungen
gibirgi 'Gebirge', *gifildi* 'Gefilde', *gisindi* 'Gefolgschaft', *giknihti* 'Dienerschaft'

-ī, -īn f., Abstraktsuffix
Adjektivabstrakta: *eltī* 'Alter', *follī* 'Fülle', *hōhī* 'Höhe', *scōnī* 'Schönheit'
Verbalabstrakta: *leitī* 'Leitung', *toufī* 'Taufe', *urlōsī* 'Erlösung'

-ida f., Abstraktsuffix
Adjektivabstrakta: *spāhida* 'Weisheit' (Adj. *spāhi*), *tiurida* 'Herrlichkeit' (Adj. *tiuri* 'teuer, wertvoll')
Verbalabstrakta: *gisezzida* 'Festsetzung, Verordnung' (*gisetzen* 'festsetzen'), *gihōrida* 'Gehör' (*hōr[r]en* 'hören')

-idi/-ide n., meist kombiniert mit Präfix *ga-/gi-/ge-*, Kollektivbezeichnungen
hemidi 'Hemd' (*-hamo* m. 'Hülle' in *lihhamo* 'Leib, Leichnam'), *gibūidi* 'Gebäude', *gimarkidi* 'Gemarkung', *gimālidi* 'Gemälde'

-il m., personelle Täterschaft (Nomina agentis) und Geräte-
namen

tregil 'Träger', *butil* 'Büttel' (*biotan*), *wartil* 'Wärter, Wart', *meizil (z = z)* 'Meißel' (*meizan* 'schneiden'), *zugil* 'Zügel' (*ziohan*)

-ilīn n., Diminutivsuffix, Weiterbildung zu *-īn*

hūsilīn 'Häuschen', *kindilīn* 'Kindlein'

-ilo m., *-ila* f., Diminutivsuffix mit weiterer, auch nicht dimi-
nutivischer Verbreitung

m.: *libhamilo* 'Körperchen', *scalhilo* 'Knechtlein', *armilo* 'Ärmel'
f.: *chizzila* 'Zicklein', *burgila* 'kleine Burg', *sceitila* 'Scheitel'

-in, *-inna* f., movierte Femininbezeichnungen zu Maskulinen

kuningin, *-inna* 'Königin', *friuntin*, *-inna* 'Freundin', *gutin*, *-inna* 'Göttin' (Notker *gúten*), *birin* 'Bärin' (zu *bëro* m.)

-īn n., Diminutivsuffix, obd. meist *-ī*

magatīn 'Mädchen', *fugilīn* 'kleiner Vogel', *fulīn* 'Fohlen, Füllen' (zu *folo* m. 'junges Pferd')

-ing, *-ung*, erweitert auch *-ling* m., Zugehörigkeits- und Her-
kunftssuffix, auch Gegenstände

ediling 'Edelmann', *lantsideling* 'Landesbewohner, Siedler', *kuning* 'König, Herrscher über das Geschlecht', *keisuring* 'Kaisermünze', *niuquēmeling* 'Neuling', *sunufatarungo* pl. 'Sohn und Vater'

-nassi/-nessi/-nissi/-nussi n. und *-nissa/-nissī/-nessī/-nussī* f., Abstrak-
bildungen (Isidor *-nissa*, *-nissī* f., Tatian *-nessi* n., *-nessī* f., Otfrid *-nissi* n., Notker *-nissa* f., *-nisse* n.)

gotnissi usw. 'Gottheit', *finstarnissi* usw. 'Finsternis', *drinissa* 'Trinität', *irsuochnissa* 'Versuchung', *gihōrnissī* 'Gehör', *irstant(an)nessi* usw. 'Auferstehung'
Obd. auch mit *-ida* erweitert: *firloranissida* 'Verlorenheit', *fūlnissida* 'Fäul-
nis'

-o, z. T. älter *-eo* m., personelle Täterschaft (Nomina agentis), schon ahd. mehr und mehr durch die Bildungen auf *-āri* abge-
löst

arbeo, *erbo* 'Erbe', *becko* 'Bäcker', *boto* 'Bote', *(w)reckeo* 'Recke, Vertriebe-
ner', *himilsāzo* 'Himmelsbewohner', *truhtsāzo* 'Truchseß, Gefolgsvorste-
her', *mansleck(e)o* 'Totschläger'

-ōd, -ōt m. neben *-ōdi, -ōti* n. und *-ōdī, -ōtī* f., Verbalabstrakta

arnōt 'Ernte', *klagōd* 'Klage', *sūftōd* 'Seufzen', *heimōti* 'Heimat', *einōti* 'Einöde'

-(i)sal n., Abstrakta und Konkreta

knuosal 'Geschlecht' (St. *knōp- 'Geschlecht'), *harmisal* 'Harm', *irrisal* 'Irrsal', *truobisal* 'Trübsal', *uobisal* 'Übung'

-t f., Verbalabstrakta ($<$ *-ti*)

gift 'Gabe' *(gëban)*, *gisiht* 'Sehen, Anblick' *(sēhan)*, *bijiht/bigiht* 'Beichte' *(jëhan)*, *giskiht* 'Geschehnis' *(giskëhan)*, *kunft* 'Ankunft' *(quëman, kuman)*, *kunst* 'Können, Vermögen, Kunstfertigkeit' *(kunnan)*

-unga f., Tätigkeitsbezeichnungen (Abstrakta) und weitere Abstraktbildungen, besonders von *-ōn*-Verben aus (swv. 2)

korunga, kostunga 'Versuchung', *mahhunga* 'Wirkung, Ursache', *kleinunga* 'Kleinheit'

Substantivsuffixe mit Grammatikalisation aus zweiten Kompositionsgliedern sind:

-heit f., Subst. *heit* m. f. 'Art und Weise, Gestalt, Person', zur Bezeichnung von Abstrakten aus Subst., Adjektivabstraktbegriffen und Zustandsbezeichnungen von Verben aus

got(e)heit 'Gottheit', *diubheit* 'Diebstahl', *bōsheit* 'Bosheit', *wīsheit* 'Weisheit', *trunkanheit* 'Trunkenheit'

-scaf, -scaft f., Subst. *scaf* m. n. 'Beschaffenheit, Ordnung',

giscaft f. 'Schöpfung, Beschaffenheit'
bruaderscaf 'Brüderlichkeit', *lantscaf(t)* 'Landschaft', *winescaf(t)* 'Liebe, Freundschaft', *friuntscaf(t)* 'Freundschaft'

-tuom m., Subst. 'Urteil, Gericht, Fähigkeit, Ansehen'

meistartuom 'Magisterwürde', *scalhtuom* 'Knechtschaft'

-ulf/-olf m., Subst. *-wolf* 'Wolf' in zweiten Gliedern von Personennamen

riholf 'der Reiche', *nahtolf* 'Gott der Nacht'

Als Adjektivsuffixe begegnen:

-aht, -oht, Eigenschaft, Übereinstimmung, Menge, Fülle

boumaht, -oht(t) 'baumreich', *hornaht* 'gehörnt', *steinaht* 'steinig', *wurmoht* 'wurmstichig'

-ag, *-īg-*, *-ig*, Vorgangs- und Zustandsbezeichnungen, Eigenschaft, Ähnlichkeit, von Substantiven und Verben, auch Adj. gebildet

flīȝig 'fleißig', *snēwag* 'schneeig', *sālig* 'glücklich, selig' (vgl. got. *sēls* 'gut'), *birig* 'fruchtbar' (zu *bëran* 'hervorbringen')

-īn, Zugehörigkeits-, bes. Stoffadjektivsuffix

lugīn 'lügnerisch', *wulfīn* 'wölfisch', *hulȝīn* 'hölzern', *guldīn* 'golden'

-isc, Abstammung, Herkunft, sittliche Wertbezeichnungen

himilisc 'himmlisch', *heidanisc* 'heidnisch', *diutisc* 'zum eigenen Volk gehörig, volkssprachlich', *kindisc* 'kindlich', *unadalisc* 'unedel'

Adjektivsuffixe mit Grammatikalisation aus zweiten Kompositionsgliedern sind:

-līh, Subst. *līh* n. 'Leib, Körper', als Suffix zum Ausdruck der Eigenschaft

ēlih 'gesetzlich', *dinglīh* 'gerichtlich', *frilih* 'freiheitlich', *ōstarlih* 'österlich'

-sam, Adj. *samo* 'derselbe', als Suffix zum Ausdruck der Neigung, Fähigkeit oder des Charakters

fridusam 'friedfertig', *situsam* 'gesittet', *ginuhtsam* 'ausreichend', *liobsam* 'von lieber Art'

-bāri, Verbaladj. zu *bëran* 'hervorbringen, tragen', vgl. *unbāri* (neben *unbārig*) 'unfruchtbar', zum Ausdruck des Imstandeseins, der Möglichkeit

ērbāri 'ehrenhaft, ehrbar', *trōstbāri* 'Trost spendend', *liutbāri* 'öffentlich, bekannt', *hībāri* 'heiratsfähig', *dancbāri* 'dankbar'

-haft, Part. Adj. zu *heffen* < **hafjan* (entsprechend lat. *capio*: *captus*), substantiviert *haft* m. 'Gefangener', als Suffix zum Ausdruck des Versehenseins, des Ausgestattetseins

ellenhaft 'kühn', *ēohaft* 'gesetzlich', *nōthaft* 'bedrängt', *sunthaft* 'mit Sünde versehen', *wārhaft* 'wahrhaftig'

-farwi, *-faro*, Adj. 'farbig', als Suffix 'aussehend nach'

glasfarwi 'glasfarben', *rōtfarwi* 'rotfarben'

-lōs, Adj. 'los von, außerhalb von', als Suffix 'ohne etwas' oder einfach negativ verstärkend

ērlōs 'ohne Ehre', *gruntlōs* 'ohne Grund', *helfelōs* 'ohne Hilfe'

Als Verbalsuffixe kommen, über die einzelnen suffixhaltigen Klassen und ihre Untergruppen hinaus (vgl. Ziff. 5.3.75., S. 217), vor:

-alōn, -ilōn swv. 2, zur Bezeichnung einer Neigung, verkleinernd und iterativ
wortalōn 'Worte machen', *klingilōn* 'klingeln', *scutilōn* 'schütteln' (zu *scutten* swv 1. 'schütteln, bewegen')

-arōn, -irōn swv. 2, zur Bezeichnung der Wiederholung
flogarōn 'flattern', *gangarōn* 'umherwandern'

-inōn swv. 2, zur ausdrücklichen Bezeichnung einer Tätigkeit
festinōn 'befestigen', *luginōn* 'lügen' (*lugina* f.), *truginōn* 'trügen, betrügen'

-agōn, -igōn swv. 2, zur Bezeichnung einer erweiterten Tätigkeit
gimuntigōn 'erinnern', *girēhthaftigōn* 'rechtfertigen'

*-azzen (< *-atjan)* swv. 1, zur Bezeichnung der Verstärkung (Intensiva) und Wiederholung (Iterativa)
lōhazzen, lougazzen 'blitzen, leuchten, aufleuchten' (*loug* m., *lōha* f. 'Flamme'), *leidazzen* 'verwünschen', *rūnezen* 'raunen', *flogazzen* 'flattern'

-izōn swv. 2, ebenfalls Intensiva und Iterativa
gramizōn, gremizōn 'brummen' (*gremizi* n. 'Zorn'), *swilizōn* 'glühen' (*swilizo* m. 'Hitze')

5.5. Zur Syntax des Althochdeutschen

Entsprechend der Überlieferungslage und geistigen Situation des Althochdeutschen gegenüber dem Lateinischen ist die ahd. Syntax in vielen Zügen von der lateinischen Grammatik beeinflußt, besonders in den Übersetzungstexten, wo wir beispielsweise lateinische Partizipialkonstruktionen oder eine dem Lateinischen mehr oder weniger streng nachfolgende Wortstellung vorfinden. Auch die Verfeinerung des Konjunktionensystems vollzieht sich in Anlehnung an das lateinische Vorbild. Dennoch ist eine große Zahl von germanisch-deutschen Erscheinungen zu beobachten, die den ahd. Satzbau mitbestimmen.

5.5.1. Eigenständigkeiten innerhalb der althochdeutschen Syntax

Innerhalb der Übersetzungstexte ergibt sich vom 8. bis zum 11. Jh. eine zunehmende Verselbständigung der deutschen Fassungen, die hauptsächlich folgenden Faktoren Rechnung trägt:

(1) Vermehrter Durchbruch einer germanisch-deutschen Wortstellung, z. B. Adj. + Subst. statt lat. oft Subst. + Adj.; Pronomen + Subst. statt lat. oft umgekehrt; Vorausstellung des abhängigen Genitivattributes (z. B. lat. *filii hominis* = ahd. Tatian *mannes sunes*).

(2) Vermehrte Setzung des Subjektspronomens beim Verbum (z. B. *Amen, amen dico vobis* = ahd. Tatian *uuar uuar quidu ih iu*)

(3) Verdeutlichende Demonstrativpronomensetzung dort, wo eine bestimmte Vorstellung ausgedrückt wird (Tatian: *Iudei* = ahd. *thie Iudei; Iesus* = ahd. *ther heilant; in novissimo die* = ahd. *in themo iungisten tage*). Damit wird über das Lateinische hinaus eine klare Scheidung bestimmte/unbestimmte Form vollzogen, was nichts anders ist als der Durchbruch des germanisch-deutschen Sprachsystems, das — gerade durch die Scheidung zwischen starker und schwacher Formgebung beim Adjektiv — ein Oppositionsverhältnis bestimmte/unbestimmte Form oder Vorstellung kennt; das wirkt im Althochdeutschen über das Adj. hinaus noch in der Setzung des Demonstrativpronomens beim Substantiv nach.

(4) Setzung von verdeutlichenden Adverbien (Tatian: *Qui manducat carnem meam* = ahd. *Ther thar izzit min fleisc*).

(5) Differenzierte, nicht nur mechanische Übersetzung der lateinischen Zeitformen und ihrer Aspekte (Tatian: *non habebitis* = ahd. *ni habet ir thanne*).

(6) Differenzierte, nicht nur mechanische Übersetzung der lateinischen Konjunktionen, bereits im Hinblick auf ein deut-

sches Konjunktionssystem oder eine deutsche Nebensatzge-
staltung (Tatian: *nisi* = ahd. *ni sī thaʒ* 'es sei nicht, daß').

(7) Gegenüber der lateinischen Vorlage in Satzton, Wortstellung und Rhythmus anders profilierende, z. T. verdeutlichende oder gar — wie oft bei Notker von St. Gallen — inter-
pretierende Übersetzung (Notker: *Adveniat regnum tuum* = ahd.
Dīn rîche chome. daʒ êuuiga).

Man vergleiche zu diesen Punkten die verschiedenen Pater-
noster-Verdeutschungen (Beispiele oben S. 76—77), die einen
Vergleich im einzelnen ermöglichen.

5.5.2. Kasusgebrauch innerhalb der althochdeutschen Syntax

Innerhalb des ahd. Kasussystems sind vor allem folgende
syntaktische Verwendungen und Gegebenheiten zu berück-
sichtigen:

Nominativ:

Kasus des Subjekts, des Prädikativs und der Anrede (Voka-
tiv, im Ahd. im Gegensatz zum Gotischen kein besonderer
Kasus mehr).

Genitiv:

Kasus des Attributs (Genitivattribut), des partitiven Verhältnisses (genitivus partitivus, z. B. Hildebrandslied Vers 50
ih wallota sumaro enti wintro / sehstic ur lante 'ich zog 60 Sommer
und Winter (= 30 Jahre) lang außerhalb der Heimat umher'),
des Objekts bei Verben und der Ergänzung bei Adjektiven
und der adverbiellen Bestimmung (absoluter Genitiv als Ad-
verbiale, z. B. *tages inti nahtes* 'tags und nachts, Tag und Nacht')

Dativ:

Kasus des Objekts, der Beteiligung, des Instruments, der
Art und Weise (z. B. Hildebrandslied Vers 8b—9a *her fragen
gistuont / fohem uuortum* 'er begann mit wenig Worten zu fragen'), des lokalen oder temporalen Verhältnisses (z. B. *heime*

'zu Hause' Dat. Sg. zu *heim* n., *unzîtin* 'zur Unzeit', Dat. Pl. zu
unzît f.) und des Vergleichs (Dativ der Komparation, z. B.
Notker Ps. 50, 9 *Lavabis me, et super nivem delavabor = Danne
uuáscest dû mih. unde danne uuirdo ih uuîzero sneuue* 'dann waschest
du mich, und dann werde ich weißer als Schnee').

Akkusativ:

Kasus des Objekts (meist des direkten Objekts) und der adverbiellen Bestimmung (lokal: Richtung; temporal: Dauer).

Instrumentalis:

Kasus der Beteiligung, des Instruments, z. T. des modalen
Verhältnisses. Dieser nur im älteren Ahd. des 8. und 9. Jh.
reicher belegte Kasus stirbt im Verlauf der ahd. Zeit, mit Ausnahme einiger erstarrter Bildungen, ab. Schon früh wird er außerdem mit der Präposition *mit* verbunden. Vgl. z. B. Hilde-
brandslied Vers 53/54 *nu scal mih suasat chind | suertu hauwan, | bre-
ton mit sinu billiu* 'nun soll mich das eigene Kind mit dem
Schwerte hauen, schlagen mit seinem Schwert'; Otfrid II, 22,
22 *joh ouh gíbit thir thia wíst | thu húngiru nirstírbist* 'und er gibt
dir die Nahrung, damit du nicht vor Hunger stirbst'.

Im Althochdeutschen wird also das germanische Sechs-
Kasussystem (Nom., Gen., Dat., Akk., Vok., Instr.) zunächst
zu einem Fünf-Kasussystem (ohne Vok.), sodann mehr und
mehr zu einem Vier-Kasussystem (ohne Vok. und Instr.) ab-
gebaut.

5.5.3. Adjektiv-Pronomengebrauch innerhalb der althochdeutschen Syntax

Im Bereich des Adjektiv- und Pronominalgebrauchs stellen
wir im Ahd. eine langsam zunehmende Differenzierung und
Aktualisierung des Gegensatzes bestimmte Vorstellung/unbe-
stimmte Vorstellung fest, die sich sprachlich aber erst langsam
in folgender Richtung zu realisieren beginnt:

Kategorie der Bestimmtheit	Kategorie der Umbestimmtheit
— i. d. R. schwaches Adjektiv (meist nach Pronomen)	— i. d. R. starkes Adjektiv
— Demonstrativpronomen (best. Artikel) + Substantiv	— Substantiv ohne best. Artikel
oder + schwaches Adjektiv + Substantiv	— unbestimmter Artikel + Substantiv (noch relativ selten)

Beispiele:

der eino almabtico cot 'der eine allmächtige Gott' (Wessobrunner Gedicht)	*guot man inti reht* 'ein frommer und gerechter Mann' (Tatian; st. unflekt. Adj.)
der heiligo christ 'der heilige Christus' (Segen)	*man gieng after wege* 'ein Mann ging des Wegs' (Ad equum errehet)
daz Satanazses kisindi 'das Gesinde des Satans' (Muspilli)	*so quimit ein heri fona himilzungalon* 'so kommt ein Heer von den Himmelsgestirnen' (Muspilli)

Während der vorgestellte Genitiv vor Subst. oft ohne bestimmten Artikel erscheint — es sei denn, der Verfasser wolle explizit die Kategorie der Bestimmtheit hervorheben —, ist beim nachgestellten Genitiv der Artikelgebrauch schon häufiger.

5.5.4. Verbgebrauch innerhalb der althochdeutschen Syntax

Das syntaktische Gefüge der Verbalformen zeigt folgende Struktur:

Zeit/Modus	Bedeutung
Praesens	unmittelbare Gegenwart, immer wiederkehrendes Geschehnis, Zukunft
Praeteritum	Vergangenheit, auch Vorzeitigkeit
Indikativ	reales Geschehen (auch in Nebensätzen)
Optativ (Konjunktiv)	Zweifel, Unsicherheit, Vermutung, Wunsch, irreales Geschehen

Die Zeitform des Optativs in Nebensätzen richtet sich in der Regel nach der Zeitform des Hauptsatzes. Man vergleiche die Beispiele: Tatian 139, 10 *Geet unz ir liocht habet, thaz iuuih finstarnessi ni bifahe* 'Geht, solange ihr Licht habt, damit euch die Finsternis nicht umfange'; Christus und die Samariterin Vers 24 *Siu quat, sus libit, | commen ne hebiti* 'sie sprach, sie lebe so, einen Gatten habe sie nicht' (im Ahd. Opt. Praet.).

Differenzierungen gegenüber diesem Grundgerüst ergeben sich:

(a) durch die Entwicklung der analytischen oder periphrastischen Formen des Verbs, die sich im Ahd. für den Ausdruck der Aktionsart, des Futurums, des Perfekts und Plusquamperfekts herauszubilden beginnen (vgl. oben Abschnitt 5.3.77, S. 227/228). Das Ahd. folgt hier einer in allen altgermanischen Sprachen feststellbaren Tendenz, die durch den Einfluß des Lateinischen mitbedingt ist;

(b) durch den Gebrauch des Praefixes *ga/gi/ge* in perfektiver und ingressiver Bedeutung. So z. B. Tatian 2, 2 *bithiu uuanta . . . beidu framgigiengun in iro tagun* 'weil beide in ihren Tagen vorwärts gegangen waren (d. h. von fortgeschrittenem Alter waren)'. Kunstvoll beherrscht Notker von St. Gallen und seine Schule den Wechsel von mit *ge-* präfigierten und einfachen Verbalformen, z. B. in der Glossierung von Notkers Psalter 80, 5 *Ego in iudicium veni in hunc mundum, ut qui non vident videant, et qui vident ceci fiant* = *ih cham umbe urteil héra in uuerlt daz die-dir nieht neséhint. keséhen. unde díe-dir geséhent plint uuérden* (zu den Formen: *neséhint* durativ 3. Ps. Pl. Ind., *keséhen* ingressiv 3. Ps. Pl. Opt., *geséhent* perfektiv 3. Ps. Pl. Ind.).

Sehr gestuft bleibt der Anwendungsbereich des Subjektspronomens beim Verbum, dessen Setzung stark von den Sprachschichten — bei den Übersetzungstexten zudem von der lateinischen Vorlage — abhängig ist. Im Nebensatz erscheint das Subjektspronomen fast normhaft, im Hauptsatz im Sinne einer grundsätzlichen Tendenz, besonders in der 1./2. Ps. Sg./Pl.

5.5.5. Satzbau

Was den ahd. Satzbau betrifft, sei hier wenigstens auf die folgenden entwicklungsgeschichtlichen Erscheinungen hingewiesen:

(a) relativ große Freiheit der Wortstellung, doch mit klaren Ansätzen zu einer bestimmten Gliederung der Stellung des Prädikats in verschiedenen Satztypen (Anfangsstellung des Verbums im Frage- und Aufforderungssatz; Zweitstellung des Verbums im Hauptsatz, aber keine festere Regelung im Nebensatz). Im nominalen Bereich ist die sog. Fernstellung noch verbreitet, d. h. die Trennung zusammengehöriger Wörter im Satz, z. B. Wessobrunner Gedicht Vers 8—9 *enti dar uuarun manake mit inan / cootlihhe geista* 'und da waren auch manche guten Geister bei ihm'; Otfrid I, 11, 31 *Sun bar sie tho zeizan* 'sie gebar dann einen anmutigen Sohn'; Notker Beothius-Übersetzung I, 14 *opposui me odiis cipriani delatoris* = *tárúmbe sázta íh míh gágen sínes léidares háze cipriani* 'darum setzte ich mich dem Hasse seines Anklägers Ciprianus aus';

(b) allmähliche Herausbildung eines Konjunktionensystems, das im Verlaufe der ahd. Zeit an Schärfe und Abstraktion gewinnt, durch das lat. Vorbild mitbestimmt ist, in den einzelnen Quellen aber sehr verschieden realisiert wird, wobei die einzelnen Konjunktionen ganz verschiedene Bedeutungen haben können. Ursprünglich nur temporale Konjunktionen gewinnen weitere kausal-finale oder konsekutive Bedeutung. Vereinfacht dargestellt:

universal:	*thaz, daz* 'daß'
lokal:	*thār* 'wo', *thara* 'wohin'
temporal:	*thār* 'da', *bi thiu* 'dabei, gleichzeitig', *mit thiu* 'als, während', *after thiu* 'nachdem'; *sō, alsō* 'als', *thō, thuo* 'als während', *sid, sīt* 'seit, nachdem', *unzan, unz* 'bis', *thanne* 'als', *sō* 'als', *sār (sō)* 'sobald als', *ēr* 'bevor' usw.
kausal:	*thaz, daz* 'weil', *bithiu* 'weil', *mit thiu* 'weil', *uuanta (huuanta), uuanda* 'weil', *bithiu uuanta* 'da, weil', *sid, sīt* 'weil, da ja'
final:	*thaz, sō thaz* '(so)daß', *bithiu thaz* 'damit', *zi thiu* 'damit', *ni* 'damit nicht', *ni sī thaz* 'damit nicht'
konsekutiv:	*thaz, sō thaz* 'so daß', *zi thiu* 'so daß'

konditional: *ibu, oba, ube* 'wenn', *nibu* 'wenn nicht', *sō* 'wenn', *mit thiu, in thiu* 'wenn, sofern'

konzessiv: *thoh* 'obgleich', *thanne* 'wenn auch', *ube, ob ouh* 'wenn auch'

komparativ: *sō, sōsō, sō sama sō, selp sō, alsō* 'wie', *thanne* 'als'

adversativ: *auur* 'aber', *suntar* 'sondern', *ūz, ūzouh* 'sondern', *ūʒʒan* 'außer', *inti* 'und', *ioh* 'aber', *thoh* 'doch, sondern'.

Noch relativ selten sind doppelt abhängige Nebensätze im Ahd., soweit sie nicht durch eine lat. Vorlage bestimmt sind. Eine periodenhaft gestufte Ordnung zeigt z. B. Muspilli Vers 94 ff.:

[Hauptsatz]	94a	dar ni ist eo so listic man
[Relativsatz 1. Ordnung]	94b	der dar iouuiht arliugan megi
[Konsekutivsatz 2. Ordnung]	95	daz er kitarnan megi / tato dehheina,
[Finalsatz 3. Ordnung]	96	niz al fora demo khuninge / kichundit uuerde
[Adversativsatz 4. Ordnung]	97	uzzan er iz mit alamusanu furimegi
	98	enti mit fastun / dio virina kipuazti.

Das heißt ahd.: „Dort [vor dem jüngsten Gericht] ist dann kein so verschlagener Mensch, der da etwas erlügen möchte, so daß er seine Taten verbergen könnte, damit nicht alles vor dem König angezeigt werde, außer er hätte es mit Almosen vermocht und die Verbrechen mit Fasten gebüßt."

So ist auch das Bild des ahd. Satzbaus durchaus bewegt, sind die nachmals für das Deutsche charakteristischen Kategorien durchaus erst im Werden. Einfluß lateinischer Übersetzungsvorlagen, ja der lateinischen Schrift- und Kirchensprache überhaupt und die inneren Entwicklungstendenzen südgermanischer Volkssprache greifen da ineinander und bestimmen gemeinsam den ahd. Satzbau.

Literaturhinweise zu Kapitel 5 (Ergänzungen in Kapitel 8)

Einführungen ins Althochdeutsche und Grammatiken

Georg Baesecke, Einführung ins Ahd., München 1918. — Wilhelm Braune, Ahd. Grammatik, 13. Auflage von Hans Eggers, Tübingen 1975, mit erschöpfenden Lit.-Hinweisen (vgl. Stefan Sonderegger, AfdA

LXXI, 1959, 145—157). — Hennig Brinkmann, Sprachwandel und Sprachbewegung in ahd. Zeit, Jena 1931. — J. Franck, Altfränkische Grammatik, Göttingen 1909. — Josef Schatz, Altbairische Grammatik, Göttingen 1907. — Josef Schatz, Althochdeutsche Grammatik, Göttingen 1927. — Wilhelm Wilmanns, Deutsche Grammatik. Gotisch, Alt-, Mittel- und Neuhochdeutsch. Straßburg I³ 1911, II² 1899, III, 1—2 1906—09.

Zur Lautlehre

Otto Höfler, Die zweite Lautverschiebung bei Ostgermanen und Westgermanen (SA aus PBB 79), Tübingen 1958. — Hans Krahe—Wolfgang Meid, Germanische Sprachwissenschaft I, Einleitung und Lautlehre, Berlin ⁷1969. — Walther Mitzka, Die ahd. Lautverschiebung und der ungleiche fränkische Anteil, ZfdA, 1951/52, 107—113. — Herbert Penzl, Lautsystem und Lautwandel in den ahd. Dialekten, München 1971. — Irmengard Rauch, The Old High German Diphthongization, The Hague-Paris 1967. — Rudolf Schützeichel, Neue Funde zur Lautverschiebung im Mittelfränkischen, ZfdA 93, 1964, 19—30. — Rudolf Schützeichel, Zur ahd. Lautverschiebung am Mittelrhein, ZfMf 24, 1956, 112—124. — Stefan Sonderegger, Das Ahd. der Vorakte der älteren St. Galler Urkunden, ZfMf 28, 1961, 251—286. — Paul Valentin, Phonologie de l'allemand ancien, Les systèmes vocaliques, Paris 1969.

Zur Flexion

Fr. van Coetsem, Das System der starken Verba und die Periodisierung im älteren Germanischen, Amsterdam 1956. — Uwe Förster, Der Verfallsprozeß der ahd. Verbalendungen, Tübingen 1966. — Hans Krahe— Wolfgang Meid, Germanische Sprachwissenschaft II, Formenlehre, Berlin ⁷1969. — Frithjof Raven, Die schwachen Verben des Althochdeutschen 1—2, Gießen 1963—1967. — Heinz Rupp, Zum 'Passiv' im Ahd., PBB 78 (Halle 1956), 265—286. — Werner Schröder, Zur Passivbildung im Ahd., PBB 77 (Halle 1955), 1—76. — Elmar Seebold, Vergleichendes und etymologisches Wörterbuch der germanischen starken Verben, The Hague-Paris 1970.

Zur Wortbildung

Walter Henzen, Deutsche Wortbildung, 3. Aufl. Tübingen 1965 (mit den einschlägigen Lit.-Hinweisen). — Hans Krahe — Wolfgang Meid, Germanische Sprachwissenschaft III, Wortbildungslehre, (bearbeitet von W. Meid), Berlin 1967.

Zur Syntax

Otto Behaghel, Deutsche Syntax I—IV, Heidelberg 1923—32. — Ingerid Dal, Kurze deutsche Syntax, Tübingen ²1962. — Deutsche Sprachge-

schichte, Moskau 1965 (mit Abriß einer ahd. Syntax). — Jakob Eggenberger, Das Subjektspronomen im Ahd., Ein syntaktischer Beitrag zur
Frühgeschichte des deutschen Schrifttums, Diss. Zürich, Chur 1961. —
Otto Erdmann, Grundzüge der deutschen Syntax nach ihrer geschichtlichen Entwicklung, Stuttgart 1886. — Dieter Furrer, Modusprobleme
bei Notker. Die modalen Werte in den Nebensätzen der Consolatio-Übersetzung, Berlin-New York 1971 (= Das Althochdeutsche von St. Gallen
2). — Doris Handschuh, Konjunktionen in Notkers Boethius-Übersetzung,
Diss. Zürich 1964. — Dieter Wunder, Der Nebensatz bei Otfrid, Untersuchungen zur Syntax des deutschen Nebensatzes, Heidelberg 1965.

6. Der althochdeutsche Wortschatz

6.1. Einteilungskriterien und Herkunft des althochdeutschen Wortschatzes

Wie sehr das Althochdeutsche auf dem Weg vom Germanischen zur neuen Sprache der europäischen Mitte fränkischer
Ausrichtung ist, zeigt sich auch im Wortschatz der ältesten
Stufe der deutschen Sprache. Einheitlichkeit steht dabei aus —
aus ganz verschiedenen Gründen: die mundartlich-schreibsprachliche Gebundenheit des Ahd. zeigt bedeutende wortgeographische Gegensätze, die sich erst nach und nach z. T.
nach fränkischem Vorbild ausgleichen; die außerdeutschen
Einflüsse etwa des Angelsächsisch-Altenglischen, des Gotischen und des Romanischen wirken aus ganz verschiedenen
Richtungen und in ganz verschiedene Räume; die neue klösterliche Geistigkeit beschreitet an den verschiedenen Überlieferungsorten weitgehend ganz verschiedene Wege in der
Eindeutschung lateinischer Sinngehalte; die Uneinheitlichkeit der ahd. Quellen zeigt in sich völlig unterschiedliche Stilschichten und Wortschatzbereiche; die wenigen uns einzeln
bekannten Sprachpersönlichkeiten des Ahd. wirken zeitlich
und räumlich getrennt, einsam und fast nur ihrer Klosterschule
oder ihrem Scriptorium verpflichtet — ihr jeweiliger Wortschatz weist dementsprechend große Unterschiede auf. Am
reichsten vertreten ist nach Umfang und Sinngruppen der
Wortschatz der ahd. Glossen, aber da sind die Unterschiede

erst recht vorhanden. Rückschlüsse auf den ahd. Appellativ-
wortschatz läßt außerdem die überreiche Namenüberlieferung
zu, besonders die vielfältige Personennamengebung, die nur
ganz wenige Fremdeinflüsse kennt.

Nach seiner Herkunft läßt sich der Wortschatz des Ahd. in
die drei Hauptgruppen Erbwortschatz, Lehnwortschatz, Lehnprägungen gliedern, etwa nach folgendem Schema

Althochdeutsch

Germanisch ⟶ Erbwortschatz

Lehnwortschatz ⟵ Nachbarsprachen

Lehnprägungen ⟵ Latein

6.2. Der althochdeutsche Erbwortschatz: Germanisches in der Umschichtung

Ein altheimischer, germanisch-frühdeutscher Erbwortschatz tritt vor allem im Bereich der Dichtung auf, besonders
im Nachleben germanischer Dichtungsformen (Zauber- und
Segensspruch, Heldenlied), im bäuerlichen Sachbereich, in
den Rechtsvorstellungen und im heidnischen Sakralbereich,
aber naturgemäß auch sonst, fast überall im Sprachganzen,
selbst in der Übersetzungsliteratur — hier oft für heidnisch-
antike Begriffe. Er wird selbst für die christliche Terminologie
teilweise nutzbar gemacht. Diese Wortschatzgruppe ist im
einzelnen sehr vielfältig, umfaßt eine Reihe von hapax legomena und zeigt ihrerseits Entwicklungstendenzen verschiedener Art, von denen wir nur die folgenden nennen:

6.2.1. Weiterleben und Aussterben von Ausdrücken der altgermani-schen Dichtersprache

Zunächst sind hier die im Germanischen verankerten hapax
legomena einzelner Denkmäler zu nennen, z. B.:

— Hildebrandslied z. B.
billi n. 'Streitaxt, Schwert', vgl. altsächs. *bil*, altengl. *bill;*
gudea f. 'Kampf'; *gudhamo* m. 'Waffenrock', vgl. alt-

sächs. *gūðea*, altengl. *gūð*, altnord. *guunr, guðr* f. 'Kampf';
hiltia f. 'Kampf', vgl. altsächs. *hild(i)*, altengl. *hild*, altnord. *hildr;*
inwit n. 'List, Betrug', vgl. altsächs. altengl. *inwid;*
birahanen 'rauben, erbeuten', vgl. altnord. *rǣna;*
sęolidante m. pl. 'Seefahrer' (vgl. Ludwigslied 11: *obar
seo lidan*), vgl. altsächs. *sēo-līðandi*, altengl. *sǣ-līðende;*
staimbort n. 'bemalter Schild', vgl. altengl. *bord* n.
'Schild', altnord. *borð* n. 'Rand, Kante' usw., altnord.
steinn m. 'Farbe';
sunufatarungo m. pl. 'Sohn und Vater', vgl. altsächs.
gisunfader;
urhettun m. pl. 'Herausforderer, Kämpfer', vgl. altsächs.
urhētto m., altengl. *ōretta* m.;
wewurt f. 'Mißgeschick, Unheil', vgl. altsächs. *wurð*,
altengl. *wyrd* 'Schicksal', altnord. *urðr* 'Schicksal, Schick-
salsgöttin';
breton 'niederschlagen', Intensivbildung zu *brettan* 'ziehen, zücken, weben', altsächs. altengl. *bregdan*, altnord.
bregða.

— Wessobrunner Schöpfungsgedicht
Dat gafregin ih, die bekannte altgermanische epische
Formel ʿdas erfragte ichʾ (angelsächs. Sprachform);
ero 'Erde' (sofern nicht auch *sazun hera duoder* des ersten
Merseburger Zauberspruches dazugehört);
ufhimil m. 'Oberhimmel', vgl. altsächs. *uphimil*, altengl.
upheofon, altnord. *uphiminn.*

— Ludwigslied
sigikampf 'Siegeskampf' (vgl. ältere Reichenauer Glossen *sigiruamlīh* Rd Ahd. Gl. I, 280, 15; Rf I, 408, 20).

Außerdem sind es gemeinsame, auf die wenigen Denkmäler
altgermanischer Tradition beschränkte Wörter:

ahd. *firahia, firiha, fira* m. pl. 'Menschen', Ableitung zu
ferah n. 'Seele, Geist, Leben', Grundform germ. **ferhwjōz* 'die
Beseelten', nur dreimal belegt (Hild. 10 *fireo in folche;* Wess. 1
mit firahim; Musp. 56 *u[i]r[i]ho uuison*), ausnahmslos in der

Stabreimdichtung, entsprechend altsächs. *firihos*, altengl. *firas*, altnord. *firar* m. pl.

Sodann Bereiche des frühalthochdeutschen Wortschatzes, den nur einzelne Denkmäler sowie die ältesten Glossen des 8./9. Jh. zeigen:

zum Beispiel ahd. *bano* m. 'Tod, Verderben, Mörder' Hild. 52 und 54 sowie Ahd. Gl. I, 79, 33 carnifex *pano* (Glossenhandschrift R, 9. Jh.), vgl. altsächs. *bano*, altengl. *bana*, altnord. *bani* m. 'Töter, Mörder' (altnord. auch 'Tod');

cuoniouuidi f. pl. 'Fessel', Mers. I sowie Ahd. Gl. I, 204, 32/38 *catena*, *catene*   *kunauuithi*, *chunuuidi*, *khunauuithi* (Glossenhandschriften Ra = Reichenauer Handschrift des Abrogans und K = St. Galler Handschrift des Abrogans), vgl. gotisch *kunawida* f. 'Fessel', altengl. *cynewiððe* f. 'Diadem'.

Deutlich wird, selbst beim Hinausgreifen des altgermanischen dichterischen Wortschatzes auf christliche Denkmäler der althochdeutschen Zeit, das zunehmende Absterben dieses Wortgutes im Laufe der Zeit oder die Sinnentleerung von dichterischen Komposita altgermanischer Tradition:

(1) Die Vorstellung der Welt als 'mittlerer Bezirk' zwischen Dämonen- und Götterbereich, altgermanisch *midja-garð-a-ʒ* m. u. ä., got. *midjungards* οἰκουμένη, runenschwed. *a miþkarþi* (Stein von Fyrby), aisl. *miðgarðr*, altengl. *middangeard*, altsächs. *middilgard* (Genesis):

— Reichenauer Glossen 8./9. Jh. *orbe* *mittilcarte*, *mittilcarta* (Ahd. Gl. I, 285, 56) Gen. 41, 54.

— Isidorübersetzung *mittingart* „mundus, orbis"

— Mondsee-Wiener Fragmente *mittigart*

— Tatianübersetzung *mittilagart*, *mittilagarto* u. ä. „mundus".

Das Wort ist seit der Mitte des 9. Jh. nicht mehr zu belegen, wie ein Vergleich der althochdeutschen Übersetzungen für *mundus, orbis* in den Denkmälern zeigen mag:

	mundus	orbis
Isidorübersetzung	mittingart uueralt	mittingart
Mondsee-Wiener Fragmente	mittigart	mittigart
Murbacher Hymnen	uueralt	umbiwurft
Tatianübersetzung	mittilagart, -o uueralt	uueralt umbiuuerft
Notker	uuerlt himel usw.	uuerlt erdering himel usw.
Glossierung zu Notkers Psalter	uuerlt	erdering ring uuerlt usw.
Otlohs Gebet	uuerolt	
Physiologus	uuerelt	

(2) Das mythische Wort ahd. *itis* f. 'überirdische Frau' erscheint im Althochdeutschen im altgermanischen Zusammenhang als *idisi* f. pl. im Merseburger Zauberspruch I, in den älteren althochdeutschen Glossen des 8./9. Jh. als *itis, idis* „matrona" (Graff I, 159) sowie einmal bei Otfrid I, 5, 6 als dichterische Umschreibung für Maria: *zi theru itis frono*. Daneben begegnet noch die Ableitung *itislih* 'matronalis', ebenfalls in Glossen (9./10. Jh., Ahd. Gl. II, 120, 20 und 619, 30).

(3) Das Absterben verschiedener altgermanischer Komposita im Althochdeutschen läßt sich vor allem mit den folgenden Beispielen erweisen: Mit den Zusammensetzungen, welche germ. **ermana-/*ermina-*, ahd. *irmin-* 'erhaben' aufweisen, ferner mit einigen die Dichtersprache kennzeichnenden Wörtern verschiedenen Inhalts, aus denen wir althochdeutsch *gotawebbi, -weppi* n. 'göttliches Gewebe, feiner Stoff' herausgreifen:

altnordisch		gudvefr m.
altenglisch	eormencyn, eormengrund, eormenlāf, eormenstrynd, eormenþēod	godweb, godeweb n.
altsächsisch	irminman, irminthiod, irminthioda	goduweb, goduwebbi n.
althochdeutsch		
Glossen	irminsûl (häufig, mit Nachleben im Mhd.)	gotaweppi n., gotawebbi n. u. ä. (häufig)
Hildebrandslied	irmingot, irmindeot	
Tatian		gotauuebbi n. (ferner gotouuebbîn Adj.)
Otfrid		gotowebbi n.

Einen ähnlichen, im einzelnen jedoch differenzierteren oder komplexeren Befund zeigen außerdem folgende dichterische Zusammensetzungen:

(4) Die Bildungen mit ahd. *adal-*, *edil-*, soweit sie nicht einfach rechtssprachlich zu verstehen (*adalerbi* n., *adalerbo* m. bei Otfrid) oder Tier- und Pflanzennamen sind (*adalare* m., *adaldorn* m.). Es zeigt sich die folgende Verbreitung:

Heliand: *adalandbari* n., *adalkêsur* m., *adalknôsal* n., *adalcuning* m., *adalkunni* n., *adalordfrumo* m., *edilgiburd* f., *edilfolc* n.

Isidor: *adhalsangheri* m. 'egregius psalta'

Otfrid: *adalkunni* n., *edilthegan* m., *edilfrouua* f., *edilman* m., *edilzunga* f.

Glossen: *adalmeistar* m. (Jc Ahd. Gl. IV, 9, 55).

Wir wollen bei dieser Aufstellung nicht das vereinzelte Nachleben oder Festwerden einzelner dieser Zusammensetzungen im Mittel- und Neuhochdeutschen übersehen: aber es bleibt

doch typisch, daß die Verteilungskurve dieser ausdrucksstarken
Zusammensetzungen altgermanischen Gepräges (man vergleiche noch das Altnordische und Altenglische) in der Dichtersprache mit fortschreitender Zeit abnehmend verläuft, mit
einem deutlichen Nachleben bei Otfrid, aber ohne bei Notker
und Williram in spätalthochdeutscher Zeit vertreten zu sein.

(5) Das ahd. Adjektiv *gotkund* u. ä. und seine Ableitungen:
Der Anschluß liegt durchaus im sakralen altgermanischen Bereich, die Belege entstammen auch bei christlicher Neuerfüllung des Wortinhaltes zunächst der Dichtersprache: altnordisch *godkunningr*, *godkyndr* 'götterentstammt' (Prosa-Edda);
goðkynnigr (Ynglingatal), vgl. *reginkunnr;* altenglisch *godcund*
'divinus' (in der christlichen Stabreimdichtung); altsächsisch
godkund 'von göttlicher Art' (Heliand).

Im Althochdeutschen treten dazu:

Glossenüberlieferung: (seit ältester Zeit) *gotkund*, *gotkundlich*,
godcunniklîc 'divinus'; *godkundlîchî* f., *gotkundi* f.
Murbacher Hymnen: *kotcund* 'divinus', *kotcundî* f. 'divinitas,
deitas'
Benediktinerregel: *cotchund* 'divinus, deificus', *cotchundî* f.
'divinitas, divinus', *cotchundida* f. 'Göttlichkeit, divinus',
cotchundlîhho Adv. 'von Gott her, divinitus'
Weißenburger Katechismus: *gotkundî* f. 'divinitas', *gotcundnissi*
n. 'divinitas'
Tatian: *gotcund* (*sapientiam dei*: *thiu gotcunda spahida* 141, 29)
Otfrid: *gotkundlîh* (II, 8, 22)
Wiener Notker: *gotchuntlih* 'göttlich'

Althochdeutsch *gotkund* und seine Ableitungen zeigen eine
starke Verankerung in der ältesten Überlieferung (Abrogans,
ältere Reichenauer Glossen, frühe christliche Übersetzungsliteratur), wogegen die Bildungen bei Tatian und Otfrid nur
noch je einmal belegt sind. Notker und Williram verwenden
das Wort nicht mehr — nur im Wiener Notker lebt es noch
nach: Ps. 107, Schluß *Uuanda den geistlichen unde den fleisclichen*

fianden frumelih kagenuart uuirdet fone den gotchuntlichun tugenden
(Zusatz gegenüber der Fassung Notkers von St. Gallen);
Canticum Annae 5 *mit/in den gotchuntlichen gichosen* (bei Notker
von St. Gallen *diuinis eloquiis dei*, lateinische Reservate im Text).
Notker selbst verwendet für *divinitas*, *divinus* nur *got(e)heit*, *got*,
gotelih.

Solche Beispiele ließen sich leicht vermehren. Sie zeigen
die Bewegtheit des althochdeutschen dichterischen Wortschatzes, der mitten hineingestellt ist in den Prozeß des absterbenden germanischen Anteils, in den Prozeß der christlichen Verfestigung. Neben die entleerten, absterbenden, unfruchtbar
gewordenen Komposita aus germanischer Zeit — mögen sie
noch so christlich verwendet worden sein — treten viele neue,
die eine andere geistige Haltung zum Ausdruck bringen und
vor allem spätalthochdeutsch verbreitet sind. Man müßte
diese Gegenbewegung an Zusammensetzungen und Ableitungen zeigen wie denen mit ahd. *ernust-* (Glossen, Notker, Williram *ernusthaft, ernesthaft;* Glossen, Notker *ernustlih, ernestlih*),
êwîg- (*êwigheit* f. und *êwiglih* seit Notker), *heilag-* (vor allem Notker), *liob-, liub-* (Glossen, Notker, vereinzelt Otfrid), *giloub-*
(vor allem Notker), *minni-, minnig-* (Glossen, Notker, Wiener
Notker, Williram), *sunti-* (Glossen, Otfrid, Bamberger Glauben und Beichte, Notker, Wessobrunner Glauben und Beichte),
suoz- (Glossen, Otfrid, Notker, Williram), *trôst-* (Otfrid, Notker, Wiener Notker), *trût-* (fast ausschließlich bei Otfrid, der
zehn Verbindungen mit *drût-* kennt), *tuged-, tugent-* (Bamberger
Glauben und Beichte, Notker, Wiener Notker), *tuld-* (Glossen,
Benediktinerregel, Notker, Wiener Notker, Wessobrunner
Glauben und Beichte), *wênag-* (Glossen, Otfrid, Notker, Wiener Notker, Wessobrunner Predigten), *wola-* (vor allem bei
Oftrid, Notker, Williram), *wunni-* (vor allem Notker, Wiener
Notker), *zart-* (nur Glossen, Glossierung zu Notkers Psalter,
Wiener Notker, Williram, Wessobrunner Predigten). So läßt
sich auch aus dem Wortmaterial der Kompositionsglieder eine
deutliche Schichtung für die althochdeutsche Sprache des dichterischen und religiösen Gehaltes gewinnen. Unberührt von
Absterben oder Neuerfüllung stehen dabei vor allem die kon

tinuierlichen Elemente der rechtssprachlichen und naturbe-
beschreibenden Bestimmungswörter (z. B. *ding-*, *eid-*, *teil-*,
tuom-, *wolkan-*, *ûht-*), auch viele allgemeine mit breiterem Ver-
wendungsspektrum (z. B. *weralt-*, *wîs-*).

6.2.2. Sakralwortschatz

Das langsame Abklingen des heidnischen Sakralwortschat-
zes bzw. sein Ersatz durch Neubildungen, Lehnwörter oder
seltener seine Umdeutung in christlicher Richtung läßt sich
besonders in frühalthochdeutscher Zeit beobachten. Man vergleiche z. B. das Verhältnis

Altes heidnisches Sakralwort	Neue sporadische Bedeutung	Ersatzwort
bluostar n. 'Opfer'	'christliches Opfer'	*opfar* n.
zëbar n. 'Opfer'	'blutiges Opfer Christi', 'christliches Opfer'	*opfar* n. (Rückbildung zum Verb *opfarōn* < lat. *operāri*)

6.2.3. Rechtswortschatz

Im Althochdeutschen zeigt sich Nachleben und Erneuerung
des frühmittelalterlichen Rechtswortschatzes, z. T. mit fränkischen Ausgleichsbewegungen. Die ins 6.—8. Jh. zurück-
reichenden volkssprachlichen Wörter der sonst lateinisch ver-
faßten germanischen Volksrechte (Leges barbarorum) werden
im 8./9. Jh. teils durch das mehr und mehr Gestalt gewinnende
Ahd. übernommen, teils aber — weil nicht mehr verstanden —
erneuert. Dies zeigt z. B. ein Vergleich der frühfränkischen
Wörter der Lex Salica (6. Jh. ff.) mit den ahd. Entsprechungen
im Bruchstück der Lex Salica-Übersetzung vom Anfang des
9. Jh. (Mainz):

	Lex Salica	Fragment der ahd. Übersetzung
übernommen z. B.	*alodis* 'Erbgut'	*alōd* n.
	sunnis 'Hinderungsgrund, echte Not'	*sunne* f.
	mannire 'laden'	*men(n)en*
erneuert z. B.	*mannire* 'laden'	*gibannan*
	branne 'Gehege'	*stīga* f.
	mallum 'Gericht(ssitzung)'	*ðing* n.

Dieselbe Erneuerungstendenz zeigt z. B. eine Glosse zu den Kapitularien: *Hamedii, id sunt coniuratores, quos nos geidon dicimus* (Ahd. Gl. IV, 662, 17), wo das frühfränkische *hamēdii* 'Eideshelfer' (mit latinisierter Endung) durch ahd. *ga-eidon* ersetzt worden ist. Gerade die Rechtssprache ist in ahd. Zeit überaus reich vertreten. Sprachgeographische Wortschatzbewegungen gehen seit dem 8. und 9. Jh. vom Fränkischen aus, von wo die Bildungen *urteili* 'Gericht', *irteilen* 'Recht sprechen', *urteilo* 'Richter' für *iudicium, iudicare, iudex* ausstrahlen und älteres *tuom* 'Urteil', oberdt. *suona, suana* 'Gericht', *sōneo* u. ä. 'Richter' mit der Zeit verdrängen.

6.2.4. Christliche Terminologie

Der Aufbau einer christlichen Terminologie vollzieht sich auf weite Strecken selbst mit altheimischen Mitteln. Unter den vielen Möglichkeiten, die für eine neue christliche Begriffsbildung fruchtbar werden, kommt dem Übergreifen alter Rechtsausdrücke in die Sphäre der christlichen Lehre und des Glaubens eine besondere Bedeutung zu. Die Sicherheit der Rechtswörter, ihr allgemeiner oder mindestens landschaftlich verbreiteter Gebrauch und ihre Unverbrüchlichkeit waren für die sprachliche Bewältigung des Christentums im Ahd. von ·größtem Wert. Man vergleiche z. B.

Wort	Alte rechtliche Bedeutung	Neue christlich-religiöse Bedeutung
triuwa f.	'Vertragstreue, Verläß-lichkeit' usw.	'Treue gegenüber Gott', sogar 'Glaube' (Notker)
trōst m.	'Beistand, Hilfe, Unter-stützung'	vor allem 'spes, consolatio, Trost'
truhtin, -īn m.	'Gefolgsherr'	'Herr', vor allem für 'Christus'
gi-thingi n.	'Gerichtsversammlung, Beratung, Verhandlung'	'Fürsprache, Hoffnung'
erbi n.	'Erbe, Erbschaft, Erbgut'	'Vermächtnis' (im geist-lichen Sinne; Notker)
suona f.	'Gericht, Versöhnung'	'Friede, Sühne'
huldī f.	'gütige Gesinnung des Gefolgsherrn, treue Erge-benheit des Gefolgsmannes'	'Ergebenheit Gott gegen-über, Gnade'

Christliche Umdeutung erfahren auch *wīh* 'geweiht, der Gott-heit zugehörig', dann 'heilig'; *heilag*, ursprünglich 'unversehrt, unverletztlich'; *geist* 'Erregung, Ergriffenheit' und *ātum* 'Atem' in den Verbindungen *der wīho ātum* (Murbacher Hymnen, Weißenburger Katechismus) und *heilag geist* (z. B. Tatian) für *spiritus sanctus*. Ganze Bereiche des geistlichen Wortschatzes müssen dabei erst mit dem eigenenen Sprachmaterial über das Vorbild der lateinischen Schrifttradition erarbeitet werden: so z. B. der Wortschatz im Sinnbezirk von Zeit und Ewigkeit, den neuerdings Harald Burger in seiner ineinandergreifenden Entwicklungsgeschichte darstellt.

6.2.5. Philosophisch-wissenschaftliche Terminologie

Auch der Aufbau einer philosophischen und wissenschaftlichen Terminologie im Bereich der sieben freien Künste geschieht z. T. mit altheimischen Mitteln, wobei auch die verschiedenen Wortbildungsmöglichkeiten (Zusammensetzung, Suffixe) oft differenzierend verwendet werden. Eine einzigartige sprach-schöpferische Leistung liegt bei Notker von St. Gallen und in den wenig späteren Glossen zu seiner Psalmenübersetzung vor. Auf die bei Notker stark erweiterten Wortbildungsmöglichkeiten kommen wir unten in Abschnitt 6.5. noch kurz zu sprechen.

Als Beispiele vermitteln wir je ein bis zwei Hinweise aus dem Wortschatz der verschiedenen Teile des Systems der *septem artes liberales* aus Notkers (um 1000) diesbezüglichen Werken.

Trivium (1) Grammatik: denominativa . tíu nâh ándermo námen genámôt sínt. i[d est] námo uóne námen. (Cat. I, 4)

(2) Rhetorik: dispositio scafunga. vnte ordenunga des kechôsis (Rhet. 47)

(3) Dialektik: definitio gnôtmarchunga, gnôtmézunga u. ä. (Rhet., Cat.)

Quadrivium (4) Arithmetik: In arithmetica uuérdên uuír dáz keléret . uuîo fóne tribus únde fóne quatuor . irrínnent álle planę figurę. Álle úngeráde chóment fóne tribus . álle geráde chóment fóne quatuor. (Mart. Cap. II, 4 nach Remigius von Auxerre)

(5) Geometrie: Linea uuírdit kedíutit . réiz únde zîla . únde rîga . únde strîh . únde dúrhkáng. (Cat. II, 24) Tû chúre in geometria . uuîo drî réiza gréhte . án dien órten síh chússente . triangulum máchônt (Mart. Cap. II, 12, Zusatz von Notker)

(6) Musik: solita . melos . i. tropos . ac tonos s. musicos . et crusmata . i. pulsus chordarum. dîe uuárbâ des sánges . únde dîe uuîsâ . únde dîe rûorâ dero séitôn. (Mart. Cap. II, 12)

(7) Astronomie: Taurus íst únder demo síbenstírne . únde sîn hóubet íst mít fínf stérnôn sô gescáffôt . táz man éinen síhet án dero mûlo . éinen án demo uuínsteren óugen . zuêne án demo zéseuuen zesámine chlébente . dîe fúre éinen gezélet sínt. Zuêne án dien hórnen. Téro zuéio íst ter zéseuuo . rôt únde fílo óffen. Tîe fínfe héizent latine suculę . grece hiades. (Mart. Cap. I, 40, Zusatz von Notker)

Artes (8) Artes liberales i. a. die síben bûohlíste (Boeth. usw.)

(Quadrivium:) doctrinam quaternariam dîa fîerzínkûn méisterscáft (Mart. Cap. II, 3)

6.3. Der althochdeutsche Lehnwortschatz

Unter den ins Ahd. einströmenden Lehnwörtern zeigen sich die folgenden Gruppen, auf die wir z. T. schon oben in Abschnitt 1.5. S. 38—45 hingewiesen haben:

6.3.1. Lateinische Lehnwörter

Eine außerordentlich breite Schicht von Lehnwörtern stammt aus dem Lateinischen. Einerseits handelt es sich um die im Zusammenhang der Germania Romana zu sehenden, besonders durch Friedrich Kluge und Theodor Frings erforschten Lehnwortströme aus dem romanischen Gallien und Oberitalien, z. T. aus der Römerzeit, woher mit neuen Sachgütern viele Sachlehnwörter ins Vorahd. und Ahd. gekommen sind:

ahd. *beckī, -in* n. 'Becken' < mlat. *baccinum;*

ahd. *bëhhāri* m. ʽBecher, Kelch' < mlat. *bicārium;*

ahd. *buliʒ* m. 'Pilz' < lat. *bōlētus;*

ahd. *buttin(na)* f. 'Bütte, Wanne' < mlat. *butina* 'Flasche, Gefäß', vulgärlat. (galloroman.) *buttis, buttia* 'Faß, Krug, Flasche, Korb';

ahd. *astrih, est(e)rih* 'Estrich, (Stein-)Fußboden' < mlat. *astracum, astricum* 'Pflaster';

ahd. *fënstar* n. 'Fenster' < lat. *fenestra* usw.

Daneben werden aus der lateinischen Schrift- und Kirchensprache während der ganzen ahd. Zeit immer wieder Wörter verschiedener Art entlehnt, wobei gerade die Klostersprache vieles vermittelt hat:

ahd. *ordinōn* 'einrichten, ordnen' < lat. *ordinare;* ahd. *regula* f. 'Ordensregel' < mlat. *rēgula;*

ahd. *tincta* f. (Genitiv *tinctūn*) 'Tinte' < mlat. *tincta (aqua)* 'gefärbte Flüssigkeit'

ahd. *ʒins* m. 'Abgabe, Zins' < lat. *census;*

ahd. *fogǎt* m. 'Rechtsvertreter, Vogt' < mlat. *(ad)vocātus;*

ahd. *altāri* m. 'Altar, Opfertisch' < lat. *altāre* usw.

Bei einigen Lehnwörtern läßt sich eine altfranzösische Zwischenstufe nachweisen, z. B. ahd. *priestar* m. 'Priester' < *prēstar*, altfranz. *prēstre;* spätahd. *bâbes* m. (Notker) < altfranz. *papes* 'Papst'.

Gelegentlich stehen in den Quellen Erbwörter neben Lehnwörtern, wie z. B. in den Murbacher Hymnen I, 9 *rīches turi / portūn* (ahd. *turi* f. 'Tür' neben *porta* f. 'Pforte') oder in den Glossen zu Notkers Psalter *kelih* m. 'Kelch' neben *stouf* m. für *calix*.

6.3.2. Angelsächsische Einflüsse

Einflüsse der angelsächsischen Mission zeigen einige dem Altenglischen nachgebildete Wörter des Ahd., z. B. ahd. *gotspel* n. (Tatian) 'Evangelium', nach altengl. *godspel;* *ōstarūn* pl. 'Ostern' nach altengl. *ēastron;* ahd. *sunnūnābant* 'Sonnabend, eigentlich Vorabend vor Sonntag' nach altengl. *sunnanæfen.* Dem besonders im Fränkischen wirksamen angelsächsischen Einfluß steht der Einfluß gotisch-arianischer Mission auf das Oberdeutsche gegenüber (vgl. unten 6.3.4.).

6.3.3. Irische Einflüsse

Schwieriger ist die Frage nach dem irischen Einfluß auf den ahd. Wortschatz zu beurteilen. Sicheres Lehnwort ist ahd. *glocca, clocca* f. 'Glocke' < kelt. **cloc*, irisch *clocc.* Wie weit die Einwirkung irischer Sprache auf das Ahd. sonst reicht, wird verschieden beurteilt, doch steht sie sehr am Rand.

6.3.4. Gotische Lehnwörter

Eine Reihe von Lehnwörtern verdankt das Ahd. dem Gotischen bzw. der gotischen Mission und ihrem Einfluß auf die oberdeutsche, besonders bairische Kirchensprache. Als sichere Lehnwörter aus dem Gotischen dürfen gelten: ahd. *pfaffo* 'Geistlicher' < got. *papa;* ahd. *mūta* f. 'Zoll(abgabe)', nhd. bair.-österr. *Maut* < got. *mōta* f. 'Zoll'; ahd. (bair.) *pferintag* m. 'Freitag' zu got. *paraskaiwe* f. (< griech. παρασκευή) 'Rüsttag'; dazu die erst nachahd. belegten bair. *Er(ge)tag* 'Dienstag' < ahd. **Ariōtag* < got. **Arjaus dags* < griech. ᾿Αρεως (ἡμέρα) 'Martis dies' und *Pfinztag* 'Donnerstag' <

got. *pintadags < griech. πέμπτη (ἡμέρα) 'der fünfte Tag'. Wahrscheinlich gotischer Herkunft sind auch ahd. *dult* f. 'Fest' < got. *dulps* f.; ahd. *fimchustim* (Dat. Pl.) 'Pfingsten' zu got. *paintekusten* (Akk. Sg.) < griech. πεντηκοστή (ἡμέρα) 'der fünfzigste Tag (nach Ostern)'; ahd. *sambaztag* 'Samstag' < got. *sambatō* < vulgärgriech. σάμβατον.

Gotischer Einfluß mag noch bei weiteren Wörtern vorliegen, doch ist sich die Forschung darüber nicht immer einig, da in manchen Fällen entweder Urverwandtschaft (bei germanischen Wörtern wie z. B. ahd. *obasa, obisa* 'Vorhalle', got. *ubizwa* f. 'Halle' mit weiteren altgerm. Parallelen) oder vulgärlateinische Herkunft (ahd. *biscof* m. 'Bischof' < *piscopus, *biscopu- < vulgärgriech. ἐβίσκοπος, griech. ἐπίσκοπος 'Aufseher'; got. *aipiskaupus*) zu erwägen bleibt.

6.4. Die althochdeutschen Lehnprägungen

Als dritte große Gruppe des ahd. Wortschatzes haben die Lehnprägungen zu gelten, deren Gefüge vor allem Werner Betz entscheidend erhellt hat. Nach ihrer Fügung oder Bedeutung sind nach Betz zu unterscheiden (Beispiele aus der Übersetzung der Benediktinerregel, Anfang 9. Jh., St. Gallen):

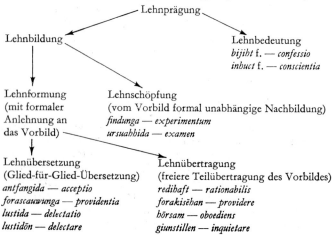

Lehnprägung

Lehnbildung

Lehnbedeutung
bijiht f. — *confessio*
inhuct f. — *conscientia*

Lehnformung
(mit formaler
Anlehnung an
das Vorbild)

Lehnschöpfung
(vom Vorbild formal unabhängige Nachbildung)
findunga — *experimentum*
ursuahhida — *examen*

Lehnübersetzung
(Glied-für-Glied-Übersetzung)
antfangida — *acceptio*
forascauwunga — *providentia*
lustida — *delectatio*
lustidōn — *delectare*

Lehnübertragung
(freiere Teilübertragung des Vorbildes)
redihaft — *rationabilis*
forakisëhan — *providere*
hōrsam — *oboediens*
giunstillen — *inquietare*

Besonders der religiöse Wortschatz des Ahd. ist voll von
Lehnprägungen, wobei den Lehnbedeutungen ein großes Ge-
wicht zukommt — gerade dieser Begriff muß natürlich sehr
weit gefaßt werden. Die Vergeistigung des ahd. Wortschatzes
vollzieht sich auf weite Strecken durch die Lehnbedeutung.
Werner Betz rechnet bei einem ungefähr anzunehmenden
Wortschatz des Ahd. von 20000 Wörtern mit etwa 600 Lehnwörtern (3%), mit ungefähr 2000 Lehnbildungen (Lehnüber-
setzungen, Lehnübertragungen, Lehnschöpfungen; 10%) und
mit etwa 4000 Lehnbedeutungen (20%). Nach E. Karg-Gasterstädt und Evelyn S. Coleman dürften die Zahlen bei einem
auf 25000 bis 30000 Wörter geschätzten Gesamtumfang des
Ahd. noch höher liegen.

6.5. Entwicklungstendenzen des althochdeutschen Wort-
schatzes

Die Zahlenverhältnisse des ahd. Wortschatzes lassen sich
wenigstens für die einzelnen Denkmäler näher bestimmen:

Isidor-Übersetzung (nach 800)	788 Wörter
Tatian-Übersetzung (820/830)	2300 Wörter
Otfrid von Weißenburg (860/870)	3355 Wörter
Kleinere Denkmäler zusammen (8.—11. Jh.)	über 4000 Wörter
Notker von St. Gallen (um 1000)	rund 7800 Wörter

Die gewaltige Entwicklung des ahd. Wortschatzes bis zu
Notker von St. Gallen hängt nicht nur mit dem verschiedenen
Umfang der Dichtungen oder Übersetzungen zusammen, sondern mit einer zunehmend differenzierteren Ausdrucksweise
und Übersetzungstechnik, bei denen die verschiedenen Wortbildungskategorien (Ableitung und Zusammensetzung) des
Ahd. vermehrt ausgestaltet werden. Im Rahmen dieser sprachgeschichtlichen Entfaltung sind z. B. die folgenden Verhältnisse zu sehen:

Verbalnomina und Abstraktbildungen vom Stamm ahd.
slāhan 'schlagen':

I Tatian-Übersetzung (1) *hant-slag* m. 'Ohrfeige'

               (2) *man-slaht* f. 'Totschlag'
                   thuruh-slaht f., in adverbialer Wendung *zi thu-*
                   ruhslahti 'ganz und gar'

Otfrid   (1) *slag* m. 'Schlag'

               (2) *slahta* f. 'Schlachten, Gemetzel'
                   man-slahta f. 'Mord'

II Notker   (1) *slág* m. 'Schlag, Hieb'
                   ána-slág m. 'Landplage (Ägyptens)'

               (2) *slága* f. 'Schlag'

               (3) *úf-slágunga* f. 'suspensio, Aufschub der Bestra-
                   fung, Drohung'

               (4) *er-slágeni* f. 'Vernichtung, Erschlagensein'

               (5) *ána-sláht* f. 'Sturzregen', *mâg-sláht* f. 'Verwand-
                   tenmord'
                   mán-sláht f. 'Totschlag'

               (6) *sláhta* f. 'Tötung, Erschlagen'

Verbalnomina und Abstraktbildungen vom Stamm ahd.
thenken 'denken':

I Isidor-Übersetzung (1) *chi-dhanc* m. 'sapientia, Weisheit'

Tatian-Übersetzung (1) *gi-thanc* m. 'cogitatio, Gedanke'

Williram   (1) *ge-dank* m. 'Gedanke'

II Otfrid   (1) *thanc* m. 'Dank, Lohn usw.'
                   gi-thanc m. 'Gedanke, Erwähnung'

               (2) *gi-thâhti* f. 'Gedenken, Sinnen'

Kleinere Denkmäler (1) *gi-dank* m. 'Gedanke'

               (2) *gi-dâht* f. 'Gedanke'

III Notker

(1) *ge-dáng* m. 'Denken, Nachdenken, Gedanke, Begriff, Vorhaben'

(2) *ge-dâht* f. 'Denken, Sinnen, Andacht'
úr-dâht f. 'Erfindung, Erdichtung, Hirnge-spinst'

(3) *ge-dâhtigi* f. 'geistige Kraft, Intelligenz'

(4) *ge-déhte* n. 'cultus, Brauch, Sitte'

(5) *ge-déhtigi* f. 'Andacht, Frömmigkeit'

An solchen Beispielen — die sich leicht vermehren ließen — erweist sich Notkers Sprachkunst in der Nutzbarmachung der verschiedenen Wortbildungsmöglichkeiten, in einer Vielstufig-keit der Wortbildungskategorien, die gegenüber seinen Vor-gängern oftmals vervielfacht erscheinen oder sich mit der Fülle der Glossenbelege vergleichen lassen. Eng damit verbunden ist die Ausweitung der Komposition. An der hohen Zahl des Notkerschen Wortschatzes haben gegen 3000 nominale Zu-sammensetzungen Anteil, von denen etwa ein Drittel nur bei Notker belegt ist. Wir stellen dabei eine Vermehrung fast aller Kompositionsmöglichkeiten fest, wobei neben den christlich-geistlichen Wortschatz etwa Neubildungen aus dem Gebiet der Naturerscheinungen und Wetterbeobachtung (z. B. *âbent-chûoli* f. 'Abendkühle', *brún-âdara* f. 'Quellader', *féld-scôni* f. 'Schönheit des Feldes', *grúnt-lácha* f. 'Quelle in einer Erdver-tiefung', *glánz-lîeht* f. 'leuchtendes Licht') oder der Wissen-schaftssprache auffallen (z. B. *mêter-wúrcha* f. 'poetica musa, Gedichtverfertigerin, Muse der Dichtkunst'; *nâh-spréchunga* f. 'Schlußfolgerung, ilatio'; *métemscáft* f. 'moderatio, temporatio, das Maßhalten (in der Rede), das In-der-Mitte-sich-Befinden'; *mísse-lúitigi* f. 'dissonans discrepantia, fehlende Übereinstim-mung der Laute der Namen bei verschiedenen Völkern'). Auch wenn wir vom Lateinischen ausgehen, treffen wir bei Notker eine je nach Textzusammenhang stark differenzierte Wieder-gabe lateinischer Begriffe, die sich oft von der einförmigeren Tatianübersetzung abhebt, meist auch über die differenziertere Isidorübersetzung hinausgeht, z. B.:

Lateinisch	Isidor	Tatian	Notker (Auswahl)
opus	—	*werc* n. (32 Stellen)	*werh* n.
			scaffunga f.
			hant-tât f.
			tûon (Subst. Inf.)
			zeichen n.
via	*wec* m. (aber nur 1 Stelle)	*weg* m. (29 Stellen)	*wég* m.
			fárt f.
			fád m.
lex	*êwa* f. (3 Stellen)	*êwa* f. (32 Stellen)	*êa* f.
			gebót n.
			geduíng m.
			scáffunga f.
			wáltesôd m.

Durchaus vereinzelt bleiben im Ahd. noch die mehrgliedrigen Komposita: das Grundprinzip der Komposition besteht noch in der Zweigliedrigkeit echter, also nichtgenitivischer Zusammenfügung. Trikomposita vom Typus *weroltrehtwison* n. pl. 'Weltrechtskundige' (Muspilli), *albrandopher, alferbrénnopher* n. 'totum incensum, vollständiges Brandopfer' (Glossierung zu Notkers Psalter) sind, trotz einer gewissen Zunahme in spätahd. Zeit, eigentlich spärlich.

6.6. Wortschatz und Sprachschichten

In mancher Beziehung gibt der ahd. Wortschatz in seiner Quelleneinbettung Aufschluß über die ahd. Sprachschichten, die in ihrer Eigenart noch nicht abschließend erforscht sind. Jedenfalls umfaßt das Ahd. trotz seiner stark klösterlich bestimmten Überlieferung ganz verschiedene Sprachschichten, deren Spannweite von den vielen Spuren gesprochener Volkssprache z. B. in Glossen und gerade wieder bei Notker über die Fach- und Wissenschaftssprache und die Schulsprache, die klösterlich-klerikale Sprache, die breite Schicht fränkischer, alemannischer, bairischer und langobardischer Rechtssprache bis zur Sprache hoher Dichtung, religiöser wie weltlicher, reicht, von Sprachbereichen, die jenseits jedes lateinischen

Einflusses stehen, bis zu solchen, wo das Latein als Vorbild oder Grundsprache auf Schritt und Tritt das Ahd. mitbestimmt, ja geformt hat. Die Frage nach den Sprachschichten in ahd. Zeit läßt sich annäherungsweise etwa mit folgender Aufstellung beantworten:

Germanisch	Dichtersprache	Christlich: Bibeldichtung Hymnik, Psalter usw.
	Wissenschaftssprache	Christlich-antik: septem artes liberales
	Schulsprache	Erklärungen und Anweisungen
Alltägliche Bedürfnisse	Klostersprache	Christliche Lebensgewohnheit
Reste germanischer Sakralsprüche: Zaubersprüche und Vereinzeltes	religiöse Sprache	Christlich: katechetisch Gebete und Segen Predigt Mönchsregel Theologie
Germanisch: Volksrechte und Wortschatz i. a.	Rechtssprache	Anfänge einer Rezeption des römischen und kanonischen Rechts (Glossen, Rhetorik)
Mundarten Bauernsprache	Volkssprache	Reflexe gesprochener Sprache Sprichwörter, Naturbeobachtung

Volkssprache, klösterliche Schreibsprache und Übersetzung sind dabei die übergreifenden Kategorien, in die sich, oft genug gemischt, die sich gegenseitig stark durchdringenden Sprachschichten im einzelnen einfinden.

Literaturhinweise zu Kapitel 6

(Auswahl, Ergänzungen in Kapitel 8)

Wörterbücher

Althochdeutsches Wörterbuch, begründet und zunächst bearbeitet und herausgegeben von Elisabeth Karg-Gasterstädt und Theodor Frings, weitergeführt von Rudolf Grosse (und Mitarbeitern), Bd. I ff., Berlin 1952 ff. — Althochdeutsches Glossenwörterbuch, hrsg. von Taylor Starck und J. C. Wells, Heidelberg 1972 ff. — E. G. Graff, Althochdeutscher Sprachschatz (mit Index von H. F. Massmann), I—VII, Berlin 1834—1846, Nachdruck Darmstadt 1963. — Gerhard Köbler, Lateinisch-althochdeutsches Wörterbuch, Göttingen 1971 (und vom selben Verfasser weitere Verzeichnisse von Übersetzungsgleichungen, Göttingen 1970/86). — Rudolf Schützeichel, Althochdeutsches Wörterbuch, Tübingen ³1981. — Edward H. Sehrt, Notker-Glossar, Tübingen 1962.

Darstellungen

Werner Betz, Der Einfluß des Lateinischen auf den ahd. Wortschatz 1 Der Abrogans, Heidelberg 1936. — Werner Betz, Deutsch und Lateinisch, Die Lehnbildungen der althochdeutschen Benediktinerregel, Bonn 1949. — Harald Burger, Zeit und Ewigkeit. Studien zum Wortschatz der geistlichen Texte des Alt- und Frühmittelhochdeutschen, Berlin-New York 1972 (= Studia Linguistica Germanica 6). — Deutsche Wortgeschichte, hrsg. von Friedrich Maurer und Heinz Rupp, Bd. I³, Berlin 1974 (darin Josef Weisweiler und Werner Betz, Deutsche Frühzeit, S. 55—133; Werner Betz, Lehnwörter und Lehnprägungen im Vor- und Frühdeutschen, S. 135—163, alle mit reichen Lit.-Angaben, auf die ausdrücklich verwiesen sei). — Evelyn S. Coleman, Die Lehnbildungen in Notkers Übersetzungen, Taylor Starck-Festschrift, The Hague 1964, 106—129. — Jürgen Jaehrling, Die philosophische Terminologie Notkers des Deutschen in seiner Übersetzung der Aristotelischen 'Kategorien', Berlin 1969 (= Philolog. Studien und Quellen 47). — Theodor Frings und Gertraud Müller, Germania Romana I—II, 2. Aufl. 1966—68. — Emil Luginbühl, Studien zu Notkers Übersetzungskunst, Diss. Zürich, Weida i. Thür. 1933, Nachdruck Berlin 1970. — Ingo Reiffenstein, Die ahd. Kirchensprache, in Germanistische Abhandlungen, Innsbrucker Beiträge zur Kulturwissenschaft Bd. 6, 1959, 41—58. — Stefan Sonderegger, Die ältesten Schichten einer germanischen Rechtssprache, Festschrift Karl Siegfried Bader, Zürich-Köln-Graz 1965, 419—438. — Stefan Sonderegger, Frühe Erscheinungsformen dichterischer Sprache im Althochdeutschen, in: Typologia Litterarum, Festschrift Max Wehrli, Zürich und Freiburg

i. Br. 1969, 53—81. — Jost Trier, Der deutsche Wortschatz im Sinnbezirk des Verstandes. Die Geschichte eines sprachlichen Feldes. Bd. I, Von den Anfängen bis zum Beginn des 13. Jhs., Heidelberg 1931. — Vergleiche ferner das Literaturverzeichnis bei Hans Eggers, Deutsche Sprachgeschichte I, Das Althochdeutsche, Hamburg 1963, 274—281.

7. Typologie des Althochdeutschen

Abschließend wollen wir versuchen, in ganz kurzen Zügen die typologischen Merkmale des Althochdeutschen zu erfassen. Manches ist in den vorausgehenden Kapiteln dazu schon gesagt. Die folgenden Punkte sind als abschließende Zusammenfassung unserer Darstellung gedacht.

7.1. Überlieferung

Voran steht die Überlieferung. Überlieferungstypologisch heißt Althochdeutsch die älteste schriftlich bezeugte Stufe der deutschen Sprache, die sich in verschiedenen klösterlich gebundenen und mundartlich scheidbaren, z. T. untereinander gemischten, aber graphematisch uneinheitlichen Schreibsprachen vom 8. bis gegen Ende des 11. Jh. zeigt, mit einem kleineren vorauslaufenden Anteil an südgermanisch-festländischen Runeninschriften. Nur ganz wenige individuell faßbare Persönlichkeiten treten dabei in Erscheinung, während sich die große Masse des Sprachgutes hinter den anonymen Glossatoren und Schulen verbirgt oder bestimmte Verfasser einfach nicht bekannt sind. Althochdeutsch ist vor allem Übersetzungssprache, aus einer Übersetzungshaltung heraus, die nicht Selbstzweck oder primär deutsche Ausrichtung bedeutet, sondern ganz und gar dem Verständnis der Grundsprache des Lateinischen dient. Das ist eine einheitliche Komponente von den frühesten Glossen und Interlinearversionen bis zu den spätalthochdeutschen Gestalten Notker III. Teutonicus von St. Gallen und Williram von Ebersberg. Trotz seiner klösterlichen Überlieferungsgebundenheit weist das Althochdeutsche ein reiches Sprach- und Literaturspektrum auf, in dem neben den katechetischen, biblischen und spätantiken Übersetzungen oder diesbezüglichen

Glossierungen sich auch freie Bibeldichtung und weltliche Dichtung bis zum germanischen Heldenlied und germanisch-christlichen Zauber- und Segensspruch sowie Rechtsprosa einfindet. Selbst deutliche Spuren und Zeugnisse einer gesprochenen Sprache fehlen dabei nicht. Besonders reichhaltig ist die Namenüberlieferung, vor allem der Personennamen im Rahmen von Urkunden und Gedenkbüchern.

7.2. Graphematik

Die graphematischen Systeme des Althochdeutschen vollziehen die Übernahme und Adaption des lateinischen Schriftsystems. Sie zeigen in frühalthochdeutscher Zeit gelegentlich noch Anleihen an eine durch angelsächsische Vermittlung gegangene Runenzeichenverwendung, die aber im frühen 9. Jh. ausläuft. Sie ringen im wesentlichen und auf verschiedene Weise um die Wiedergabe der phonematisch für das Althochdeutsche so wichtigen Unterscheidung von Kürze und Länge, um die Bezeichnung der durch die zweite, hochdeutsche Lautverschiebung vermehrten Reibelaute, um die Opposition zwischen stimmhaften und stimmlosen Reibe- und Verschlußlauten, spätahd. auch einfach zwischen Tenuis und Media, um das Einfangen der Betonung in Haupt- und Nebenton oder im rhythmischen Vers und um die lautgerechte Schreibung der vollen, mit der Zeit je nach Stellungsbedingungen unterschiedlich geschwächten Nebensilbenvokale.

7.3. Lautsysteme

Die in den verschiedenen Zeit- und Dialektschichten sichtbar werdenden Lautsysteme des Althochdeutschen zeigen vor allem die folgenden typologischen Züge: eine durch das ganze Althochdeutsche reichende phonematische, also bedeutungsdifferenzierende Opposition zwischen Kürze und Länge sowohl in den Stammsilben wie in den Endsilben; eine zunächst frühalthochdeutsche und im 9. Jh. noch weitgehend intakte Ausgewogenheit zwischen vollem Stammsilbenvokalismus und fast ebenso vollem Nebensilbenvokalismus, die sich erst langsam, mit frühen Spuren vor allem in der gesprochenen

Sprache, zu verschieben beginnt und das neue spätahd. Verhältnis voller Stammsilbenvokalismus/reduziert voller Mittel-
und Endsilbenvokalismus/voll reduzierter Vorsilbenvokalismus
(soweit die Präfixe unbetont sind) schafft; im konsonantischen
Bereich steht das Althochdeutsche im Übergang von den
germanischen, teilweise noch nachwirkenden Sonoritätsoppo-
sitionen stimmhaft/stimmlos zu den Intensitätsoppositionen
hart/weich, die besonders im Oberdeutschen zunehmen. Die
althochdeutschen Lautsysteme sind gleichzeitig vokalisch in-
tensiv differenziert wie konsonantisch geräuschvoll, vor allem
im Reibelaut- und Affrikatenbereich. Satz- und Wortakzent
befinden sich im Übergang von der germanischen Stabreim-
intonation mit seiner Anfangsgewichtung in Wortstamm und
Satzgefüge zu einer neuen Gewichtsverteilung, die das Einzel-
wort — der langsam aufkommende Endreim spricht deutlich
dafür — wie den Satz betrifft und zu der von uns als deutsche
Akzentschwächung bezeichneten Erscheinung im Übergang
vom 11. zum 12. Jh. führt.

7.4. Flexionssysteme

Das althochdeutsche Flexionssystem erfüllt sich zunächst in
seiner auf die Unterscheidung von Genus, Kasus, Modus, Person und grammatischer Klasse ausgerichteten, äußerst differenzierenden Endflexion. Das Prinzip der germanisch-indoger-
manischen regressiven Steuerung der Flexion von den Endsilben her, in die im Germanischen auch die ursprünglich
vorausgehenden Klassenmerkmale eingeschmolzen sind, tritt
im Althochdeutschen unter den zeitlich vergleichbaren altgermanischen Sprachen am deutlichsten in Erscheinung. Daneben
sind erst die Anfänge einer neuen, später für das Deutsche
typisch werdenden progressiven Steuerung der Flexion durch
obligatorisch vorangestellte Begleiter (Artikel, Pronomina)
sowie durch umlautbedingte Stammflexion zu verzeichnen.
Althochdeutsch heißt unter diesem Gesichtspunkt vor allem
volltonige, die verschiedenen grammatischen Kategorien dif-
ferenzierende Endsilbenmorphematik.

7.5. **Wortbildung**

Die althochdeutsche Wortbildung lehnt sich, formal gesehen, sehr stark an die vom Germanischen her gegebenen Präfix- und Suffixkategorien an, vollzieht jedoch ihre Neubildungen, vor allem im Bereich der Abstrakta, auf weite Strecken als Lehnprägungen nach lateinischem Vorbild. Dazu kommen einige Lehnsuffixe. Bei den Komposita beginnt die für das Deutsche typologisch so wichtige Entwicklung der Mehrfachzusammensetzung, zunächst im Ahd. die dreigliedrigen Bildungen oder Trikomposita. So kann man sagen, daß die ahd. Wortbildung formal gesehen weithin dem Germanischen entspricht, dem inneren Gehalt nach aber vom semantischen Aufbau lateinischer Vorbilder geprägt ist. Lehnprägung heißt Nachbilden der inneren Wortstruktur eines anderssprachigen Vorbilds. Besonders auffällig ist im Althochdeutschen die experimentierende Fülle der Bildungen mit dem gleichen Wortstamm, die aufs neue das produktiv wirksame Formalprinzip volltoniger Endungen erweist.

7.6. **Syntax**

Die althochdeutsche Syntax erwächst durch die Mischung aus den germanischen Grundgegebenheiten und der Notwendigkeit zur differenzierenden Übersetzung selbst schwieriger lateinischer Bildungstexte. Neue Wege muß sie vor allem in der Meisterung der Periode, der Umsetzung von Verspartien in Prosa, überhaupt in der Schaffung einer wissenschaftlichen Schul- und künstlerischen Bildungsprosa sowie im Nebensatzgefüge und seiner Einleitung oder Steuerung durch Konjunktionen beschreiten. Daß die althochdeutsche Syntax trotz ihrer textlichen Bindung an die Übersetzung im wesentlichen volkssprachlich-deutsch geblieben ist, das Interlinearhafte ihrer Frühzeit überwinden konnte, sich ihrer inneren Generierungsmöglichkeiten zu bedienen wußte und damit auch für den Übergang ins Mittelhochdeutsche tragfähig wurde — wie etwa das Weitertragen von Notkers Psalter in die mittelhochdeutsche Zeit zeigt —, macht ihre Eigenständigkeit und ihren besonderen sprachgeschichtlichen Aussagewert aus.

7.7. Lexik

Der althochdeutsche Wortschatz bedeutet ein völlig neues Zusammenfinden von frühmittelalterlichem Christentum, lateinischer Spätantike und germanischer Sprachvoraussetzung. Seine Architektonik bevorzugt die zwei- und mehrsilbigen volltonigen Bildungen von schwerer Fülle. Mundartliche Sprechsprache und gelehrte Neubildung haben, zusammen mit einem bedeutenden Einströmen und Einverleiben von fremdsprachigen Wörtern zur ersten mittelalterlichen Grundlegung des so fremdwortoffenen deutschen Wortschatzes geführt. Die Öffnung des deutschen Sprachschatzes nach außen, eine der tragenden Konstanten deutscher Sprachgeschichte, beginnt mit der althochdeutschen Zeit. Damit ist auch die Voraussetzung für das Weitergeben von Lehn- und Fremdwortgut aus dem Deutschen nach Norden und Osten gegeben, das die spätere europäische Sprachgeschichte von einer deutschen Mitte her bestimmt hat.

7.8. Entlehnung

Auf allen möglichen Ebenen spielt so das Entlehnungsprinzip aus dem Lateinischen im Althochdeutschen die größte Rolle:

Schriftsystementlehnung
Wortentlehnung durch Lehnwörter
Wortbildungsentlehnung durch Lehnsuffixe und Lehnprägungen
Sinnentlehnung durch Lehnprägungen und überhaupt durch Übernahme lateinischer Wortinhalte
Syntaktische Entlehnungen über die Interlinearversionen und überhaupt mittels der Übersetzung, bis zum Akkusativ mit Infinitiv und der Differenzierung im Konjunktionensystem
Stilistisch beeinflussende Entlehnung aus dem Bereich der antiken Grammatik, Rhetorik und Dialektik sowie ganz allgemein aus der Übersetzung und freien dichterischen Nachbildung.

Das gehört zur Typologie des Althochdeutschen: germanisches Formprinzip mit lateinischer Entlehnung. Das Althochdeutsche ist seiner Sprache nach eine große Renaissancebewegung vom Lateinischen her — viel mehr als das vorausgehende Gotische vom Griechischen her und viel stärker als die übrigen altgermanischen Sprachen, viel sprachintensiver als alle späteren deutschen wie germanischen Sprachstufen. Die deutsche Rezeption der Antike beginnt — vor allem direkt sprachlich — mit dem Einsetzen des Althochdeutschen, das heißt zusammen mit den Anfängen eines schriftlich fixierten Deutsch.

7.9. Überregionale Volkssprache

Neuere Untersuchungen zur alten Frage, inwiefern über die mundartliche Vielfalt und Uneinheitlichkeit des Althochdeutschen hinaus im Verlaufe der diachronischen Entwicklung vom 8. bis 11. Jh. überregionale Züge einer zwar an verschiedenen Orten mit mehr oder weniger deutlichen Dialektmerkmalen geschriebenen, aber weitgehend im gesamten althochdeutschen Sprachgebiet verstehbaren Sprachform namhaft gemacht werden können, führen zu einem durchaus positiven Ergebnis. Vereinheitlichungstendenzen eines geschriebenen Althochdeutschen sind nämlich von Jahrhundert zu Jahrhundert zunehmend, in allen Teilsystemen der ältesten Stufe des Deutschen (Schreibsystem, Lautsystem, Formen- und Wortbildungssystem, Lexik, Syntax) festzustellen. Am stärksten tritt dabei eine überregionale Vereinheitlichungstendenz in der Lexik hervor: hier ist ein deutlicher Übergang von der sprachgeographisch-stammesmundartlich zu verstehenden Vielfalt des Frühalthochdeutschen im 8. und frühen 9. Jh. zu einer Art Gemeinsprache des späteren 9. bis 11. Jh. vor allem im Glaubensbereich, aber auch im Rechtsbereich und in dem ganz verschiedene Sach- und Fachbereiche erfassenden Lehn- und Fremdwortschatz zu bemerken, was selbst bei einem so differenzierenden Übersetzungsmeister wie Notker von St. Gallen über alle Variationen des Translationsvorganges hinaus deutlich greifbar bleibt. Areallinguistisch ist dabei von einer fränkischen Dominanz in althochdeutscher Zeit zu sprechen, da die wesentlichen Überlagerungsprozesse (selbst in das benachbarte Altsächsische hinein) vom Fränkischen ausgehen oder mindestens eine Rücksichtnahme gegenüber dem fränkischen Sprachblock aufzeigen (z. T. sogar beim alemannisch schreibenden Notker von St. Gallen). So darf das Althochdeutsche innerhalb der gesamtdeutschen Sprachgeschichte als erste Auf- und Ausbaustufe auf dem Weg zu einer überregional vereinheitlichten deutschen Sprache verstanden werden. Damit tritt die ursprünglich rein germanische Komponente auch stark zurück zugunsten einer Volkssprache der europäischen Mitte, die wesentliche Impulse vom Latein und ihrer romanischen Umgebung empfangen hat. Althochdeutsch erscheint so als erste relative Einheit des Volkssprachlichen nördlich der Alpen, zwischen dem Romanischen im Westen und dem Slavischen im Osten, sowie in bestimmter sprachgeographischer Staffelung südlich des zunächst noch vom Altsächsischen erfüllten Sprachraums an Nord- und Ostsee. Die zunehmende relative Einheitlichkeit des Althochdeutschen als gegenseitig weiträumig verstehbare Sprachform ergibt sich außerdem aus dem nachweisbaren Handschriftenaustausch der sprachtragenden Klöster und der damit verbundenen Ab- und Umschrifttätigkeit ihrer Scriptorien, wie sie besonders für die Werke Otfrids von Weißenburg und Notkers von St. Gallen (Psalter, Cantica, katechetische Stücke) nachgewiesen ist. Die Tragfähigkeit der relativen Sprachvereinheitlichung der althochdeutschen Zeit erweist sich sodann in der Wirksamkeit einer überregionalen Literatursprache des Mittelhochdeutschen seit dem 12. Jahrhundert.

Literaturhinweise zu Kapitel 7

Stefan Sonderegger, Tendenzen zu einem überregional geschriebenen Althochdeutsch. In: Aspekte der Nationenbildung im Mittelalter, Nationes Bd. 1, Sigmaringen 1978, 229—273 (mit weiterer Literatur). — Stefan Sonderegger, Die Bedeutung des religiösen Wortschatzes für die Entfaltung des Althochdeutschen: von früher Vielfalt zu allmählicher Vereinheitlichung. In: Irland und Europa. Die Kirche im Frühmittelalter. Hrsg. von P. Ní Chatháin und M. Richter. Stuttgart 1984, S. 240—257. — Stefan Sonderegger, Latein und Althochdeutsch. Grundsätzliche Überlegungen zu ihrem Verhältnis. In: Variorum munera florum. Latinität als prägende Kraft mittelalterlicher Kultur. Festschrift Hans F. Haefele. Sigmaringen 1985, S. 59—72.

8. Nachträge und Ergänzungen
zur neueren Fachliteratur

Vorbemerkungen

Die bibliographische Erschließung der neueren Fachliteratur wird vor allem durch die folgenden Publikationen geleistet:

(1) periodisch: Germanistik, Internationales Referatenorgan mit bibliographischen Hinweisen. 1. Jg.ff., Tübingen 1960ff. [jährliche Bibliographie, mit Kurzrezensionen der selbständig oder in Sammelbänden erschienenen Publikationen].

(2) sprachgeschichtlich: Moser/Wellmann/Wolf, Geschichte der deutschen Sprache. Band 1: Althochdeutsch — Mittelhochdeutsch. Von Norbert Richard Wolf. Heidelberg 1981. (UTB 1139). [Literaturverzeichnis S. 230—260]. — Sprachgeschichte. Ein Handbuch zur Geschichte der deutschen Sprache und ihrer Erforschung. Hrsg. von Werner Besch, Oskar Reichmann, Stefan Sonderegger. Erster und Zweiter Halbband, Berlin—New York 1984—1985. (HSK 2.1—2). [Kap. IX. Ergebnisse der Sprachgeschichtsforschung zu den historischen Sprachstufen I: Das Althochdeutsche, Art. 78—85, 2. Halbband S. 982—1068 von Dieter Geuenich, Franz Simmler, Stefan Soderegger, Jochen Splett, Albrecht Greule, Alexander Schwarz].

(3) im Hinblick auf Grammatik und Sprachgeschichte: Wilhelm Braune, Althochdeutsche Grammatik, 13. Auflage bearbeitet von Hans Eggers, Tübingen 1975. — Johannes Franck, Altfränkische Grammatik. Laut- und Flexionslehre. 2. Aufl. von Rudolf Schützeichel. Göttingen 1971. [Literaturverzeichnis S. 274—293].

(4) nach literarischen Denkmälern: J. Sidney Groseclose/Brian O. Murdoch, Die althochdeutschen poetischen Denkmäler. Stuttgart 1976. (Sammlung Metzler 140). — Die deutsche Literatur des Mittelalters, Verfasserlexikon. 2. völlig neu bearbeitete Aufl., hrsg. von Kurt Ruh u. a. Bd. 1ff. Berlin—New York 1978ff. — Helmut de Boor, Die deutsche Literatur von Karl dem Großen bis zum Beginn der höfischen Dichtung 770—1170. 9. Aufl. bearbeitet von Herbert Kolb. München 1979. [Bibliographie S. 237—331]. — Wilhelm Braune/Karl Helm/Ernst A. Ebbinghaus, Althochdeutsches Lesebuch. 16. Aufl. Tübingen 1979. [Literarische Nachweisungen S. 159—179].

(5) für die althochdeutschen Glossen: Rolf Bergmann, Verzeichnis der althochdeutschen und altsächsischen Glossenhandschriften. Mit Bibliographie der Glosseneditionen, der Handschriftenbeschreibungen und der Dialektbestimmungen. Berlin—New York 1973. (Arbeiten zur Frühmittel-

alterforschung 6). — Rudolf Schützeichel, Addenda und Corrigenda zu Steinmeyers Glossensammlung. In: Nachrichten der Akademie der Wissenschaften in Göttingen, I. Philologisch-historische Klasse, Jg. 1982, Nr. 6. Göttingen 1982, 225—268. [hier auch Nachträge von Rolf Bergmann zum vorzitierten Werk S. 236—241]. — Rolf Bergmann, Die althochdeutsche Glossenüberlieferung des 8. Jahrhunderts. In: Nachrichten der Akademie der Wissenschaften in Göttingen, I. Philologisch-historische Klasse, Jg. 1983, Nr. 1. Göttingen 1983. 1—40. — Rudolf Schützeichel, Addenda und Corrigenda (II) zur althochdeutschen Glossensammlung. Göttingen 1985. (Studien zum Althochdeutschen, Bd. 5).

Die folgenden Nachträge und Ergänzungen vermitteln in Auswahl die Angaben zur neueren Fachliteratur. Sie stellen den Anschluß zu den Literaturangaben der einzelnen vorausgehenden Kapitel dar.

8.1. Ergänzende Literaturhinweise zu Kapitel 1

(1) sprachgeschichtliche Zusammenhänge: Stefan Sonderegger, Grundzüge deutscher Sprachgeschichte. Diachronie des Sprachsystems. Band I: Einführung, Genealogie, Konstanten. Berlin—New York 1979. — Norbert Richard Wolf, Althochdeutsch — Mittelhochdeutsch. Heidelberg 1981. (= Moser/Wellmann/Wolf, Geschichte der deutschen Sprache, Bd. 1). — Paolo Ramat, Einführung in das Germanische. Tübingen 1981. (Linguistische Arbeiten 95). — Stefan Sonderegger, Leistung und Aufgabe der Dialektologie im Rahmen der Sprachgeschichtsschreibung des Deutschen. In: Dialektologie. Ein Handbuch zur deutschen und allgemeinen Dialektforschung. Zweiter Halbband. Berlin/New York 1983, 1526—1558. — Günther Schweikle, Germanisch-deutsche Sprachgeschichte im Überblick. Stuttgart 1986. — Hans Eggers, Deutsche Sprachgeschichte. Band 1: Das Althochdeutsche und das Mittelhochdeutsche. Reinbek bei Hamburg 1986.

(2) Christianisierung: Hans Eggers, Die Annahme des Christentums im Spiegel der deutschen Sprachgeschichte. In: Kirchengeschichte als Missionsgeschichte. Band II: Die Kirche des frühen Mittelalters. Erster Halbband, hrsg. von Knut Schäferdiek. München 1978, 466—504.

(3) zeitlicher und geographischer Rahmen: Rudolf Schützeichel, Grenzen des Althochdeutschen. In: Festschrift für Ingeborg Schröbler zum 65. Geburtstag. Beiträge zur Geschichte der deutschen Sprache und Literatur, 95. Bd. Sonderheft, Tübingen 1973, 23—38. — Werner König, dtv-Atlas zur deutschen Sprache. Tafeln und Texte. München 1978. — Friedhelm Debus, Deutsche Dialektgebiete in älterer Zeit: Probleme und Ergebnisse ihrer Rekonstruktion. In: Dialektologie. Ein Handbuch zur deutschen und allgemeinen Dialektforschung. Zweiter Halbband. Berlin/New York 1983,

930—960. — Dieter Geuenich, Soziokulturelle Voraussetzungen, Sprachraum und Diagliederung des Althochdeutschen. In: Sprachgeschichte, Ein Handbuch ..., 2. Halbband, Berlin—New York 1985, S. 982—993.

8.2. Ergänzende Literaturhinweise zu Kapitel 2

(1) Überlieferungsgeschichte: Dieter Geuenich, Die volkssprachliche Überlieferung der Karolingerzeit aus der Sicht des Historikers. In: Deutsches Archiv für Erforschung des Mittelalters 39, 1983, 104—130. [mit histor. Fachliteratur]. — Elisabeth Feldbusch, Geschriebene Sprache. Untersuchungen zu ihrer Herausbildung und Grundlegung ihrer Theorie. Berlin—New York 1985. [Kap. 2.3. Die Anfänge einer geschriebenen deutschen Sprache S. 169 ff.].

(2) Paläographie: Bernhard Bischoff, Paläographie des römischen Altertums und des abendländischen Mittelalters. Berlin 1979. (Grundlagen der Germanistik 24).

(3) Inschriften: Uwe Schnall, Die Runeninschriften des europäischen Kontinents. Göttingen 1973. (Bibliographie der Runeninschriften nach Fundorten 2). — Hans Jänichen, Eine neue Runeninschrift von Schretzheim bei Dillingen. In: Helmut Beumann (Hrsg.), Historische Forschungen für Walter Schlesinger. Köln/Wien 1974, 518—523. — Heinrich Tiefenbach, Zur Binger Inschrift. In: Rheinische Vierteljahrsblätter 41, 1977, 124—137. — Klaus Düwel, Runen und interpretatio christiana. Zur religionsgeschichtlichen Stellung der Bügelfibel von Nordendorf I. In: Norbert Kamp/Joachim Wollasch (Hrsg.), Tradition als historische Kraft. Interdisziplinäre Forschungen zur Geschichte des frühen Mittelalters. Berlin—New York 1982, 78—86. — Stephan Opitz, Südgermanische Runeninschriften im älteren Futhark aus der Merowingerzeit. Kirchzarten 1977, 2. Aufl. 1980. (Hochschul-Produktionen Germanistik, Linguistik, Literaturwissenschaft, Bd. 3).

(4) Leges-Wörter: Ruth Schmidt-Wiegand, Die Malbergischen Glossen der Lex Salica als Denkmal des Westfränkischen. In: Rheinische Vierteljahrsblätter 33, 1969, 396—422. — Ruth Schmidt-Wiegand, Fränkische und frankolateinische Bezeichnungen für soziale Schichten und Gruppen in der Lex Salica. In: Nachrichten der Akademie der Wissenschaften in Göttingen, I. Philologisch-historische Klasse, Jg. 1972, Nr. 4, 217—258. — Ruth Schmidt-Wiegand, Die volkssprachigen Wörter der Leges barbarorum als Ausdruck sprachlicher Interferenz. In: Frühmittelalterliche Studien 13, 1979, 56—67. — Ruth Schmidt-Wiegand (Hrsg.), Wörter und Sachen im Lichte der Bezeichnungsforschung. Berlin/New York 1981.

(Arbeiten zur Frühmittelalterforschung 1). [mit verschiedenen Beiträgen zu den volkssprachlichen Leges-Wörtern]. — Gabriele von Olberg, Freie, Nachbarn und Gefolgsleute. Volkssprachliche Bezeichnungen aus dem sozialen Bereich in den frühmittelalterlichen Leges. Frankfurt a. M.—Bern—New York 1983. (Germanistische Arbeiten zu Sprache und Kulturgeschichte   2).   [mit   ausführlichem   Literaturverzeichnis S. VIII—LVIII].

(5) Glossen: Bibliographie siehe oben S. 274f. Reiner Hildebrandt (Hrsg.), Summarium Heinrici. Bd. 1: Textkritische Ausgabe der ersten Fassung. Bd. 2: Textkritische Ausgabe der zweiten Fassung. Berlin—New York 1974—1982. (Quellen und Forschungen N.F. 61/78). — Heinrich von Gadow, Die althochdeutschen Aratorglossen der Handschrift Trier 1464. München 1974. (Münstersche Mittelalter-Schriften 17). — Hartwig Mayer, Althochdeutsche Glossen: Nachträge. Old High German Glosses: A Supplement. Toronto [1975]. — Jochen Splett, Abrogans-Studien. Kommentar zum ältesten deutschen Wörterbuch. Wiesbaden 1976. — Thomas Klein, Studien zur Wechselbeziehung zwischen altsächsischem und althochdeutschem Schreibwesen und ihrer sprach- und kulturgeschichtlichen Bedeutung. Göppingen 1977. (Göppinger Arbeiten zur Germanistik 205). — Heinrich Tiefenbach, Althochdeutsche Aratorglossen. Paris lat. 8318. Gotha Membr. II 115. Göttingen 1977. (Abhandlungen der Akademie der Wissenschaften in Göttingen, Philologisch-historische Klasse, 3. Folge, 107). — Jochen Splett, Samanunga-Studien. Erläuterung und lexikalische Erschließung eines althochdeutschen Wörterbuchs. Göppingen 1979. (Göppinger Arbeiten zur Germanistik 268). — Lothar Voetz, Summarium Heinrici Codex discissus P. Kodikologische und stemmatologische Vorarbeiten zur sprachlichen Auswertung einer althochdeutschen Glossenhandschrift. In: Sprachwissenschaft 5, 1980, 364—414. — Hartwig Mayer, Die althochdeutschen Griffelglossen der Handschrift Ottob. Lat. 3295 (Biblioteca Vaticana). Edition und Untersuchung. Bern—Frankfurt a. M. 1982. (Kanadische Studien zur deutschen Sprache und Literatur 27). — Rolf Bergmann, Die althochdeutsche Glossenüberlieferung des 8. Jahrhunderts (vgl. oben Vorbemerkungen). Göttingen 1983. — Eckhard Meineke, Bernstein im Althochdeutschen. Mit Untersuchungen zum Glossar Rb. Göttingen 1984. (Studien zum Althochdeutschen, Bd. 6). — Lothar Voetz, Die St. Pauler Lukasglossen. Untersuchungen, Edition, Faksimile. Studien zu den Anfängen althochdeutscher Textglossierung. Göttingen 1985. (Studien zum Althochdeutschen, Bd. 7).

(6) ahd. Vaterunser: Stefan Sonderegger, Eine althochdeutsche Paternoster-Übersetzung der Reichenau. Versuch einer Rekonstruktion auf Grund der Zitate und entsprechender Formen aus den Reichenauer Denkmälern. In: Festschrift für Karl Bischoff. Köln—Wien 1975, 299—307.

(7) Namen: Dieter Geuenich, Die Personennamen der Klostergemeinschaft von Fulda im frühen Mittelalter. München 1976. (Münstersche
Mittelalter-Schriften 5). — Hubertus Menke, Beobachtungen zum propria-
len Schreibgebrauch in karolingischen und ottonischen Reichskanzleipro-
dukten. In: Festschrift für Gerhard Cordes, Bd. II: Sprachwissenschaft.
Neumünster 1976, 193—220. — Egon Felder, Germanische Personennamen auf merowingischen Münzen. Studien zum Vokalismus. Heidelberg
1978. (Beiträge zur Namenforschung N.F. Beiheft 14). — Elmar Neuß,
Westfränkische Personennamen. Probleme ihrer Analyse und Auswertung
für die Sprachgeschichte. In: Beiträge zur Namenforschung N.F. Band 13,
1978, 121—174. — Karl Schmid u. a. (Hrsg.), Die Klostergemeinschaft
von Fulda im früheren Mittelalter, Bd. 1, 2.1, 2.2, 2.3, 3. München 1978.
(Münstersche Mittelalter-Schriften Bd. 8/1—8/3). [Quellenwerk mit Unter-
suchungen]. — Hubertus Menke, Das Namengut der frühen karolingischen Königsurkunden. Ein Beitrag zur Erforschung des Althochdeutschen. Heidelberg 1980. (Beiträge zur Namenforschung N.F., Beiheft 19).
[mit weiterer namenkundlicher Literatur]. — Der Sonderforschungsbe-
reich 7 „Mittelalterforschung" (Bild, Bedeutung, Sachen, Wörter und
Personen) an der Westfälischen Wilhelms-Universität in Münster. Erträge
und Perspektiven. Münster 1981. [Fachliteratur Namenforschung
S. 62—64]. — Stefan Sonderegger, Personennamen des Mittelalters —
Vom Sinn ihrer Erforschung. In: Memoria. Der geschichtliche Zeugniswert des liturgischen Gedenkens im Mittelalter. Hrsg. von Karl Schmid
und Joachim Wollasch. München 1984, S. 255—284. (Münstersche Mittelalter-Schriften 48). — Heinrich Tiefenbach, Xanten—Essen—Köln.
Untersuchungen zur Nordgrenze des Althochdeutschen an niederrheini-
schen Personennamen des neunten bis elften Jahrhunderts. Göttingen
1984. (Studien zum Althochdeutschen, Bd. 3).

(8) zum Langobardischen: Florus van der Rhee, Die germanischen
Wörter in den langobardischen Gesetzen. Proefschrift Utrecht. Rotterdam
1970. — Abhandlungen zum Rahmenthema XIII ′Stand und Aufgaben
der Langobardenforschung′ Erste Folge, Jahrbuch für Internationale Germanistik X, 2, (1978), 56—86 [u. a. Piergiuseppe Scardigli, Stand und
Aufgaben der Langobardenforschung, Einleitende Bemerkungen
S. 56—62; Florus van der Rhee, Die Erforschung des Langobardischen,
Kurzer Überblick über die Forschungsprobleme S. 77—86]. — Dasselbe,
Zweite Folge, Jahrbuch für Internationale Germanistik XI, 1 (1979),
56—110 [versch. Beiträge]. — Maria Giovanna Arcamone, I Germani
d'Italia: Lingue et 'Documenti' linguistici. In: Magistra Barbaritas, I Bar-
bari in Italia, Milano 1984, S. 381—409.

8.3. Ergänzende Literaturhinweise zu Kapitel 3

(1) Literaturgeschichten, Lexika, Allgemeines: Dieter Kartschoke, Altdeutsche Bibeldichtung. Stuttgart 1975. (Sammlung Metzler 135). — J. Knight Bostock, A Handbook on Old High German Literature. Second Edition revised by K. C. King and D. R. McLintock. Oxford 1976. — J. Sidney Groseclose/Brian O. Murdoch, Die althochdeutschen poetischen Denkmäler. Stuttgart 1976. (Sammlung Metzler 140). — Horst Dieter Schlosser, Die literarischen Anfänge der deutschen Sprache. Ein Arbeitsbuch zur althochdeutschen und altniederdeutschen Literatur. Berlin 1977. — Die deutsche Literatur des Mittelalters, Verfasserlexikon. 2. völlig neu bearbeitete Aufl. Hrsg. von Kurt Ruh u. a. Bd. 1 ff. Berlin—New York 1978 ff. — Helmut de Boor, Die deutsche Literatur von Karl dem Großen bis zum Beginn der höfischen Dichtung 770—1170. 9. Aufl. bearbeitet von Herbert Kolb. München 1979. (= Helmut de Boor/Richard Newald, Geschichte der deutschen Literatur von den Anfängen bis zur Gegenwart, Bd. 1). — Max Wehrli, Geschichte der deutschen Literatur vom frühen Mittelalter bis zum Ende des 16. Jahrhunderts. Stuttgart 1980. (= Geschichte der deutschen Literatur von den Anfängen bis zur Gegenwart, Bd. 1). — Stefan Sonderegger, Die althochdeutsche Literatur. In: Neues Handbuch der Literaturwissenschaft, Bd. 6, Europäisches Frühmittelalter, hrsg. von Klaus von See, Wiesbaden 1985, S. 189—216. — Walter Haug, Literaturtheorie im deutschen Mittelalter. Von den Anfängen bis zum Ende des 13. Jahrhunderts. Eine Einführung. Darmstadt 1985. — Alexander Schwarz, Die Textsorten des Althochdeutschen. In: Sprachgeschichte, Ein Handbuch …, 2. Halbband, Berlin—New York 1985, S. 1052—1060.

(2) Kleinere Schriften und Arbeiten zu bestimmten Sachbereichen: Hennig Brinkmann, Studien zur Geschichte der deutschen Sprache und Literatur. Bd. I: Sprache. Bd. II: Literatur. Düsseldorf 1965—1966. — Peter Assion, Altdeutsche Fachliteratur. Berlin 1973. (Grundlagen der Germanistik 13). — Jörg Lippert, Beiträge zu Technik und Syntax althochdeutscher Übersetzungen, unter besonderer Berücksichtigung der Isidorgruppe und des althochdeutschen Tatian. München 1974. (Medium Aevum 25). — Achim Masser, Bibel- und Legendenepik des deutschen Mittelalters. Berlin 1976. (Grundlagen der Germanistik 19). — Bruno Boesch, Lehrhafte Literatur. Lehre in der Dichtung und Lehrdichtung im deutschen Mittelalter. Berlin 1977. (Grundlagen der Germanistik 21). — Dagmar Neuendorff, Studien zur Entwicklung der Herrscherdarstellung in der deutschsprachigen Literatur des 9.—12. Jahrhunderts. Stockholm 1982. (Stockholmer germanistische Forschungen 29). − Rudolf Schützeichel, Codex Pal. lat. 52. Studien zur Heidelberger Otfridhandschrift, zum Kicila-Vers und zum Georgslied. Göttingen 1982. (Abh. d. Ak. d. Wiss. in Göttingen, Philolog.-hist. Kl., 3. Folge, Nr. 130).

(3) Textsammlungen: Altdeutsche Texte, ausgewählt und kommentiert von Heinz Mettke. Leipzig 1970. — Horst Dieter Schlosser, Althochdeutsche Literatur. Ausgewählte Texte mit Übertragungen und Anmerkungen. 2. Aufl. Frankfurt a. M. 1976. — Heinz Mettke (Hrsg.), Älteste deutsche Dichtung und Prosa. Ausgewählte Texte, Literaturgeschichtliche Einleitung, althochdeutsche und altsächsische Texte, neuhochdeutsche Fassungen. Leipzig 1979.

(4) Schrifttafeln, Faksimileausgaben: Otfrid von Weißenburg, Evangelienharmonie. Vollständige Faksimile-Ausgabe des Codex Vindobonensis 2687 der österreichischen Nationalbibliothek. Hrsg. und mit Einführung von Hans Butzmann. Graz 1972. (Codices Selecti 30). — Das älteste deutsche Buch, Die ʿAbrogansʾ-Handschrift der Stiftsbibliothek St. Gallen. Im Facsimile herausgegeben und beschrieben von Bernhard Bischoff, Johannes Duft, Stefan Sonderegger. Mit Transkription des Glossars und des althochdeutschen Anhangs von Stefan Sonderegger. 2 Bde. St. Gallen 1977.

(5) Zur Literatur- und Sprachgeschichte einzelner Landschaften und Orte: Christine Elisabeth Eder, Die Schule des Klosters Tegernsee im frühen Mittelalter im Spiegel der Tegernseer Handschriften. München 1972. — Norbert Kruse, Die Kölner volkssprachliche Überlieferung des 9. Jahrhunderts. Bonn 1976. (Rheinisches Archiv 95). — Stefan Sonderegger, Althochdeutsch auf der Reichenau. Neuere Forschungen zur ältesten Volkssprache im Inselkloster. In: Helmut Maurer (Hrsg.), Die Abtei Reichenau. Neue Beiträge zur Geschichte und Kultur des Inselklosters. Sigmaringen 1974, 69—82. (Bodensee-Bibliothek 20). — Dieter Geuenich, Die Personennamen der Klostergemeinschaft von Fulda im frühen Mittelalter. München 1976. (Münstersche Mittelalter-Schriften 5). [Kap. V: Zur sprachgeschichtlichen Stellung Fuldas, 213—274, hier auch über die als fuldisch angesehenen Literaturdenkmäler]. — Wolfgang Haubrichs, Die Kultur der Abtei Prüm zur Karolingerzeit. Studien zur Heimat des althochdeutschen Georgsliedes. Bonn 1979. (Rheinisches Archiv 105). — Stefan Sonderegger, Schatzkammer deutscher Sprachdenkmäler. Die Stiftsbibliothek St. Gallen als Quelle germanistischer Handschriftenerschließung vom Humanismus bis zur Gegenwart. St. Gallen—Sigmaringen 1982. (Bibliotheca Sangallensis 7). — Raymund Kottje und Harald Zimmermann (Hrsg.), Hrabanus Maurus. Lehrer, Abt und Bischof. Mainz—Wiesbaden 1982 (Ak. d. Wiss. und der Lit., Mainz, Abh. d. geistes- und sozialwiss. Kl., Einzelveröffentlichung 4).

(6) Größere Werke zu einzelnen Denkmälern:
Abrogans: Jochen Splett, Abrogans-Studien. Kommentar zum ältesten

deutschen Wörterbuch. Wiesbaden 1976. — Faksimileausgabe siehe oben unter (4).

Galluslied: Peter Osterwalder, Das althochdeutsche Galluslied Ratperts und seine lateinischen Übersetzungen durch Ekkehart IV. Einordnung und kritische Edition. Berlin—New York 1982. (Das Althochdeutsche von St. Gallen 6). [drei eigenständige Fassungen als Umdichtungen des verlorenen althochdeutschen Liedes; Bibliographie zum Galluslied S. 1—34].

Georgslied: Wolfgang Haubrichs, Georgslied und Georgslegende im frühen Mittelalter. Text und Rekonstruktion. Königstein/Taunus 1979. (Theorie, Kritik, Geschichte 13). [Bibliographie zum Georgslied S. 11—54]. — Wolfgang Haubrichs, Die Kultur der Abtei Prüm zur Karolingerzeit. Studien zur Heimat des althochdeutschen Georgsliedes. Bonn 1979. (Rheinisches Archiv 105). — Rudolf Schützeichel, Cod. Pal. lat. 52 [wie unter (2)]. Göttingen 1982, S. 59—95.

Hildebrandslied: Ute Schwab, arbeo laosa. Philologische Studien zum Hildebrandlied. Bern 1972. (Basler Studien zur deutschen Sprache und Literatur 45). — Siegfried Gutenbrunner, Von Hildebrand und Hadubrand. Heidelberg 1976. — Rosemarie Lühr, Studien zur Sprache des Hildebrandliedes. Teil I: Herkunft und Sprache. Teil II: Kommentar. Frankfurt a. M./Bern 1982. (Europäische Hochschulschriften I/568). [Literaturverzeichnis I, XLIII—CXXXII].

Isidor: Kurt Ostberg, The old high German 'Isidor' in its relationship to the extant manuscripts (eighth to twelfth century) of Isidorus' 'De fide catholica'. Göppingen 1977. (Göppinger Arbeiten zur Germanistik 203).

Ludwigslied: Erika Urmoneit, Der Wortschatz des Ludwigsliedes im Umkreis der althochdeutschen Literatur. München 1973. (Münstersche Mittelalter-Schriften 11).

Murbacher Hymnen: Die Murbacher Hymnen. Nach der Handschrift herausgegeben von Eduard Sievers. Halle 1874. Neudruck mit einer Einführung, Bibliographie sowie Nachträgen und Berichtigungen zum Text von Evelyn Scherabon Firchow. New York—London 1972.

Muspilli: Cola Minis, Handschrift, Form und Sprache des Muspilli. Berlin 1966. (Philologische Studien und Quellen 35). — Heinz Finger, Untersuchungen zum 'Muspilli'. Göppingen 1977. (Göppinger Arbeiten zur Germanistik 244). — Wolfgang Mohr/Walter Haug, Zweimal Muspilli. Tübingen 1977. (Untersuchungen zur deutschen Literaturgeschichte 18). — Franz Viktor Spechtler, Altes und neues Recht. Bemerkungen über neue Forschungen zum althochdeutschen „Muspilli". In: Amsterdamer Beiträge zur älteren Germanistik 15, 1980, 39—52.

Notker von St. Gallen: Ernst Bolli, Die verbale Klammer bei Notker. Untersuchungen zur Wortstellung in der Boethius-Übersetzung. Berlin—New York 1975. (Das Althochdeutsche von St. Gallen 4). — Anton Näf, Die Wortstellung in Notkers Consolatio. Untersuchungen zur Syntax und Übersetzungstechnik. Berlin—New York 1979. (Das Althochdeutsche von St. Gallen 5). — Alfred Borter, Syntaktische Klammerbildung in Notkers Psalter. Berlin—New York 1982. (Das Althochdeutsche von St. Gallen 7). — Herbert Backes, Die Hochzeit Merkurs und der Philologie. Studien zu Notkers Martian-Übersetzung. Sigmaringen 1982.

Otfrid von Weißenburg: Wolfgang Kleiber (Hrsg.), Otfrid von Weißenburg. Darmstadt 1978. (Wege der Forschung CCCCXIX). [Sammelband mit Bibliographie im wesentlichen seit 1973 S. 415—423]. — Ulrich Ernst, Der Liber Evangeliorum Otfrids von Weißenburg. Köln—Wien 1975. (Kölner Germanistische Studien 11). — Reinildis Hartmann, Allegorisches Wörterbuch zu Otfrids von Weißenburg Evangeliendichtung. München 1975. (Münstersche Mittelalter-Schriften 26). — Dieter Kartschoke, Bibeldichtung. Studien zur Geschichte der epischen Bibelparaphrase von Juvencus bis Otfrid von Weißenburg. München 1975. — Rainer Patzlaff, Otfrid von Weißenburg und die mittelalterliche versus-Tradition. Untersuchungen zur formgeschichtlichen Stellung der Otfridstrophe. Tübingen 1975. (Hermaea N.F. 35). — Alexander Schwarz, Der Sprachbegriff in Otfrids Evangelienbuch. Diss. Zürich, Bamberg 1975. — Gisela Vollmann-Profe, Kommentar zu Otfrids Evangelienbuch. Teil I: Widmungen. Buch I, 1—11. Bonn 1976. [wird fortgesetzt]. — Paul Michel/Alexander Schwarz, unz in obanentig. Aus der Werkstatt der karolingischen Exegeten Alcuin, Erkanbert und Otfrid von Weißenburg. Bonn 1978. (Studien zur Germanistik, Anglistik und Romanistik 79). — Ernst Hellgardt, Die exegetischen Quellen von Otfrids Evangelienbuch. Beiträge zu ihrer Ermittlung. Mit einem Kapitel über die Weißenburger Bibliothek des Mittelalters und der Otfridzeit. Tübingen 1981. (Hermaea N.F. 41).

Petruslied: Rudolf Schützeichel, Die Macht der Heiligen. Zur Interpretation des Petrusliedes. In: Festschrift Matthias Zender. Studien zur Volkskultur, Sprache und Landesgeschichte. Bonn 1972, 309—320.

Tatianübersetzung: Anton Baumstark, Die Vorlage des Althochdeutschen Tatian. Herausgegeben, überarbeitet, mit Vorwort und Anmerkungen versehen von Johannes Rathofer. Köln 1964. (Niederdeutsche Studien 12). — Peter Ganz, Ms Junius 13 und die althochdeutsche Tatian-Übersetzung. In: Beiträge zur Geschichte der deutschen Sprache und Literatur 91, Tübingen 1979, 28—72. — Johannes Rathofer, Zur Heimatfrage des althochdeutschen Tatian, das Votum der Handschriften. In: Annali (Istituto Orientale di Napoli, Sezione Linguistica) XIV. Napoli 1971, 7—104. —

Johannes Rathofer, 'Tatian' und Fulda. Die St. Galler Handschrift und der Victor-Codex. In: Zeiten und Formen in Sprache und Dichtung. Festschrift Fritz Tschirch. Köln—Wien 1972, 337—356. — Johannes Rathofer, Die Entwicklung des Fuldischen Evangelientextes auf den althochdeutschen 'Tatian'. Abkehr von der Methode der Diatesseronforschung. In: Literatur und Sprache im europäischen Mittelalter. Festschrift Karl Langosch. Darmstadt 1973, 256—308. — Johannes Rathofer, Ms. Junius 13 und die verschollene Tatian-Hs. B. Präliminarien zur Überlieferungsgeschichte des ahd. Tatian. Josef Quint zum 75. Geburtstag. In: Beiträge zur Geschichte der deutschen Sprache und Literatur 95, Tübingen 1973, 13—125. — G. Quispel, Tatian and the Gospel of Thomas. Studies in the History of the Western Diatesseron. Leiden 1975.

Trierer Capitulare: Heinrich Tiefenbach, Ein übersehener Textzeuge des Trierer Capitulare. In: Rheinische Vierteljahresblätter 39, 1975, 272—310.

Williram von Ebersberg: Bernhard Grabmeyer, Die Mischsprache in Willirams Paraphrase des Hohen Liedes. Göppingen 1976. (Göppinger Arbeiten zur Germanistik 179). — Volker Schupp, Studien zu Williram von Ebersberg. Bern—München 1978. (Bibliotheca Germanica 21).

8.4. Ergänzende Literaturhinweise zu Kapitel 4

Hans Eggers (Hrsg.), Der Volksname Deutsch. Darmstadt 1970. (Wege der Forschung CLVI). — Alexander Carl Schwarz. Der Sprachbegriff in Otfrids Evangelienbuch. Diss. Zürich. Bamberg 1975. — Karl Heinrich Rexroth, Volkssprache und werdendes Volksbewußtsein im ostfränkischen Reich. In: Aspekte der Nationenbildung im Mittelalter, Nationes Bd. 1, Sigmaringen 1978, 275—315. — Werner Schröder, Zum Verhältnis von Lateinisch und Deutsch um das Jahr 1000. Ebenda S. 425—438. — Stefan Sonderegger, Tendenzen zu einem überregional geschriebenen Althochdeutsch. Ebenda S. 229—273. — Stefan Sonderegger, Gesprochene Sprache im Althochdeutschen und ihre Vergleichbarkeit mit dem Neuhochdeutschen. Das Beispiel Notkers des Deutschen von St. Gallen. In: Horst Sitta (Hrsg.), Ansätze zu einer pragmatischen Sprachgeschichte. Zürcher Kolloquium 1978. Tübingen 1980, 71—88 und 132—134. (Reihe Germanistische Linguistik 21). — Ingrid Strasser, diutisk-deutsch. Neue Überlegungen zur Entstehung der Sprachbezeichnung. Wien 1984. (Österreichische Ak. d. Wiss., Philosophisch-hist. Kl., SB, 444. Bd.). — Stefan Sonderegger, Reflexe gesprochener Sprache im Althochdeutschen. In: Sprachgeschichte, Ein Handbuch ..., 2. Halbband, Berlin—New York 1985, S. 1060—1068.

8.5. Ergänzende Literaturhinweise zu Kapitel 5

(1) Grammatik: Johannes Franck, Altfränkische Grammatik. 2. Auflage von Rudolf Schützeichel. Göttingen 1971. — Alexksander Szulc, Diachronische Phonologie und Morphologie des Althochdeutschen. Warszawa 1974. — Rolf Bergmann/Peter Pauly, Alt- und Mittelhochdeutsch. Arbeitsbuch zum linguistischen Unterricht. Göttingen ³1985. [Mit Textheft]. — Udo Gerdes/Gerhard Spellerberg, Althochdeutsch — Mittelhochdeutsch. Grammatischer Grundkurs zur Einführung und Textlektüre. Frankfurt a. M. ⁴1978.

(2) Graphematik und Phonematik: Rudolf Schützeichel, Staffulus regis. Zum Zeugnis der Lex Ribuaria für die zweite Lautverschiebung. In: Rheinische Vierteljahresblätter 29, 1964, 138—167. — Gotthard Lerchner, Zur II. Lautverschiebung im Rheinisch-Westmitteldeutschen. Halle 1971. (Mitteldeutsche Studien 30). — Herbert Penzl/Marga Reis/Joseph B. Voyles, Probleme der historischen Phonologie. Wiesbaden 1974. (ZDL Beihefte N.F. 12). [H. Penzl, Die „kanonischen" distinktiven Merkmale in der hist. Phonologie 1—22; M. Reis, Phonologie des spätgemeingerm. Vokalismus ... 23—68; J. B. Voyles, The Phonology of the OHG Isidor 69—106]. — Franz Simmler, Die westgermanische Konsonantengemination im Deutschen unter besonderer Berücksichtigung des Althochdeutschen. München 1974. (Münstersche Mittelalter-Schriften 19). — F. van Coetsem, Generality in Language Change. The Case of Old High German Vowel Shift. In: Lingua 35, 1975, 1—34. — Herbert Penzl, Vom Urgermanischen zum Neuhochdeutschen. Eine historische Phonologie. Berlin 1975. (Grundlagen der Germanistik 16). — Joseph Voyles, The Phonology of Old High German. Wiesbaden 1976. (ZDL Beihefte N.F. 18). — Charles V. J. Russ, Historical German Phonology and Morphology. Oxford 1978. — Josef Zürcher, Graphetik — Graphemik — Graphematik, unter besonderer Berücksichtigung von Notkers Marcianus Capella. Diss. Zürich. Zürich 1978. — Franz Simmler, Zur Ermittlung althochdeutscher Phoneme. In: Sprachwissenschaft 4, 1979, 420—451. — Jochen Splett, Ermittlung von Graphemsystemen in der althochdeutschen Glossenüberlieferung mit Hilfe elektronischer Datenverarbeitung. In: Paul Sappler/Erich Strassner (Hrsg.), Maschinelle Verarbeitung altdeutscher Texte. Tübingen 1980, 1—19. — Franz Simmler, Graphematisch-phonematische Studien zum althochdeutschen Konsonantismus, insbesondere zur zweiten Lautverschiebung. Heidelberg 1981. (Monographien zur Sprachwissenschaft 12). [Mit reichen Literaturangaben S. 25—66]. — Herbert Penzl, Zur Methodik der historischen Phonologie: Schreibung—Lautung und die Erforschung des Althochdeutschen. In: Beiträge zur Geschichte der deutschen Sprache und Literatur Band 104, Heft 2. Tübingen 1982, 169—189. — Franz

Simmler, Phonetik und Phonologie, Graphetik und Graphemik des Althochdeutschen. In: Sprachgeschichte, Ein Handbuch ..., 2. Halbband,
Berlin—New York 1985, S. 993—1006.

(3) Flexionssystem: G. Lee Fullerton, Historical Germanic Verb Mor-
phology. Berlin/New York 1977. (Studia Linguistica Germanica 13). —
Peter Chr. Kern/Herta Zutt, Geschichte des deutschen Flexionssystems.
Tübingen 1977. (Germanistische Arbeitshefte 22). — Charles V. J. Russ,
Historical German Phonology and Morphology. Oxford 1978. — Stefan
Sonderegger, Morphologie des Althochdeutschen. In: Sprachgeschichte,
Ein Handbuch ..., 2. Halbband, Berlin—New York 1985, S. 1006—1029.

(4) Wortbildung: Otto Weinreich, Die Suffixablösung bei den Nomina
agentis während der althochdeutschen Periode. Berlin 1971. (Philologische
Studien und Quellen 56). — Lothar Voetz, Komposita auf -man im
Althochdeutschen, Altsächsischen und Altniederfränkischen. Heidelberg
1977. (Monographien zur Sprachwissenschaft 3). — Max Bürgisser, Untersuchungen zur Wortbildung im Althochdeutschen und Altniederdeutschen. Form und Funktion von denominalen Ableitungen in der Benediktinerregel, im Tatian und im Heliand. Bern/Frankfurt a. M. 1983. (Europäische Hochschulschriften I/528). — Jochen Splett, Wortbildung des Althochdeutschen. In: Sprachgeschichte, Ein Handbuch ..., 2. Halbband,
Berlin—New York 1985, S. 1043—1052.

(5) Syntax: Helmut R. Plant, Syntaktische Studien zu den Monseer
Fragmenten. Ein Beitrag zur Beschreibung der inneren Form des Althoch-
deutschen. The Hague/Paris 1969. (Janua Linguarum, Series practica 75).
— Albrecht Greule, Valenz und historische Grammatik. In: Zeitschrift für
germanistische Linguistik 1, 1973, 284—294. — Jörg Lippert, Beiträge
zu Technik und Syntax althochdeutscher Übersetzungen, unter besonderer
Berücksichtigung der Isidorgruppe und des althochdeutschen Tatian.
München 1974. (Medium Aevum 25). — Virginia M. Coombs, A Semantic
Syntax of Grammatical Negation in the Older Germanic Dialects. Göppin-
gen 1976. (Göppinger Arbeiten zur Germanistik 177). — Albrecht Greule,
Textgrammatisches zu Otfrid von Weißenburg. In: Sprachwissenschaft 1,
1976, 328—354. — O. J. Moskalskaja, Deutsche Sprachgeschichte. Moskau ²1977. [Satzbau S. 119—139]. — Albrecht Greule, Valenz, Satz, Text.
Syntaktische Untersuchungen zum Evangelienbuch Otfrids von Weißenburg auf der Grundlage des Codex Vindobonensis. München 1982. —
Albrecht Greule, Valenz und althochdeutsche Syntax. In: Albrecht Greule
(Hrsg.), Valenztheorie und historische Sprachwissenschaft. Beiträge zur
sprachgeschichtlichen Beschreibung des Deutschen. Tübingen 1982,
1—17. — Berta Raposo, Die Wiedergabe des lateinischen Ablativs in
der althochdeutschen Übersetzungsliteratur. Göppingen 1982. (Göppinger

Arbeiten zur Germanistik 337). — Richard Schrodt, System und Norm in der Diachronie des deutschen Konjunktivs. Der Modus in althochdeutschen und mittelhochdeutschen Inhaltssätzen (Otfrid von Weißenburg—Konrad von Würzburg). Tübingen 1983 (Linguistische Arbeiten, Bd. 126). — Albrecht Greule, Zum Aufbau einer dependenziellen althochdeutschen Syntax. In: Sprachwissenschaft 8, 1983, 81—98. — Albrecht Greule, Syntax des Althochdeutschen. In: Sprachgeschichte, Ein Handbuch ..., 2. Halbband, Berlin—New York 1985, S. 1039—1043. — Weitere Arbeiten zu Notker von St. Gallen siehe oben S. 282.

8.6. Ergänzende Literaturhinweise zu Kapitel 6

(1) Wörterbücher: Gerhard Köbler, Althochdeutsch-lateinisches Wörterbuch. Göttingen 1974. — Rolf Bergmann, Ankündigung eines Rückläufigen althochdeutschen Wörterbuches. In: Sprachwissenschaft 7, 1982, 446—447. — Gerhard Köbler, Lateinisch-germanistisches Lexikon. Gießen ²1983. — Rolf Bergmann, Prolegomena zu einem Rückläufigen Morphologischen Wörterbuch des Althochdeutschen. Göttingen 1984. (Studien zum Althochdeutschen, Bd. 4).

(2) Darstellungen (vgl. auch Abschnitt 8.3): Gertraud Becker, Geist und Seele im Altsächsischen und Althochdeutschen. Der Sinnbereich des Seelischen und die Wörter gêst-geist und seola-sêla in den Denkmälern bis zum 11. Jahrhundert. Heidelberg 1964. — Eberhard Siebert, Zum Verhältnis von Erbgut und Lehngut im Wortschatz Otfrids von Weißenburg. München 1971. — Andreas Lötscher, Semantische Strukturen im Bereich der alt- und mittelhochdeutschen Schallwörter. Berlin/New York 1973. (Quellen und Forschungen N.F. 53). — E. Petri-Bean, Die Lehnbildungen der althochdeutschen Vergilglossen. Diss. München 1974. — Hartmut Lauffer, Der Lehnwortschatz der althochdeutschen und altsächsischen Prudentiusglossen. München 1976. (Münchner germanistische Beiträge 8). — Rudolf Grosse/Siegfried Blum/Heinrich Götz, Beiträge zur Bedeutungserschließung im althochdeutschen Wortschatz. Berlin 1977 (Sitzungsberichte der sächsischen Akademie der Wissenschaften zu Leipzig, Phil.-hist. Kl. Band 118, Heft 1). — Karl Toth, Der Lehnwortschatz der althochdeutschen Tatian-Übersetzung. Würzburg 1980. (Epistemata, Reihe Literaturwissenschaft IV). — Matti Luukkainen, Untersuchungen zur morphematischen Transferenz im Frühdeutschen dargestellt an den Tegernseer Vergilglossen. Ein Beitrag zur Transferenzlexikologie. Helsinki 1982. (Annales Academiae Scientiarum Fennicae, Dissertationes Humanarum Litterarum 32). — Dagmar Hüpper-Dröge, Schild und Speer. Waffen und ihre Bezeichnungen im frühen Mittelalter. Frankfurt a. M./Bern/New